A. VORWORT

Das vorliegende Skript zum Thema Veranstaltungsorganisation ist für Veranstaltungskaufleute Lerngrundlage für die Vorbereitung auf die schriftliche und mündliche Abschlussprüfung konzipiert worden u. hat sich in den letzten Jahren seit dem ersten Erscheinen 2004 als Klassiker durchgesetzt.

Es umfasst das wesentliche Lernwissen für die Abschlussprüfungen in **Veranstaltungsorganisation** (Prüfungsbereich 1.1 und 1.2 / IHK-Klausur 1 und 2), wichtige Aspekte von **Veranstaltungswirtschaft** (Prüfungsbereich 2 / z. Zt. IHK-Klausur 4) sowie grundlegende Teile des **Fallbezogenen Fachgesprächs** (Prüfungsbereich 4 / Mündliche Prüfung).

Das Skript möchte umfassend auf die praxisorientierten Prüfungsbereiche des Berufsbildes vorbereiten, die ca. 55-65% der Prüfung ausmachen. Es berücksichtigt dabei auch die wesentlichen Themen aus dem Stoffbereich angewandtes Marketing. Es umfasst dagegen nur ansatzweise die kaufmännisch grundlegenden Bereiche BWL/VWL und REWE, die in jedem kaufmännischen IHK-Abschluss ähnlich sind. So sind der Stoffumfang für die Prüfung in **WISO** Wirtschaft- und Sozialkunde (Prüfungsbereich 3 / z. Zt. IHK-Klausur 3) sowie die grundlegenden Aspekte des betrieblichen Rechnungswesen inkl. der Kosten- und Leistungsrechnung in diesem Skript nicht oder nur ansatzweise enthalten. Wir möchten hierzu auf die vorhandene Fachliteratur zur Vorbereitung der kaufmännischen Grundlagen-Bereiche verweisen sowie auf die Fachlektüre für Veranstaltungskaufleute, die – teilweise von den unterzeichnenden Autoren erstellt – im Winklers-Verlag veröffentlicht wurde.

Um zu beantworten, was in etwa auf einen Absolventen in der IHK-Abschlussprüfung für Veranstaltungskaufleute zukommt und wie die Prüfung abläuft, wird auf das **Informations-Skript Prüfungsvorbereitung: schriftliche und mündliche Abschlussprüfung Veranstaltungskaufmann / Veranstaltungskauffrau (IHK)** verwiesen, dass auf www.eventpruefung.de kostenfrei heruntergeladen werden kann.

Das vorliegende Skript soll die Grundlage für das effektive und zielgerichtete Lernen des für die Prüfung nötigen Stoffes ermöglichen. Es wurde von Berufspraktikern und Erwachsenenpädagogen erstellt, die sich seit 2001 professionell mit dem schulungsorientierten Aufbereiten der Stoffbereiche unseres spezialisierten Berufsbildes beschäftigen. Auszubildende und Umschüler sowie Externe Bewerber werden seit 2003 auf dem Weg zur Abschlussprüfung begleitet. Das Skript wird seit 2004 erfolgreich in Vollzeitausbildungen und Intensiv-Prüfungsvorbereitungskursen (so genannte Repetitorien) eingesetzt und diente bereits etlichen erfolgreichen Absolventinnen und Absolventen in den Winter- und Sommerprüfungen als verbindliche Lerngrundlage.

Umfassende Informationen zu uns und unseren Schulungsideen sowie ein Kontaktformular finden Sie unter: www.eventpruefung.de.

Wir freuen uns über das Interesse und wünschen viel Erfolg bei der Prüfungsvorbereitung!

Köln, im Frühjahr 2011, Marco Gödde und Jörg Bleibel

B. Die Autoren

Marco Gödde

Marco Gödde ist Inhaber der Eventagentur entropie event.medien.entertainment in Köln und führte als Mitarbeiter des Mannesmann Konzerns verantwortlich die Eventmarketing-Maßnahmen der Publikumsmarke o.tel.o (u.a. Cebit-Gesamtinszenierung 2001).

Bereits im Jahre 2002 entwickelt er ein Curriculum für die berufsbegleitende Vorbereitung auf die IHK-Abschlussprüfung "Veranstaltungskaufmann / Veranstaltungskauffrau".

Neben seinem Universitätsabschluss als Magister Artium in Politikwissenschaft und Geschichte hat er einen weiteren international anerkannten Universitäts-Abschluss als Master of Arts in Erwachsenenbildung (Adult Education) erreicht.

Die Wiege seiner beruflichen Laufbahn sind das Theater und die Produktion von Rock-Shows. Er schreibt, inszeniert und produziert neben Produktionen für ARD, WDR, RTL etc. Familienmusicals wie z.B. "Kalle Blomquist - Das Musical" und die Erfolgsproduktion "Der Regenbogenfisch - Das Musical". Er konzipierte und inszenierte u. a. die Live-Tourneen des Comedians Richie (Matze Knop) und betreute Projekte z.B. mit Jürgen Becker und Markus Maria Profitlich. Künstlerische Schwerpunkte setzt Marco Gödde in den Bereichen Regie / Inszenierung und kreative Konzeptentwicklung bei Business und Public Events.

Als Lehrgangsleiter für die vollzeitschulische sowie berufsbegleitende Teilzeitausbildung in dieses Berufsbild ist er seit 2002 für die W.A.R – Wirtschaftsakademie am Ring in Köln tätig.

Heute wird Marco Gödde neben seiner Regie- und Produktionstätigkeit als spezialisierter Trainer und Fachdozent angefragt. Der Westdeutschen Akademie für Kommunikation (WAK), der DAA-Akademie und der Fachhochschule für Medien macromedia ist er als Fachdozent für Eventmanagement und Medienproduktion verpflichtet. Er engagiert sich ehrenamtlich in Prüfungsausschüssen für Veranstaltungskaufleute und Fachwirte für die Messe-, Tagungs- und Kongresswirtschaft der IHK.

mail to: goedde@eventpruefung.de

Jörg Bleibel

Jörg Bleibel ist seit mehr als 20 Jahren im Eventbereich tätig. Als aktiver Musiker kam er als typischer Quereinsteiger über die Bühne ins Eventgeschäft. Dort hat er als Freiberufler im Bereich Veranstaltungstechnik, Messe- und Veranstaltungsorganisation sowie als "Chef vom Dienst" einer Veranstaltungslocation in Hanau die vielen Facetten dieser Branche erlebt.

Als er vom Berufsbild des Veranstaltungskaufmanns hörte, beantragte er die Zulassung zur Externenprüfung und weiß nun aus eigener Erfahrung den Weg zum Veranstaltungskaufmann zu beschreiben. Seit 2003 arbeitet er zusammen mit Marco Gödde an der Erstellung von professionellen Unterrichtsmaterialien für Veranstaltungskaufleute. An der W.A.R. (Wirtschaftsakademie am Ring) in Köln ist er als Fachdozent in den Themenbereichen Versammlungsstättenverordnung, Veranstaltungstechnik, Messemanagement und EDV tätig.

mail to: bleibel@eventpruefung.de

Version 7.1 © 2011 eventpruefung.de

Inhaltsübersicht

Weitere spezialisierte Schulung und Materialien zur IHK-Prüfungsvorbereitung

Klausurenkurse zur Prüfungsvorbereitung (inklusive IHK-Prüfungssimulation)

Trainingswochen / Repetitorien zur Vorbereitung auf die schriftliche und mündliche IHK-Abschlusprüfung

Kostenfreie Online-Kurse, Materialien und Übersichten online (www.eventpruefung.de / Materialien und Angebote)

Gastvorträge, Vorlesungen, Workshops und didaktische Konzepte zu Event, Medien und Marketing

e-learning-Module und Blended-Learning-Module für Bildungsträger

Weitere Informationen unter: www.eventpruefung.de

ÜBERSICHT: DIE WICHTIGSTEN LERNSEITEN

Im Grunde ist der gesamte Lernstoff dieses Skriptes in der ein oder anderen Form lern- und/oder prüfungsrelevant.

Über das Skript verteilt finden sich allerdings ca. 25-30 Seiten, auf denen wichtiger und wesentlicher Stoff komprimiert zusammengestellt ist.

Diese *wichtigsten Lernseiten* in der vorliegenden Version 7.0 sind die folgenden:

Seite	Thema	Schwerpunkt	Seite	Thema	Schwerpunkt
20-23	Eventbasics	*Eventformen, Arbeitsfelder*	133	Business Event	*Phasen/Kalkulation*
29	Eventmarketing	*Marketing-, Kommunikations- + Mediamix*	151	Eventmanagement	*Ämter/ Organisationen*
31	Public Event	*Übersicht Beteiligte*	152	Eventmanagement	*Typische Beteiligte*
40	Eventmanagement	*Bestuhlung*	156	Event-Kalkulation	*Typische Kostenposten*
72	Eventmanagement	*Techniken Projektmanagement*	167	Business Event	*Honorierungs-Modelle*
75/76	Veranstaltungsmarkt	*Fachverbände*	173/174	Basics	*Steuern*
77	Künstlersozialkasse (Lernsätze)	*Lernsätze KSK*	209	Event und Recht	*Vertragsarten*
106	Business Event	*Event-Formen*	210/211	Public Event	*Bühnenanweisung*
120/121	Business Event	*Briefing*	222/223	Basics	*Verordnungen*
125-127	Business Event	*BE-Management*	244/245	Basics	*Gema*
129	Eventmanagement	*Ablaufplan*	249 ff.	Basics	*Ausbildungs-ordnung und co.*

C. AUFBAU DES SKRIPTES

Das Skript folgt inhaltlich grundlegend den vorgegebenen Themengebieten aus dem Stoffkatalog der Industrie- und Handelskammern, der den schriftlichen Prüfungen zugrunde liegt, ist im Aufbau jedoch didaktisch eigenständig. Die Themen wurden extrahiert, fachlich aufgearbeitet und als Lerngrundlage checklistenartig zusammengestellt. Manche Themen sind ausführlicher, andere bewusst knapp behandelt.

EINE KLEINE BEDIENUNGSANLEITUNG:

1. **Mache Dir einen persönlichen Zeitplan**
2. **Arbeite Dich in das jeweilige Kapitel ein**
3. **Entscheide, wie gut Du den Stoff verstehst und was Du schon gut kennst**
4. **Nimm kapitelweise Informationen aus eigenen Schulungsmaterialien dazu**
5. **Extrahiere die wesentlichen Punkte in eine eigens von Dir selbst angefertigte Übersicht, die Du dann, wo immer Du bist, (auswendig) lernen kannst (auf Papier, PC oder Karteikarten)**

Es ist wirklich nötig, eine Menge für die Abschlussprüfung zu lernen, manches auch auswendig. Da du nicht weißt, welche Fragen genau auf Dich zu kommen, musst Du einen breiten Ausschnitt aus dem Stoff lernen. Habe aber auch ab und zu den Mut zur Lücke. Lerne zu erst vor allem das, was Du gut kannst. Nimm dann langsam die Bereiche hinzu, in denen Du schwächer bist. Niemand kann Dir diese Arbeit abnehmen, auch ein Skript, ein Kurs oder ein Dozent nicht. Du bist jetzt dran!

DU GEWINNST, WENN DU DABEI **ERST DEINE *STÄRKEN* AUSSPIELST** UND **DANN DEINE *SCHWÄCHEN* MINIMIERST**.

NOCH EIN TIPP: Suche Dir Lernpartner, mit denen Du Dich verstehst. Erzählt und erklärt Euch in Mini-Gruppen-Fachgesprächen die Stoffgebiete, denn: **WAS DU ERKLÄREN KANNST, DAVON HAST DU AHNUNG, DAS HAST DU GELERNT!**

Wir empfehlen, zusätzlich zum Lernen zu Trainingszwecken noch Übungsklausuren zu absolvieren. *eventpruefung.de* bietet dazu einen didaktisch aufbereiteten Klausurenkurs an, in dem Fachdozenten Dir 10 Übungsklausuren korrigiert und mit Musterantwort zurücksenden. Original-IHK-Klausuren können beim U-Form-Verlag bestellt werden (www.u-form.de), leider gibt es dazu dort keine Musterlösung oder Lösungswege. Auf eventpruefung.de können Musterlösungsansätze ab Frühjahr 2008 bestellt werden.

Und noch etwas: Nimm Dir vor der Prüfung genug Zeit und wenn möglich Freiraum, damit Du Dich in Ruhe vorbereiten kannst. Minimiere Deine privaten Termine auf das Nötigste und sprich mit Deinem Chef.

D. ABLAUF DER SCHRIFTLICHEN PRÜFUNG

Der Ablauf der schriftlichen Prüfung ist etwa wie folgt:

- Der Betrieb meldet den Azubi zur Prüfung bei der zuständigen IHK an. Die Frist dafür liegt ca. 3 Monate vor dem Prüfungstermin (Anfang Februar / Anfang September)
- Man erhält im Vorfeld eine Einladung mit Prüfungsnummer
- Der erste Tag der schriftlichen Prüfung beginnt in der Regel um 7:45 h an einem Dienstag im Mai oder November und dauert bis mittags. Es müssen zwei Klausuren geschrieben werden: Veranstaltungsorganisation (offen) und Veranstaltungsorganisation (programmiert)
- Mitbringen muss man: Einladung, Personalausweis, Berichtsheft, Schreibmaterial, Taschenrechner
- Begrüßung durch die Prüfungsaufsicht vor dem Prüfungsraum, Kontrolle des Berichtsheftes (ohne Berichtsheft wird man nicht zugelassen)
- Im Prüfungsraum liegen an einem vorbereiteten Platz Umschläge mit den Prüfungen
- Dann wird der Bereich Veranstaltungsorganisation abgefragt, und zwar in
  o einem ungebundenen Teil (90 Minuten) und
  o einem gebundenen Teil (60 Minuten)
- Der zweite Tag der schriftlichen Prüfung beginnt in der Regel um 14:00 h am darauf folgenden Mittwoch im Mai oder November und dauert etwas über zwei Stunden. Es müssen zwei Klausuren geschrieben werden: Wirtschafts- und Sozialkunde (gebundene Aufgaben, 60 Minuten) und nach einer kurzen Pause Veranstaltungswirtschaft (gebundene Aufgaben, 60 Minuten).

Übersicht über den Ablauf:

Prüfungsbereich	Prüfungszeit	Aufgaben	Punkte/Note	Gewicht
TAG 1				
Veranstaltungsorganisation (1.1)	90 Minuten	ungebunden	50 / 50	
Veranstaltungsorganisation (1.2)	60 Minuten	gebunden	zusammen: 100	1/3
TAG 2				
Wirtschafts- und Sozialkunde (2)	60 Minuten	gebunden	100	1/6
Veranstaltungswirtschaft (3)	60 Minuten	gebunden	100	1/6

Die gebundenen Prüfungsbögen werden dann per Computer zentral ausgewertet, die ungebundenen durch zwei lokale Prüfer.

Nach ca. 4-6 Wochen erhält man mit einem Vorlauf von ca. 7 – 21 Tagen die Einladung zur mündlichen Prüfung (das Fallbezogene Fachgespräch). Diese Prüfung findet dann für gewöhnlich an einem Wochentag Ende Januar / Anfang Februar oder Mitte / Ende Juni statt.

Vor dieser mündlichen Prüfung kennt man die Ergebnisse der schriftlichen nicht unbedingt. Bei den meisten IHK´s werden einem jedoch in der Einladung die Ergebnisse der schriftlichen Prüfung vorab mitgeteilt.

Diese Vornoten können dann zu einer Kalkulation der Endnote verwendet werden, um herauszufinden, mit welchem mündlichen Ergebnis man welche Endnote bekommen wird.

E. ABLAUF DER MÜNDLICHEN PRÜFUNG

Da die Prüfung in jedem IHK-Bezirk anders abgehalten wird, ist es nicht möglich, genaue Angaben zu machen. Die folgenden Angaben basieren auf Erfahrungen mit der IHK Köln, die 2010 bereits seit 7 Jahren prüft. Im IHK-Bezirk Köln wurden bisher ca. 10-15 % der deutschen Veranstaltungskaufmann-Azubis geprüft.

Äußerer Prüfungsablauf:

- In Köln prüfen zwei Prüfungsausschüsse parallel
- Begrüßung durch die Prüfungsaufsicht vor dem Vorbereitungsraum, Abgleich der Daten
- Übergabe von 2 Aufgaben (eine muss bearbeitet werden)
- Beginn der Vorbereitungszeit (15 min.) im Vorbereitungsraum
- Die Prüfung vor dem dreiköpfigen Prüfungsausschuss im Prüfungsraum:
  - 10-15 min. Präsentation der Lösung
  - 5-10 min. anschließendes Fachgespräch
- Der Prüfungsausschuss berät unter Ausschluss des Prüflings die Benotung (ca. 5-10 min.)
- Der Prüfungsausschuss bittet den Prüfling herein und gibt die Note des Fachgespräches bekannt
- Der Prüfungsausschuss übermittelt ein vorläufiges Ergebnis
- Das endgültige Abschlusszeugnis wird per Post an die Privatadresse zugestellt

Übersicht über den Ablauf:

Prüfungsbereich	Prüfungszeit	Aufgaben	Punkte/Note	Gewicht
TAG 3				
Fallbezogenes Fachgespräch (4)	Ca. 35 Minuten	Mündliche Bearbeitung von einen Fall	100	1/3

Januar / Juni:

Mündliche Prüfung

ABSCHLUSS-ZEUGNIS!

F. ÜBERSICHT ÜBER DIE PRÜFUNGSTEILE / ZUORDNUNG ZU DEN SKRIPTINHALTEN:

Schriftliche Prüfung (lt. Ausbildungsordnung)

Prüfungsbereich	Klausuren	Prüfungs-tag/Dauer	Praxisbezogene Aufgaben und Fälle insbesondere aus den Gebieten:	In diesem Skript:
Veranstaltungs-organisation	**1.1.:** ca. 6-12 ungebundene Fragen (offen)	**Tag 1** 90 min	- Konzeption und Marketing - Durchführung und Nachbereitung - Kaufmännische Steuerung und Kontrolle	- *grundlegend enthalten* - *enthalten* - *Ansätze berücksichtigt*
	1.2.: ca. 25-27 gebundene Fragen (Kästchen)	60 min (150 min)		
Wirtschafts- und Sozialkunde (WISO)	**2.** ca. 30-33 gebundene Fragen	**Tag 2** 60 min	- Marketing - VWL - BWL - Ausbildungsbetrieb	- *berücksichtigt* - *nicht enthalten* - *nicht enthalten* - *enthalten*
Veranstaltungs-wirtschaft	**3.:** ca. 27 gebundene Fragen (Kästchen)	**Tag 2** 60 min	- Organisation der Veranstaltungswirtschaft - Kooperation und Kommunikation - Vertrieb und Märkte	- *enthalten* - *enthalten* - *berücksichtigt*

(Gebundene Fragen = Kästchen zum Eintragen; ungebunden Fragen = Antwort in Aufsatzform)

Mündliche Prüfung (Fallbezogenes Fachgespräch)

Prüfungsbereich	Prüfung	Prüfungs-tag/Dauer	Praxisbezogene Aufgaben und Fälle insbesondere aus den Gebieten:	In diesem Skript:
Fallbezogenes Fachgespräch	15 min. Vorbereitung 20 min. Prüfung 2 Fragen zur Auswahl	**Tag 3** ca. 35 min	- Leistungsangebot / Verkauf - Vertragsauswahl / Gestaltung - Kundenorientierte Kommunikation und Präsentation	- *grundlegend enthalten* - *enthalten* - *berücksichtigt*

Die Übersicht lässt vermuten, dass in den Klausuren klare Themen aus den Prüfungsbereichen abgefragt werden. Dem ist aber nicht ganz so. Dadurch, dass die Fragen hauptsächlich in Form von praxisorientierten Fällen gestellt werden,

- lassen sich zwar Themenschwerpunkte in den Prüfungsbereichen feststellen
- sind einzelne Themen aber über die ganze Prüfung verstreut anzufinden
- d.h.: man muss darauf eingestellt sein, in jedem Prüfungsteil Wissen aus allen Praxisbereichen und allen Berufsschulfächern (Rewe, WISO, Organisationslehre, Veranstaltungsfachkunde) anzuwenden

G. THEMEN UND INHALTE DER PRÜFUNG: DER IHK-STOFFKATALOG

Der Stoffkatalog ist die wahrscheinlich wichtigste Quelle für die zielgenaue Prüfungsplanung. Im Stoffkatalog steht, aus welchen Prüfungsgebieten welche Themen in der Abschlussprüfung abgefragt werden. Und das Wichtigste steht auch drin: Mit welcher Gewichtung, d.h. wie viel aus welchen Gebieten in welchem (schriftlichen) Prüfungsteil vorkommen wird!

Der Stoffkatalog informiert dabei über mögliche Inhalte der schriftlichen Abschlussprüfung in den einzelnen Prüfungsbereichen. Der Stoffkatalog ist nach den Vorgaben des Ausbildungsrahmenplanes folgendermaßen gegliedert:

1. In die Prüfungsbereiche Veranstaltungswirtschaft, Veranstaltungsorganisation und Wirtschafts- und Sozialkunde.

2. In eine Auflistung der Fragenkomplexe. Diese geben dabei vor, welche in der Ausbildung zu vermittelnden Fertigkeiten und Kenntnisse (gemäß Anlage 3 zu § 21 der Verordnung über die Berufsausbildung zum/zur Veranstaltungskaufmann/-frau) abgefragt werden sollen.

3. In die so genannten Themenkreise. Sie konkretisieren die Inhalte der Fragenkomplexe und sind im Hinblick auf eine gezielte Prüfungsvorbereitung von besonderer Bedeutung. Die Themenkreise resultieren aus der Interpretation des Ausbildungsrahmenplanes sowie der Zuordnung der Inhalte des Rahmenlehrplanes durch den zuständigen Fachausschuss.

Entscheidend ist: Im Stoffkatalog steht ziemlich genau, aus welchen Themengebieten Fragen in welchem Prüfungsbereich abgefragt werden.

Nachfolgend ist das Original-Raster abgedruckt, das einen Eindruck von der relativen Bedeutung der einzelnen Prüfungsinhalte bei der Abdeckung mit Prüfungsaufgaben vermittelt. Die Angabe in ca. % verdeutlicht, dass es sich lediglich um Leitlinien handelt, die im Einzelfall auch über- oder unterschritten werden können.

Prüfungsbereich: Veranstaltungsorganisation

Gebiet	Aufgabenanteil ca. %
01 Dienstleistungen	10
02 Kaufmännische Steuerung und Kontrolle	15
03 Veranstaltungsbezogenes Marketing; Kundenorientierte Leistungsangebote	15
04 Methoden des Projektmanagements	5
05 Planung und Organisation von Veranstaltungen	10
06 Durchführung von Veranstaltungen	15
07 Nachbereitung von Veranstaltungen	15
08 Veranstaltungstechnik	5
09 Rechtliche Rahmenbedingungen	10

Prüfungsbereich: Wirtschafts- und Sozialkunde

Gebiet/Funktion	Aufgabenanteil ca. %
01 Wirtschaftliche Zusammenhänge	35
01 Grundlagen des Wirtschaftens	
02 Markt und Preis	
03 Wirtschaftsordnung	
04 Wirtschaftspolitik/Wirtschaftspolitische Ziele	
05 Konjunktur	
06 Wirtschaftskreislauf und Sozialprodukt	
02 Der Ausbildungsbetrieb	50
01 Stellung, Rechtsform und Struktur	
02 Berufsbildung, arbeits- und sozialrechtliche Grundlagen	
03 Sicherheit und Gesundheitsschutz bei der Arbeit	
04 Umweltschutz	
05 Qualitätsmanagement	
03 Personalwirtschaft.	15

Prüfungsbereich: Veranstaltungswirtschaft

Gebiet	Aufgabenanteil ca. %
01 Betriebliche Organisation; Finanzierung; Beschaffung	20
02 Information, Kommunikation und Kooperation	15
03 Märkte, Zielgruppen	40
04 Veranstaltungsmarkt	25

H. ART DER PRÜFUNG UND IHK-FRAGENSTRUKTUR

Seit dem Sommer 2002 sind die kaufmännischen Abschlussprüfungen der Industrie- und Handelskammer neu und bundeseinheitlich gestaltet. Alle Unterlagen (u. a. Anlagen, Aufgabenbogen, Lösungshinweise für Korrektoren etc.) sind nach dem gleichen Prinzip aufgebaut.

Die Aufgabensätze für gebundene Prüfungsaufgaben sind nun ein Aufgabenheft im A4-Format mit einem davon getrennten Lösungsbogen. Der Lösungsbogen enthält einen Hinweis auf die Seite, auf der die jeweilige Aufgabe zu finden ist:

Lösungsbogen
Musterlösung

IHK-Abschlussprüfung
Sommer 2002

Diese Kopfleiste bitte unbedingt ausfüllen!

N U E R N B E R G E R S A B I N E		Fach	Berufsnummer	Prüflingsnummer
Familienname, Vorname (bitte durch eine Leerspalte trennen, ä = ae etc.)		0 0	0 0 0 0	1 5 8 1 2 3 4 5
		Sp. 1 - 2	Sp. 3 - 6	Sp. 7 - 14

Beachten Sie bitte zum Ausfüllen dieses Lösungsbogens die Hinweise auf dem Deckblatt Ihres Aufgabensatzes!

Aufgabe Nr. **1** 2 **2** 2 6 7   Sp. 15-18
Seite 3

Abbildungen, Belege und Rechenkästchen sind den jeweiligen Aufgaben direkt zugeordnet.

Die grafische Gestaltung der ungebundenen ist denen der gebundenen Prüfungsteile angepasst.

Die Aufgabensätze werden in „eingetaschter" Form (d.h. in einem Umschlag) ausgeliefert.

Hinter-
grund

I. DAS MUSTERUNTERNEHMEN

Die Prüfung wird grundsätzlich aus der Perspektive einer virtuellen Full-Service-Eventagentur abgefragt:

Name, Geschäftssitz: Universal-Event GmbH, Unter den Linden 54, 10117 Berlin, Handelsregister: Amtsgericht Berlin HR A 50303, Telefon: 030/4530238, Telefax: 030/4530220, GF: Manfred Haas

Unternehmensgegenstand: Planung und Durchführung von Messen, Kongressen, Konzert- und Eventveranstaltungen sowie Künstlervermittlung

Mitarbeiter: 25 Festangestellte, 10 freie Mitarbeiter, 5 Auszubildende

Abteilungen: Geschäftsleitung, Sekretariat, Projektabteilungen, Rechnungswesen/Controlling, Personal und Verwaltung

J. GEBUNDENE FRAGEN (KÄSTCHENANTWORT)

Die IHK hat allgemeine und verbindliche Hinweise zur Art der Aufgaben und Fragen in den kaufmännischen Abschlussprüfungen veröffentlicht, die wir diesem Skript beigelegt haben (kostenfreier pdf-download unter www.aka-nuernberg.de).

Wer der Meinung ist, die Fragen in den IHK-Prüfungen seien willkürlich und unkalkulierbar, der irrt.

Im genannten Dokument wird ausführlich dargelegt, mit welcher Art von Fragen zu rechnen ist und nach welchen Kriterien sie funktionieren. Man kann sich damit gut auf den IHK-Prüfungs-Stil vorbereiten.

Es wird mit etwa sechs bis sieben grundlegenden Aufgaben-Varianten gearbeitet:
- Mehrfachwahlaufgabe
- Mehrfachantwortaufgabe
- Zuordnungsaufgabe
- Reihenfolgeaufgabe
- Rechenaufgabe
- Buchführungs- bzw. Kontierungsaufgabe

Zusätzlich ist eine kurze Übungsklausur veröffentlicht, wir empfehlen, diese in jedem Falle einmal zu absolvieren, um ein erstes Gefühl für die Prüfung zu bekommen. Eine ausführliche Musterklausur inkl. Musterlösung für Industriekaufleute, die mit der Abschlussprüfung für Veranstaltungskaufleute durchaus vergleichbar ist, kann ebenfalls kostenfrei unter www.aka-nuernberg.de downgeloadet werden.

Signalworte für wahrscheinlich falsche Aussagen: **muss, nie, immer, stets...**

K. UNGEBUNDENE FRAGEN (OFFENE ANTWORTFORM)

Im ersten Prüfungsteil *Veranstaltungsorganisation* werden sog. ungebundene Fragen gestellt, die in kurzer Aufsatzform, stichwortartig oder tabellarisch beantwortet werden sollen.

Hier ist es, wie in den in den danach folgenden Prüfungsteilen verwendeten gebunden Fragen (Antwort in Kästchenform, s. o.) erst einmal sehr wichtig, die Fälle und die dazu gehörigen **Fragen genauestens, d. h. im Zweifel Wort für Wort** zu **lesen**. Dazu muss man sich natürlich auf die Fragen einlassen. Bitte dabei unbedingt und immer versuchen, den **Blickwinkel des Prüfers** zu **erfassen**, aus dem die Frage gestellt ist.

Versuche dafür, in den Kopf des Prüfers zu kriechen.

Es lohnt sich, **zwei verschieden farbige Textmarker** mitzunehmen.

- **Mit Farbe 1 markiert man sich während oder nach dem ersten Lesen die wichtigsten Aussagen im Fall**

- **Mit Farbe 2 markiert man den Fragesatz**

Bitte trainieren, immer präzise auf den Fragesatz zu antworten, um nicht auf die falsche Fährte zu geraten. Und beim Beantworten immer kurz gegen kontrollieren, ob man auch immer noch die Frage beantwortet.

Gut ist es, eine strukturierte Antwort abzuliefern:

- bei Aufsatzform die Technik **Einleitung / Hauptteil / Abschlusssatz**
- bei Auflistungen **vom Wichtigen zum Unwichtigen**
- Bei Tabellen die Definitionszeile und evtl. -spalte logisch füllen und die Felder systematisch nutzen

Es lohnt sich immer, schön zu schreiben und überlegt zu antworten!

Der korrigierende Prüfer freut sich über eine professionelle Leistung mehr als über chaotisches Geschmiere!

Dazu ruhig das bereitgestellte Papier zum Vorschreiben nutzen. Dabei allerdings den Zeitdruck beachten!

Gezielt Fachworte streuen, allerdings nur, wenn Du auch genau weißt, was sie bedeuten!

Praxis-
Tipp

L. STRATEGIEN FÜR DIE BEANTWORTUNG DER UNGEBUNDENEN FRAGEN:

Formulierung in der Aufgabe:	Antwort-Strategie:
„Nennen Sie..."	Lösung ohne Bewertung einfach hinschreiben, gerne auch im Satz Beispiel: „Mediaplanung bezeichnet den Vorgang, Anzeigen zu schalten..."
„...stichwortartig..."	In Kurzform antworten reicht, am besten mit Gedankenstrichen, bitte immer mehr als ein Wort pro genannten Aspekt: Beispiel: „Caterer – Backstage- und Besucherverpflegung"
„Beschreiben Sie..."	Lösung mit Adjektiven hinschreiben, im Satz, auf die Frage „Wie ist etwas?" antworten
„Begründen Sie..."	Lösung mit sachlichen Argumenten hinschreiben, immer mit Relativsatz, mit „..., weil" -Sätzen antworten
„Erklären Sie..."	Beschreiben (wie?) plus Begründen (weil)
„Nennen Sie ein Beispiel für..."	Bitte ein repräsentatives und exemplarisches Beispiel auswählen (nichts Abseitiges, nicht die Ausnahme, sondern die Regel)
„...Abwägen..."	positive und negative Seiten beleuchten, verschiedene Blickwinkel wählen
„...Bewerten..."	Eine (fachlich/sachliche Meinung / oder besser: Stellungnahme abgeben, auch: ergebnisorientiert beleuchten (gut sind wenn/dann-Sätze)
„...Analysieren..."	Eine Analyse ist eine Untersuchung, dafür braucht man Werkzeuge (Wissen), also Fragen stellen, Ergebnisse betrachten, abwägen, auswerten/bewerten
„...unter Berücksichtigung..."	Zwei Möglichkeiten: 1. Achtung! Der Blickwinkel ist vorgegeben 2. Genannte gefragte Aspekte sollen neben anderen Hauptaspekten genannt werden (Hauptaspekte sind wichtiger!)
„...ihrer Meinung nach..."	Eine persönliche Auswahl ist möglich, allerdings nur, wenn sie fachlich/sachlich bleibt. Ihre eigenwillige individuelle Perspektive ist nicht von Interesse

UND JETZT GEHT'S LOS!

1 EINFÜHRUNG EVENTMANAGEMENT

1.1 Was ist Eventmanagement?

1.1.1   Begriffsanalyse Event

- Event: im Latein eventus / eventum: Für antike Kulturen typische, positiv als auch negativ besetzte Wortbedeutungen wie Ausgang, Erfolg, Ereignis, Vorfall und Schicksal
- über das Französische (evenement = Ereignis, Begebenheit) und Englische (event = Ereignis, etwas Besonderes, Sportwettbewerb) ins Deutsche
- heute wertfreie bis positive Bedeutung von Ereignis, Veranstaltung
- gemeinhin angereichert um die Komponente der vom Wortstamm weiter entfernten Bedeutung Erlebnis

Event = Ereignis / Veranstaltung

- Veranstaltung lt. Duden: „etwas, das veranstaltet wird"
- veranstalten: „etwas stattfinden lassen oder durchführen"
- Herleitung vom Begriff Anstalten: „Vorbereitung / Vorkehrung"

Veranstaltung = gezielt herbeigeführtes Ereignis

- Bild dieses Begriffes hat sich kontinuierlich entwickelt
- Heutzutage inflationäre Handhabung des Modebegriffes Event

EREIGNIS — EVENT — VERANSTALTUNG

Gesellschaft, Religion, Macht

Prominenz, Wohlstand — Traditionelles Zusammenkommen Messe, Tanz, Kult — Attraktion, Besonderheit

| Gesellschaftliches Ereignis | Traditionelles Zusammenkommen Messe, Tanz, Kult | Öffentliches Ereignis |

| High Society Event | Business Event | Public Event |

Live, sichtbar, direkte Kommunikation, Bühne / Show / Aktionsfläche

ORGANISATION

Eventmanagement   Eventmarketing   **PROJEKT-MANAGEMENT**   Veranstaltungsmanagement   Veranstaltungskaufmann   Veranstaltungstechnik

Sponsoring

Sportmarketing   Kulturmanagement

Veranstaltungen: Ursprung

- Ursprung im traditionellen Zusammenkommen der Menschen bei meist kulturell, gesellschaftlich oder religiös begründeten Handlungen
- In der westlichen Kulturgeschichte Herausbildung von geschlossenen Veranstaltungen für gesellschaftliche Eliten (z. B. Hofball)
- Eingang im Sprachgebrauch als *gesellschaftliche Ereignisse*
- gegenüber Veranstaltungen mit Attraktionen für das Volk
- im Sprachgebrauch noch im ehesten als *öffentliches Ereignis* bezeichnet

Heute: Business Events (auch: Marketing-Events)

- Im Zeitalter der modernen Marktwirtschaften hat sich die Kategorie der *Business Events* im Rahmen des Eventmarketing als Veranstaltungen der wirtschaftlichen Eliten etabliert

Heute: Public Events

- Zahlenmäßig größte Anzahl von Veranstaltungen sind die *Public Events*
- Hauptsächlich zur Unterhaltung eines offenen Publikumskreises
- In der Regel refinanziert über Ticketing (Kartenverkauf)

Definition Live-Event: Eine Veranstaltung / ein Event wird dadurch definiert,

dass auf einer Aktionsfläche (häufig eine Bühne) ein Publikum

live **und** sichtbar, direkt **und** unmittelbar **angesprochen wird**

Zusätzliche Aspekte: Ein Event ist nicht alltäglich und findet für/mit mehreren Personen statt

---

Definition Eventmanagement:

Eventmanagement ist die Konzeption, Planung, Organisation, Durchführung und

Nachbereitung von gezielt herbeigeführten Ereignissen (Veranstaltungen)

---

eventpruefung.de

1.1.2 Einige Eventformen

Public Events			Business Events		
	Indoor	Outdoor	Intern		Extern
Konzert	Club, Philharmonie, Arena	Open Air Festival Rock am Ring	Messe	Fachmesse (Anuga)	Verbrauchermesse (ModeHeimHandwerk)
Fest	Gala, Ball	Stadtfest	Betriebsversammlung	Hauptversammlung	—
Party	Disco	Rave am See	Produktpräsentation	Vertriebs-Kick-Off	Kundenpräsentation Pressepräsentation
Ausstellung	Museum	Freilichtmuseum Zoo	Incentive (Prämie, Anreiz)	Weihnachtsfeier, Ehrung, Reise	Gewinnaktion Camel Trophy
Politische Willensbildung	Wahlkampf, Kundgebung, Parteitag, Demo		Schulung	Seminar	Kongress
Theater	Schauspielhaus, Oper, Musical, Kabarett	Amphitheater	Promotion (Point of sale)		Coca Cola Truck Händleraktion
Sport	Hallensport	Stadion	Imageevent	Sport-Turnier	Benefiz
Jahrmarkt	(Kleinkunst-Börse), Tivoli Kopenhagen	Kirmes	(Motivation)	After Work Party	
(Markt)	Börse	Trödelmarkt			
Kino	Kino	Open Air Kino, Autokino			
Tradition	Karnevalssitzung Zirkus	Schützenfest			
Erlebnispark	Tobiland, Terrarium, Aqualand,	Legoland, Disney World			
Parade	Polonaise, Militärmusikfest	CSD, Karnevalszug, Love Parade			
Erlebnisgastronomie	Pomp Duck und Circumstance	Biergarten, Bierbörse			
Sendung (TV-Format)	Talkshow	Städteduell			
Kunst	Vernissage	Happening			
Workshops	Schulung	Drum Session, Didgeridoo, Aerobic, ADAC etc.	Benefiz		

Übersicht

1.1.3 Gegenüberstellung Public-Event / Business Event

	Public Events	**Business Events**
Typische Formen	Disco, Konzerte, Theater- und Opernaufführungen, Festspiele, Musicalgastspiele, Festivals, Partys, Feste und Feiern, Ausstellungen, Sportveranstaltungen, Jahrmärkte, Erlebnisparks, Erlebnisgastronomie, Paraden, Vernissagen, Kurse und Schulungen, Kinoveranstaltungen, Live-TV-Formate	Messen, Produktpräsentationen, Incentives, Hauptversammlungen, Mitarbeiterveranstaltungen, Schulungen, Motivations-Events, Kongresse und Tagungen, Workshops, Promotions, Roadshows, Pressekonferenzen, Tage der offenen Tür, Modenschauen
Besucherkreis	in der Regel für einen offenen Besucherkreis zugänglich	häufig geschlossene Veranstaltungen von oder für wirtschaftliche Eliten
Ziel	in erster Linie die (emotionalisierende) Unterhaltung des Publikums	Nutzung der Faktoren „Unterhaltung" und „Emotionalisierung" für das Ziel der direkten oder indirekten Steigerung des Absatzes eines Produkts, einer Marke, einer Dienstleistung oder eines Unternehmens
Erlösorientierung	werden in der Regel durch einen Veranstalter mit oder ohne Gewinnabsicht organisiert	werden in der Regel durch ein Unternehmen oder eine beauftragte Eventagentur mit der Absicht der Absatzförderung organisiert
Finanzierung	arbeiten in der Regel mit Erlösszenarien über den Ticketverkauf (*Ticketing*) oder mit kulturellen Budgets	werden in der Regel budgetiert, das heißt, das Unternehmen stellt einen gewissen Betrag für die Umsetzung zur Verfügung (*Budget*)
Produktbezug	Das Public Event selbst ist das Produkt, das vermarktet wird.	Das Business Event hilft einem anderen Produkt, vermarktet zu werden.
Werbung	Für Public Events benötigen wir Werbung: Wir müssen Aufmerksamkeit für unser Produkt schaffen.	Bei Business Events sind wir Teil der Werbung eines Unternehmens, wir schaffen Aufmerksamkeit für ein anderes Produkt.

1.1.4   Eventformen: Weitergehende Übersicht aus marketingorientierter Perspektive

Systematisierung der Begriffe „Veranstaltungen – Marketing-Events – Event-Marketing"

Veranstaltungen (IHK)
→ aus Sicht des Veranstalters

→ aus Sicht eines Unternehmens eines Verbandes, einer Organisation oder Institution

Events (engl.)	**Marketing-Events** (FME, Prof. Cornelia Zanger) auch Business-Events (Gödde/Bleibel)	
Messen und Ausstellungen	Corporate-Events	**Event-Marketing** (kommunikationspolitisches Instrument) **Weitere Bezeichnungen**: Live-Kommunikation, Live-Marketing, Direkte Wirtschaftskommunikation (neu entwickelte Definition des FAMAB für Events und Messen)
Tagungen und Kongresse	Exhibition Events	
Sport-, Kultur-, Konzert-Veranstaltungen etc.	Public Events	

Eine Veranstaltung ist ein **organisiertes, zweckbestimmtes Ereignis**, mit einem begrenzten **Zeitumfang**, an dem eine **Gruppe von Menschen** teilnimmt. Veranstaltungen werden in die drei folgenden Blöcke eingeteilt:

Veranstaltungen, deren Zweck das Erreichen eines oder mehrerer definierter Marketingziele ist. Sie **bilden** den inhaltlichen Kern des Event-Marketing; sind inszenierte Ereignisse, die einer definierten **Zielgruppe** zu einem festgelegten **Zeitpunkt**, unternehmens- oder produktbezogene **Kommunikationsinhalte (Botschaft)** vermitteln.

Kommunikations-Mix (marketingpolitisches Instrument)

weitere Instrumente des Kommunikations-Mix z. B. Klassische Werbung, Public Relations, VKF, Online-Marketing (Internet), Direkt-Marketing, Messe, Sponsoring, Productplacement, Licensing

Emotionsvermittlung	absatzfördernde Maßnahme
Absatz- u. Verkaufsförderung	image- und meinungsbildende Maßnahme
Informationsvermittlung	siehe Kommunikationsaufgaben von Marketing-Events: Information, Emotion, Aktion, Motivation

© coaching by Pusch + Lutz GbR, Köln – Petra Pusch

Stand: 28.02.2010

1.1.5   Kategorien lt. EVA-AWARD

CORPORATE EVENT / EXHIBITION EVENT / MITARBEITER-EVENT / PUBLIC-EVENT / CONSUMER- EVENT / CHARITY-EVENT

1.1.6   Übersicht: Abgrenzende Event-Definitionen

Ein Live-Event ist eine geplante, nicht alltägliche Veranstaltung, die auf einer Aktionsfläche (häufig einer Bühne) stattfindet und ein Publikum live (das heißt in Echtzeit), in der Regel sichtbar, direkt und unmittelbar anspricht. Das Publikum besteht in der Regel aus mehreren Personen.

Public Events, das heißt öffentlich zugängliche Veranstaltungen werden hauptsächlich zum Zweck der Unterhaltung von einem offenen Besucherkreis frequentiert.

Eventmanagement (oder auf Deutsch: Veranstaltungsorganisation), ist die Konzeption, Planung, Organisation, Durchführung und Nachbereitung von Veranstaltungen, das heißt, gezielt herbeigeführten Ereignissen.

Business Events (auch Marketing Events genannt) werden als Werkzeug im Rahmen des Kommunikations-Mix als Mittel zur indirekten oder direkten Steigerung des Unternehmensabsatzes genutzt.

Business Events nutzen dabei Faktoren wie „Unterhaltung" und „Emotionalisierung" für dieses Ziel. Vernetzt mit den anderen Maßnahmen im aufeinander abgestimmten Kommunikations-Mix werden Business-Events also dazu genutzt, Mitarbeitern, Geschäftspartnern oder potentiellen Kunden nachhaltig und emotionalisierend ein Produkt, eine Dienstleistung oder ein Unternehmen nahe zu bringen.

Marketing-Event ist dabei die Bezeichnung für eine bestimmte Veranstaltung, z.B. einen Messeauftritt, eine Produktpräsentation, eine Incentive-Veranstaltung, eine Mitarbeiter-Versammlung oder einen Tag der offenen Tür. Eventmarketing dagegen ist der Dachbegriff für die Art der Tätigkeit, Marketing-Events strategisch und operativ anzulegen und durchzuführen.

Das betriebswirtschaftlich ausgerichtete Unternehmen tritt dabei häufig als auftraggebender Kunde auf, das die Ziele und den Umfang von Eventmarketingmaßnahmen festlegt und bei der Konzeption und Umsetzung häufig auf spezialisierte Full-Service-Dienstleister wie Eventagenturen und Messebauer zurückgreift.

Eventmarketing bezeichnet alle die Maßnahmen, bei denen mit Hilfe von Marketing-Events Produkte, Dienstleistungen oder Unternehmen am Markt platziert und die Kaufbereitschaft der Kunden geweckt werden soll. Eventmarketing ist die Summe der Marketing-Events, die zur Absatzförderung durchgeführt werden.

Business Events als konkrete Maßnahmen des Eventmarketing werden in der Regel budgetiert, das heißt, das Unternehmen stellt einen gewissen Betrag für die Umsetzung zur Verfügung. Unternehmen haben also ein Event-Marketing-Budget, mit dem Business-Events finanziert werden.

1.1.7 Ausgewählte Arbeitsfelder in der Eventplanung

„Projektstrukturplan"

			ORGA-TEAM
Konzeption	Thema / Inhalt	Ort (Stadt)	
	Besucherprofil	Terminierung	Projektplan
Planung	Musik/Tanz/Show	Location	Personal/Dienste
	Technik/Bauten	Catering	Genehmigungen
Programm	Vorprogramm	Hauptprogramm	After Show
Marketing	Werbung	Materialien	
	Presse / PR	Besuchermanagement	Dokumentation
Finanzierung	Kalkulation	Liquidität	Sponsoring
	Kosten	Einnahmen	Versicherungen
Nachbereitung	Erfolgskontrolle	Manöverkritik	Dank

Übersicht

Grund-
lagen

1.2 5-Phasen-Modell (Ablauf Eventmanagement)

1. **Konzeption** 2. **Planung** 3. **Organisation** 4. **Umsetzung** 5. **Nachbereitung**	Begleitend: Kalkulation. Beim 6-Phasen-Modell kommt eine Auftragsphase nach der Konzeption hinzu (Projektdefinitionsphase). Näheres dazu in Kapitel 3.2 und 6.

1.3 Erste Reflektion: Ausgewählte Objekte des Eventmanagement

1.3.1   Typische Dienstleister / Personal

Hauptgewerke	Spezialgewerke	Typisches Event-Personal
• Strom, Bühne, Licht, Ton, Rigging (Traversen), Bauten • AV-Medientechnik • Catering • Dekoration/Ausstattung • Medienproduktion • Künstleragentur / Programm	• Laser • Pyrotechnik • Simultantechnik (Übersetzung) • Transport • Personalgestellung	• Technischer Leiter / Produktionsleiter • Hostessen / Hosts • Security • Sanitäter • Helfer (Hands) • Promoter

1.3.2   Hotels

Kategorien	Die größten Hotelmarken der EU (nach Häuserzahl/Zimmern)	Die größten Hotel-Gesellschaften der EU (2006) nach Häuserzahl
• Tourist 1 Stern • Standard 2 Sterne • Komfort 3 Sterne • First Class 4 Sterne • Luxus 5 Sterne Ohne Bewertung: • Garni • Pensionen	• Best Western • Ibis (Accor) • Mercure (Accor) • Novotel (Accor) • Holiday Inn (ICH) • Hilton • NH Hotels • Premier Travel Inn • Etap (Accor) • Formule 1 (Accor)	• Accor (F) • Best Western (USA) • Intercontinental Hotels ICH (GB) • Louvre Hotels (F) • Hilton (GB) • Sol Melia (E) • TUI (D) • Choice (USA) • Calson/Rezidor (USA/B) • Starwood

Weitere bekannte Hotel-Marken: Steigenberger, Maritim, Lindner, Sheraton, Hyatt…

1.4 Was ist Eventmarketing?

1.4.1   Marketing Einführung

Die genaueste Übersetzung von Marketing (englische Verlaufsform von market = Markt), lautet wohl *vermarkten. Vermarkten* bezeichnet alle auf den Absatz im Markt gerichteten unternehmerischen Tätigkeiten. Marketing kann dabei als die Summe der Bemühungen bezeichnet werden, Produkte, Dienstleistungen oder Unternehmen am Markt zu platzieren **und** die Kaufbereitschaft der Kunden zu wecken. Das traditionelle 4-Säulen-Modell (bestehend aus den Pfeilern ***Produkt-/Sortimentspolitik, Dietributions-/Vertriebs-/Absatzpolitik, Kommunikationspoliktik und Preis-/Kondtionenpolitik***) beschreibt darüber hinaus wirkungsvoll Betätigungsfelder des angewandten Marketing:

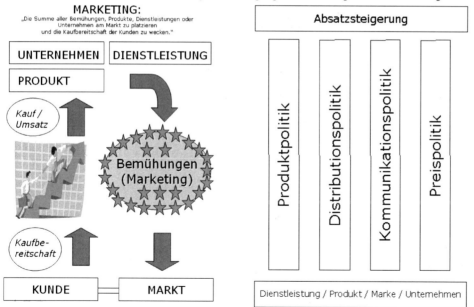

1.4.2 Eventmarketing im Kommunikationsmix

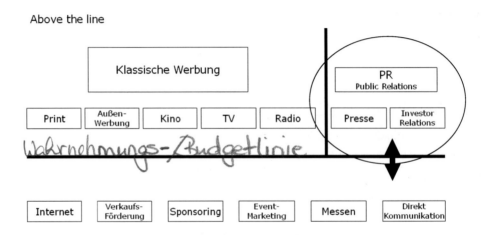

Der Kommunikationsmix
(nach Meffert)

Above the line

Klassische Werbung

| Print | Außen-Werbung | Kino | TV | Radio |

PR
Public Relations

| Presse | Investor Relations |

Wahrnehmungs-/Budgetlinie

| Internet | Verkaufs-Förderung | Sponsoring | Event-Marketing | Messen | Direkt Kommunikation |

Below the line

Das Modell ist und war umstritten. Zwar finden die Begriffe „above the line" und „below the line" häufig Verwendung, heutzutage wird jedoch eine nicht-hierarchische Anordnung der Kommunikationsinstrumenten im Kommunikations-Mix z.B. in Kreisanordnung präferiert. **Achtung: Bei der IHK-Prüfung ist das Marketing-Instrument PR below the line angesiedelt.**

Ebenfalls relevant ist die sog. AIDA-Formel zur Beschreibung der Kommunikationsziele:

Attention **I**nterest **D**esire **A**ction

1.4.3   Integrierte Kommunikation (neu: Vernetzte Kommunikation)

Integrierte Kommunikation ist die strategische und konkrete Abstimmung aller Kommunikationsmaßnahmen aufeinander: Die richtige Dosis zum richtigen Zeitpunkt in richtiger Form

Integrierte Kommunikation ist einfach zu erklären, aber schwer zu machen.

Es bedeutet, die Kommunikations-Maßnahmen

- zu vernetzen
- zu verzahnen
- sich befruchten zu lassen-
- aufeinander abzustimmen

Was wird wo integriert? Z.B.:

Die Kommunikations-Strategie in das Marketing Event
Das Corporate Design in das Marketing Event
Das Marketing-Event in die Kommunikationsmaßnahmen

1.4.4   Eventmarketing und Marketing-Events

Definition Forum Marketing-Eventagenturen (www.fme-net.de)
Marketing-Events „...sind **Veranstaltungen** und **Aktionen, die primär Marketing-Zielen dienen** und Informationen, Produkte, Dienstleistungen und Strategien vermitteln."

Definition Bund Deutscher Werbeberater
Unter Marketing-Events „...werden **inszenierte Ereignisse** sowie deren Planung und Organisation **im Rahmen der Unternehmensorganisation** verstanden, die durch **erlebnisorientierte** firmen- oder produktbezogene Veranstaltungen **emotionale oder physische Reize darbieten** und einen starken **Aktivierungsprozess** auslösen."

Die Praxis hat viele Begriffe entwickelt. Die Betriebwirtschaftslehre und Soziologie haben sich erst spät mit diesem Kommunikationsinstrument beschäftigt.

Event-Marketing = Dachbegriff für eventorientierte Kommunikationsmaßnahmen

Marketing-Events = Veranstaltungen, die im Rahmen von Eventmarketing durchgeführt werden

---

Definition

Oder einfach gesagt: Eventmarketing bedeutet, Marketing-Events zu machen:

eventpruefung.de

1.5 Übersicht: Marketing-Mix, Kommunikations-Mix und Media-Mix

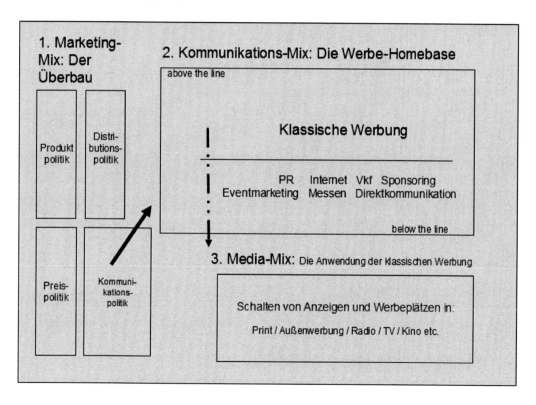

1. Marketing-Mix: Der Überbau

- Produkt politik
- Distri-butions-politik
- Preis-politik
- Kommuni-kations-politik

2. Kommunikations-Mix: Die Werbe-Homebase

above the line

Klassische Werbung

PR   Internet   Vkf Sponsoring
Eventmarketing   Messen   Direktkommunikation

below the line

3. Media-Mix: Die Anwendung der klassischen Werbung

Schalten von Anzeigen und Werbeplätzen in:

Print / Außenwerbung / Radio / TV / Kino etc.

2 PUBLIC EVENT GRUNDLAGEN

2.1 Workshop Ticketing

2.1.1   Einordnung Public Event

Public Events machen den Großteil der organisierten Veranstaltungen aus.

Statistische Erhebungen dazu existieren leider noch nicht – wir können jedoch von einer Quote von bis zu 75% der bundesweit durchgeführten Veranstaltungen ausgehen. Nicht zu unterschätzen ist dabei der Anteil von Schützenfest, Fasching/Karneval und Konsorten – zwar nicht immer megastylisch, aber immer schon mainstream pur.

Als Public Event werden hier Events verstanden, die für einen öffentlichen Besucherkreis zugänglich ist.

Typische Public Events sind:

Konzerte, Theater- und Opernaufführungen, Musicalgastspiele, Festivals, Partys, Feste und Feiern, Festspiele, Ausstellungen, Sportveranstaltungen, Jahrmärkte, Erlebnisparks, Erlebnisgastronomie, Paraden, Vernissagen, Kurse und Schulungen, Kinoveranstaltungen, Live-TV-Formate etc.

Public Events sind typischerweise:

- *offen für einen breiten Besucherkreis*
- *unterhaltend, informierend oder emotionalisierend*
- *mit einer Gewinnabsicht des Veranstalters finanziert über Ticketing (Erlös durch Kartenverkauf)*
- *ein Produkt – der Veranstalter benötigt Marketing- und Kommunikationsmaßnahmen, um den Absatz zu gewährleisten*

2.1.2 Typische Beteiligte im professionellen Public Event Management: Die Public-Event-Treppe (am Beispiel des Rock´n Roll-Geschäfts)

Wenn wir ein Rockkonzert professionell organisieren, können acht typische Beteiligte lokalisiert werden, die im Prozess von der Produkterstellung (z.B. einer Tourneeproduktion) bis zum Produktabsatz (Ticketverkauf) zusammenarbeiten:

Produktorientierte Übersicht (in typischen Rollenbeschreibungen)

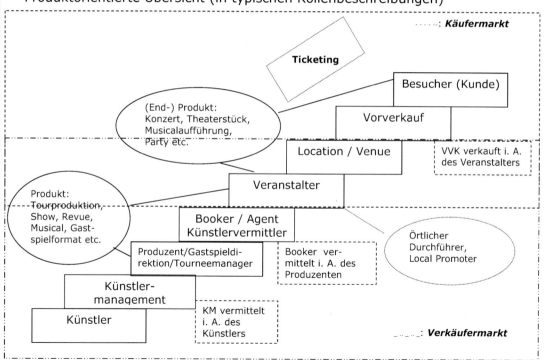

Grund-
lagen

Die Public-Event-Treppe am Beispiel von SILBERMOND

Treppenstufe 1- Der Künstler:

Die Band >SILBERMOND<

Treppenstufe 2 - Das Künstlermanagement:

>valiart management< aus Berlin

Treppenstufe 3 – Der Produzent:

*Künstlermanagement >valiart management<
aus Berlin in Kooperation mit Booker
>Undercover Entertainment< (Michael Schacke)
aus Wendeburg bei Braunschweig*

Treppenstufe 4 – Der Booker:

>Undercover Entertainment< (Michael Schacke) aus Wendeburg bei Braunschweig

Treppenstufe 5 – Der Veranstalter:

>popversammlung< aus Düsseldorf als Local Promoter / örtlicher Durchführer für die Region Rhein/Ruhr

Treppenstufe 6 – Die Location:

Das >Palladium< in Köln (z.B. am 03.12.2006), ausverkauft mit ca. 3.600 Besuchern

Treppenstufe 7 – Der Vorverkauf:

*Zentral über Systemanbieter wie CTS, ticketonline oder kartenhaus (ticketmaster), Kartenpreis ab 19,60 €
brutto inkl. System- und Vorverkaufsgebühr*

Treppenstufe 8 – Der Besucher:

Uschi G. (23) aus Bergisch-Gladbach-Moitzfeld und ihr Freund Andy S. (22) aus Quadrath-Ichendorf

eventpruefung.de

2.1.3 Übersicht über Verträge zwischen typischen Beteiligten

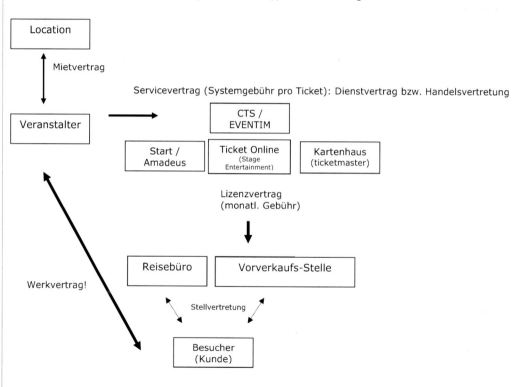

Übersicht

2.1.4 Vorverkauf: Übersicht möglicher Vorverkaufswege

Kunde holt ab	Internet	Telefon	Direktvertrieb	Sonstiges
Vorverkaufsstelle	Homepages (www.x.de)	Call Center	Direkt beim Künstler	Aktionen (Emäßigung)
Location	Auktion (ebay)	s. Vorverkaufsstelle	Fanclub, Clubs	Kooperationspartner
Abendkasse, Tageskasse	Partnerhomepages (Link)	Ticket-Hotline	(Kalte Aquise per Call-Center)	Medienpartner (Radio, Zeitschriften)
Reisebüro	*Portal (EVENTIM, getgo)*	(Teleshopping)	Bei Veranstaltungen	Preisausschreiben, Verlosung, Gewinnspiel
Zielgruppengeschäft (Snow Board Laden, Hotel)	Spammailing	Per fax	Brief-Mailing	Payback (Bonusysteme)
Tourist Office / Ämter		SMS	Street-Casting (Promotion)	Master Card
			Vereine / Verbände	Paketlösungen
				Schwarzmarkt

Früher: Physische Ticketverteilung über örtlichen Veranstalter

Heute: Computergestützte netzwerkbasierte Verteilungslösungen (Ticketausdruck)

Marktführer: CTS/EVENTIM (Computer Ticket Service) / Ticket Online (Stage Entertainment) / kartenhaus (ticketmaster)
Kombinationen: z.B. koelnticket, nrwticket
Kleine Spartenanbieter: z.B. proticket

Zahl- und Abrechnungswege, z.B. bar, Scheck, ebay (Vorkasse), Überweisung / Bankeinzug, Nachnahme, Kreditkarte, moderne internetbasierte Zahlsysteme (pay pal etc.)

Haustürgeschäft beachten (14-tägiges gesetzliches Widerrufsrecht) bei Verkauf über Telefon, Internet und evtl. Direktvertrieb – auch bei Vertragsabschluss auf Messen.

2.1.5 Ticketing: Buchungswege

Kunde zahlt gegen Quittung von VVKF-Stelle	32,00 €		Brutto Endpreis (=107%)

Veranstalter nimmt (buchhalterisch) netto ein	29,91 €		(= 100%)
Umsatzsteuer auf netto pro Karte		- 2,09 €	7 % (weil Kartenumsatz!)
Veranstalter zahlt an VVK-Stelle gegen Rechnung	- 2,99 €		10 % VVK-Gebühr
Vorsteuer auf Netto-Ausgabe		0,57 €	19 % (weil Dienstleistung!)
Veranstalter zahlt an CTS gegen Rechnung lt. Vertrag	-1,50 €		Netto-Festsumme lt. Vertrag
Vorsteuer auf Netto-Ausgabe		0,29 €	19 % (weil Dienstleistung!)
(einkommensteuerpflichtiger) Netto-Erlös	25,42 €		Netto
		- 1,23 € (+/- 0,01)	Mehrwertsteuer an das Finanzamt (Umsatzsteuer – Vorsteuer = Zahlbetrag)

ACHTUNG: WEGE DER RECHNUNGSSTELLUNG
UND
VOR- BZW. UMSATZSTEUERWEGE DIFFERENZIERT BEACHTEN!

Kauf-
männisches
Grundlagen-
Beispiel

eventpruefung.de

2.1.6 Ticketing: Preisgestaltung (Beispiel-Kalkulator)

Ticket Kalkulation (netto)

Veranstalter:	**Prime**

Künstler:	**The Rasmus**

Booker:	**ASS**

Location:	**E-Werk**

Plätze:	2200	Verk. Plätze:	**2000**
Freikarten	200		

		USt.			VVK %			CTS	
	Ticket Preis	7%	Nettopreis	10	Zwischensumme	Gebühr	Nettoerlös
VVK.	30,00 €	1,96 €	28,04 €	2,80 €	25,24 €	1,50 €	23,74 €
					(plus 19 %)		(plus 19 %)	

			örtl. Veranst. Prime	Booker/ Produzent ASS		
		in Prozent	40,00%	60,00%		
	Verk. Karten		p. Karte: 9,496 €	14,244 €		
worst case	15%	300	2.848,80 €	4.273,20 €	7.122,00 €	
	30%	600	5.697,60 €	8.546,40 €	14.244,00 €	
	50%	1000	9.496,00 €	14.244,00 €	23.740,00 €	
	75%	1500	14.244,00 €	21.366,00 €	35.610,00 €	
best case	100%	2000	18.992,00 €	28.488,00 €	47.480,00 €	(Nettoerlös)

plus 7%

2.1.7   Veranstaltungs-Break-Even - Beispielrechnung

Veranstaltungs-Break-Even nennt man den Punkt, ab dem die reinen Veranstaltungskosten gedeckt sind. Der hier skizzierte Veranstaltungs-Break-Even ist mit dem kaufmännischen Break Even nicht identisch, weil er die Fixkosten nicht berücksichtigt (vgl. Kapitel 8.3.1)
Der Umsatz einer Veranstaltung wird häufig nach Prozentschlüssel an Partner (Künstler / Veranstalter) verteilt. Gängige Aufteilungsschlüssel: 80/20, 70/30, 60/40, 50/50

Zu rechnende Zahlen lt. Gastspielvertrag: Künstlerhonorar Garantiegage 5.000,00 €, Aufteilung des Umsatzes aus Kartenverkauf *nach Break Even* 70 / 30 (Künstler / Veranstalter). Weitere Veranstaltungskosten: 15.000,00 €. Umsatz aus Kartenverkauf: 35.000,00 € (alle Werte brutto).

1. Veranstaltungs-Break Even (brutto)?
2. Erlös Band (brutto)
3. Erlös Veranstalter (brutto)?

Berechnung Break Even:
15.000,00 € veranstaltungsbezogene Kosten + 5.000,00 € Künstlerhonorar = € 20.000,00 Veranstaltungs-Break-Even (reine Veranstaltungskosten)

	€	€
Künstlerhonorar	5.000,00	
Kosten Veranstalter	15.000,00	
Break Even	20.000,00	20.000,00
Einnahmen Kartenverkauf	35.000,00	
Verteilt werden:		15.000,00
70% Künstler		10.500,00
30% Veranstalter:		4.500,00

Erlös Veranstalter: € 4.500,00 (= Deckungsbeitrag zur Deckung der Fixkosten)
Der Veranstalter hat Veranstaltungskosten gedeckt, muss davon noch die fixen Betriebskosten decken.
Gage Künstler: € 5.000,00 (Garantiegage) + € 10.500,00 (Beteiligung lt. Vertrag) = **€ 15.500,00**
Künstler deckt aus Gage die kompletten Tourneeproduktionskosten (variable Kosten). Garantiegage dient der Kostendeckung, Beteiligung ab Break Even dient der Deckung der fixen Kosten und dem Gewinn.

Typische Deals:
1. Garantiegage bzw. Festgage ohne Prozentbeteiligung
2. Prozentverteilung ab der ersten Karte, z.B. 70/30 (70% für Künstler, 30% für Veranstalter)
3. Prozentverteilung ab Veranstaltungs-Break-Even (d.h. ab Deckung der Veranstaltungskosten)
4. Mindestgage zzgl. Prozentverteilung ab Veranstaltungs-Break-Even
5. Mindestgage oder Prozentverteilung ab der ersten Karte bzw. ab Break Even, wenn dieser Betrag höher ist als die Mindestgage

Kauf-
männisches

Praxis-
Beispiel

2.2 Location-Ideen / Location-Check

• Bäder	• Naturlocation
• Bar	• Opern
• Disco	• Planetarien
• Eishallen	• Rennbahnen
• Fabrikhallen	• Restaurant
• Freizeitparks	• Schiffe
• Hangar	• Schlösser und Burgen
• Hotel	• Sporthallen
• Kino	• Stadien
• Kirchen	• Stadthalle
• Kongresszentren	• Theater
• Messehallen	• TV- und Filmstudios
• Museen	• Universitäten
• Musicaltheater	• Zeltstandorte

Grundlegende Kriterien für einen Location-Check (Hotel):

Kriterium	Criteria
Verkehrsanbindung	traffic access
Lage	
Größe und Infrastruktur	Infrastructure
Räume (Anzahl, Größe, Zuschnitt)	function rooms
Bestuhlungsvarianten	Seating
Vorbereitung durch die Location	preparations by hotel
Tagungsservice	conference service
Tagungstechnik	technical equipment
Catering / Food and Beverage	food an beverage
Preis-Leistungsverhältnis	Value for money

Weitergehende Kriterien für einen Location-Check (Hotel):

Anforderungsprofil		Raumanalyse	Hauptraum	Nebenräume
Größe		Maße / Sicht		
Kapazität (Personen)		Strom		
Ausstrahlung/Ambiente		Beleuchtung / Verdunklung		
Passung		Technische Ausstattung		
Infrastruktur		Regieplatz		
Hotelnähe		Bestuhlungsvarianten		
Verkehrsanbindung		Kostenstruktur		
Parkmöglichkeiten		Etage		
Anlieferung / Zugänge		Zulieferung / Bewirtung		
Lage der Räume		Bodenart		
		Behördliche Auflagen		
		Klima / Heizung		
		Stauraum für Cases etc.		
		Entsorgung		
		WLAN		

KONKRETE CHECKLISTE TAGUNGSRAUM:

Maße und Höhe:
Art der Bestuhlung:
    Anzahl der Sitzplätze:
    Anordnung:
    Referentenpositionierung:
    Vorstandpositionierung:
Rednerpult / Ablagetische:
Belüftung / Klimatisierung / Heizung:
    Regelung durch:
Beleuchtung / Tageslicht:
    Verdunklung:
Projektionsmöglichkeiten:
Tagungstechnik:
Lärmeindämmung:
Dekoration:
    Transparente/Banner:
    Blumenschmuck:

KONKRETE CHECKLISTE EMPFANGSCOUNTER:

Standort:
Aufbau:
Dekoration:
Ausschilderung:
Personal:
Dresscode:
Namensschilder /Teilnehmerliste:
Informationsmaterial:
Bürobedarf / Kleinmaterial:
Bestuhlung / Sessel:
Strom / Beleuchtung:
Telefon / Telefax / Handy:
Internetanschluss / WLAN:
PC / Laptop / Drucker:
Speichermedien:
Kopierer:
Erste Hilfe / Neccesities:

2.3 Bestuhlung

2.3.1 Typische Bestuhlungsvarianten

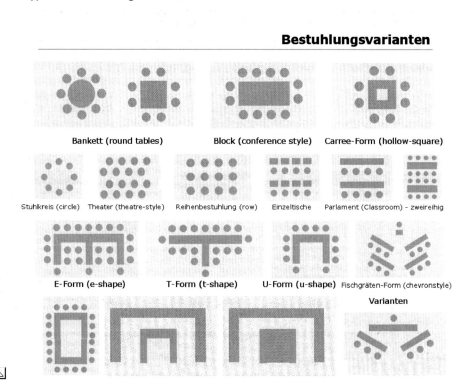

Bestuhlungsvarianten

Bankett (round tables) Block (conference style) Carree-Form (hollow-square)

Stuhlkreis (circle) Theater (theatre-style) Reihenbestuhlung (row) Einzeltische Parlament (Classroom) - zweireihig

E-Form (e-shape) T-Form (t-shape) U-Form (u-shape) Fischgräten-Form (chevronstyle)

Varianten

Weitere Varianten:

L-Form, Variete (Bistrotische), Catwalk (Laufsteg), Festzelt (Karneval), Hörsaal, Tribüne, Empore, Loge, Tanzsaal/Tanzdiele (Bühne, Tanzfläche, Bankettbestuhlung um die Tanzfläche)

2.3.2   Technische Hilfsmittel und Medien während einer Veranstaltung:

Flipchart, Pinwand bzw. Metaplanwand, Moderationskoffer, Beamer, Mikrofon/Lautsprecher, DVD-Player, Lichtdimmer, Overhead-Projektor, Computer, Leinwand, TV-Gerät / Screen, Laserpointer

2.3.3   Wann welche Bestuhlung?

BESTUHLUNG

TISCHANORDUNG

SITZORDNUNG

| Zu welchem ZWECK? | Wie lange? | In welchem Raum? | Wie variabel? |

Wie viele Personen?   Wie bequem?

checklist

2.3.4 Vorteile / Nachteile

Mögliche Bewertungs-Kriterien:

Sichtkontakt (Bühne/Präsentation/Team), Kommunikativer Charakter, Durchgangsmöglichkeiten / Erreichbarkeit, Aufwand, Komfort, Bewegungsfreiheit, Platzausnutzung/Platzbedarf, Service (Bewirtung), Arbeitsplatznutzung, Flexibilität

Bestuhlungsart	KUNDENSICHT (Besucher)		VERANSTALTERSICHT	
	+	-	+	-
Block	Gute Sicht, komfortabel, kommunikativ, teamfördernd, Arbeitsplatznutzung möglich, guter Durchgang, Gedecke möglich,	Wenig flexibel, u. U. schlechte Bühnensicht, Service bei Arbeitsnutzung störend, Gefahr der Frontenbildung, eingeschränkte Beinfreiheit	Platzsparender als Bankett oder Carree, gute Servicemöglichkeit,	Großer Platzbedarf, u. U. Sitzordnung nötig Nicht jeder TN von Bühne aus einsehbar
Carree	Wie Block Deko in der Mitte möglich besserer Service, mehr Beinfreiheit, u. U. keine Hierarchie	Wie Block größerer Abstand (Distanz), u.U. nicht zentral	Wie Block, etwas übersichtlicher	wie Block, noch größerer Platzbedarf, größerer Aufwand
Parlament	Gute Sicht, eindeutige Blickrichtung, Beinfreiheit, Platz für Gedecke	Problematischer Durchgang, kaum Kommunikation, man guckt auf den Kopf, kaum flexibel, Hirarchie, kein Team, typische Empfängerhaltung	Klarheit Fokussierung	nicht unbedingt optimale Platzausnutzung serviceunfreundlich, technisch aufwendig
Bankett	Wie Block Kommunikativer, eleganter, nicht unbedingt Status-Unterschiede, Wohlfühleffekt	Arbeitsplatz unüblich, Blickrichtung, Sitzordnung	Sehr gute Servicemöglichkeit flexibel	Platzbedarf, personalintensiv

sitzend + Tisch = 1 prov²
sitzend o. Tisch / stehend = 2 prov²

Bestuhlungsart	KUNDENSICHT		VERANSTALTERSICHT	
	+	-	+	-
Theater	Gute Sicht, volle Aufmerksamkeit, bequem konsumfreudig	Nicht kommunikativ Wenig Platz, keine Arbeitsmöglichkeit, Interaktion nur mit Bühne, schlechter Durchgang, Sicht beachten, beschränkter Zugang	Platzsparend (effizient), klare Sitze, ökonomisch	Schlechte Bewirtung
U-Form	Sichtkontakt untereinander Duchgang Komfort Bewegungsspielraum Bühnensicht, Platz für Gedecke	Man fühlt sich beobachtet Entfernung Alt.: offene O-Form	Service und Moderationsorientierung	Aufwendig Platzbedarf
E-Form	Arbeitstauglich, intern sehr kommunikativ, Platz für Gedecke	Nicht flexibel, Bühnenaufmerksamkeit schwer, eng, nicht zentral	ökonomisch	Eingeschränkter Service Medieneinsatz kaum möglich
Fischgräten	Kommunikativer als Parlament, locker, Gedecke, Arbeitsmöglichkeit, komfortabel, gute Sicht auf Moderator	Recht unkommunikativ Service könnte stören	Guter Service, präsentationsfreundlich	Großer Platzbedarf akustische Probleme
Arena	Beste Sicht, demokratisch (viele gleich nah), stylisch, gute Sicht auf Szenenfläche	wenig Komfort unkommunikativ, beschränkter Zugang, keine Ablagemöglichkeit	Mehr Tickets verkaufbar, große Zuschauermengen möglich, ökonomisch	Kaum Service möglich, schwer zu inszenieren, technisch sehr schwer, Präsentationsprobleme, hohe Kosten, weite Wege

2.4   Veranstaltungstechnik

2.4.1   Strom

2.4.1.1   Schukostecker und Fehlerstromschutzschalter (FI)

Neben den zwei Polen, dem Pluspol (Leitung vom E-Werk) und dem Minuspol (Rückleitung zum E-Werk), gibt es noch einen dritten Kontakt, den so genannten Schutzleiter (fälschlicherweise auch Erde genannt).

Zusätzlich ist heutzutage häufig ein Fehlerstromschutzschalter als Generalschalter vorgeschrieben, der die ankommende Strommenge mit der rückfließenden Strommenge vergleicht. Stimmen die Werte nicht überein, unterbricht der FI sofort den Stromkreis und schaltet den Stromfluss ab.

2.4.1.2   Mehrphasenwechselstrom (Drehstrom)

Den Mehrphasenwechselstrom, der auch als Drehstrom bezeichnet wird, gibt es in unterschiedlichen Größen, also 16 Ampere CEE, 32A CEE, 63A CEE, 125A CEE und 250A CEE.

Der Unterschied zum herkömmlichen Wechselstrom besteht darin, dass der Mehrphasenwechselstrom aus mehreren Phasen besteht. Er wird von 3 Zuleitungen gespeist, die durch eine Phasenverschiebung von 120° zueinander eine Spannung von 400 V statt 230 V aufweisen.

2.4.1.3   Checklist Strom

Bei einer Veranstaltung wird im Vorfeld oftmals relativ wenig über die gesamte Verstromung nachgedacht, obwohl eine ausreichende Stromversorgung zur Grundvoraussetzung einer funktionierenden Veranstaltungstechnik gehört. Zu beachtende Dinge:

- Sind alle Stromabnehmer bekannt?
- Ist genügend getrennt voneinander abgesicherter Strom vorhanden? (Ton, Bühne und Licht trennen)
- Sind die unterschiedlichen Steckergrößen und Steckerarten der verschiedenen Gewerke berücksichtigt?
- Kabelwege (Kabellänge) kontrollieren und dokumentieren
- Kabelbrücken für Publikumsverkehr nicht vergessen

2.4.2 Bühne / Traversen / Rigging

2.4.2.1 Typische Bühnenformen

- Festinstallierte Bühnen
- Podestbühnen (z. B. Bütec / Schnakenberger / Layher)
- Drehbühnen
- Hubbühnen
- Outdoor-Bühnen

2.4.2.2 Beispiel Hubdachbühne:

- o Relativ große Windangriffsfläche, daher sind die Seitenwände meist nur mit Gaze (perforiertem Stoff) verkleidet
- o Ab ca. Windstärke 6 Verkleidungen unten und an der Seite öffnen
- o Die gesamte Konstruktion muss mit "Erdhaken" am Boden verankert, evtl. auch Gewichte oder Wassertanks
- o Neben der Bühne werden normalerweise die PA-Wings positioniert, auf denen die Lautsprechersysteme platziert werden - entweder in einzelnen "Etagen", in denen die Systeme gestellt („gestackt") werden, oder geflogen („gehängt").

2.4.2.3 Rigging (Hängen von Traversen)

Hängepunkte berücksichtigen. Bei Anschlagsmitteln immer das Gesetz der doppelten Sicherheit beachten: z.B. ein Safety aus Stahl, der nicht locker durchhängen darf zusätzlich zur Aufhängung.

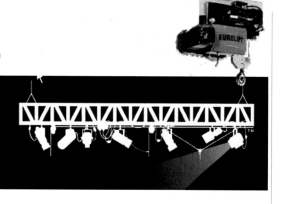

Prerigging

Muss eine Bühne platziert oder soll viel Technik gehängt werden und stehen keine Hängepunkte zur Verfügung, wird ein flächiges Rigg über der Bühne erstellt, oder es wird sog. Prerigg erstellt. Daran können dann wiederum die Motoren für die Front- und Backingtraversen angeschlagen werden.

Traversensysteme

Grundsätzlich unterscheidet man zwischen 2-Punkt, 3-Punkt- und 4-Punkt- Traversen, wobei es noch unterschiedliche "Schenkellängen" gibt.

Ground Support

Bei einer Ground-Support-Konstruktion handelt es sich um vier Tower, um die ein Traversenkranz gebaut werden. Am Kopf der Tower ist eine Umlenkrolle eingebaut, die die Motorkette umlenkt.

2.4.2.4 Checklist Bühne / Rigging

- Was soll auf der Bühne stattfinden, wie viele Personen treten auf?
- Wie groß muss die Bühne sein?
- Was wird auf der Bühne präsentiert?
- Was für ein Bühnentyp wird verwendet?
- Wie hoch wird die Bühne, wie viele Zuschauer werden erwartet?
- Wie ist der Untergrund bzw. das Gelände beschaffen?
- Jahreszeit beachten (Schneelast, Wassertank wegen Frost)
- Welcher Stromanschluss wird benötigt?
- Bei Traversenkonstruktionen:
    - Welche Lasten müssen abgehängt werden (Punktlast, verteilte Last)?
    - Welche Strecken müssen überbrückt werden?
    - Hängepunkteplan vorhanden?

2.4.3 Licht

Bei der Planung der Lichttechnik ist grundsätzlich zu klären, ob die geplante Veranstaltung im Freien oder in einer Halle, am Tag (verdunkelbar) oder bei Dunkelheit stattfindet. Um vernünftiges Licht planen zu können, muss der Programminhalt für einen "Event" geklärt werden. Außerdem ist eine gewerkeübergreifende Planung mit der Rigging- und Bühnentechnik sowie mit der Videotechnik notwendig. Immer beachten, dass das Licht der größte "Stromverbraucher" ist.

2.4.3.1 Stufenlinsenscheinwerfer

Fresnel-Scheinwerfer: Durch Verschieben der Lampenfassung wird der Abstand zwischen Lampe und Linse verändert. Preiswerter Theaterscheinwerfer, diffuser Rand

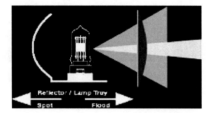

PC-Scheinwerfer (plan-konvexe Linse):
Mit einem genauer definierten Lichtstrahl und weniger Streulicht ist der PC-Scheinwerfer das Medium für vielfältige Beleuchtungsaufgaben. Er produziert weniger Streulicht als der Fresnel-Scheinwerfer. Dramatische Effekte werden durch enge Fokussierung erzielt. Begrenzt wird der Lichtstrahl durch die Torblende, die drehbar angebracht Abschattungen unter beliebigen Winkeln ermöglicht

2.4.3.2 Profilscheinwerfer

Der Unterschied zum Linsenscheinwerfer besteht darin, dass die Lampe zur Größenverstellung des Lichtkegels nicht verschoben werden muss. Vier Blendenschieber (Shutter), angebracht an der Lochblende, dienen der Begrenzung des Lichtkegels. Ein spezieller Gobohalter (Filtermasken) ermöglicht Effekte.

2.4.3.3 Fluterscheinwerfer

Als Leuchtmittel werden meist Halogenstäbe verwendet, die quer vor einem Reflektor in einem Aluminiumkasten eingebaut sind. Da keine wärmeabsorbierende Linse vorhanden ist, können nur Glasfarbscheiben bzw. Farbfolien mit 10-20cm Abstand verwendet werden, die mit Wäscheklammern oder Magneten an den Torblenden befestigt werden.
Anwendungsbereich: Horizontbeleuchtung, Prospektbeleuchtung, Decken- und Bodenbeleuchtung, alles was gleichmäßig und flächig beleuchtet werden soll.

2.4.3.4 Verfolgerscheinwerfer (Follow-Spot)

Verfolgerscheinwerfer sind Profilscheinwerfer, besonders ausbalanciert und auf einem Stativ montiert, damit das Nachführen des Lichts harmonisch stattfinden kann.

Truss-Spot: Ein Verfolgerscheinwerfer ist auf ein Gestell montiert, in dem auch ein sog. "Recarositz" befestigt ist. Diese Einheit wird ins Traversenrigg montiert (gehängt). Der große Vorteil ist der vertikale Winkel. Der Scheinwerfer sollte mit ca. 45° den jeweiligen Künstler beleuchten. Somit wird der Hintergrund nicht angestrahlt.

Nachteil: Rigg muss eine gewisse Höhe und benötigte Belastbarkeit aufweisen, allgemein höherer Aufwand.

2.4.3.5 PAR-Scheinwerfer (Rock´n-Roll-Licht)

PAR-Lampen sind Reflektorlampen (PAR=Parabolic Reflector).

PAR-Scheinwerfer gibt es in verschiedenen Baugrößen und Bauformen. Im Bühnenalltag allgemein gebräuchlich sind der PAR 36, PAR 56 und PAR 64 in Short- und Long-Versionen und mit unterschiedlichen Brennern (Lampen).

2.4.3.6 Bewegtes Licht (Moving Lights / Wackellampen / Scanner)

Bewegte Lampen werden unterteilt in: Spiegelscanner und kopfbewegliche Lampen.

Z.B. spiegelbewegte Multifunktionsscheinwerfer (Scanner):
Bei einem Scanner ist der Scheinwerfer fest eingebaut und strahlt auf einen beweglichen Spiegel, der je nach Wunsch seine Position verändern kann.

Z.B. Moving-Head-Scheinwerfer:
Als "Moving-Head" oder auch "Moving-Light" bezeichnet man einen DMX-gesteuerten positionierbaren Multifunktionsscheinwerfer, im Technikerjargon (deutsch) auch oft als "Wackellampe" bezeichnet. Hier rotiert die Lampe.

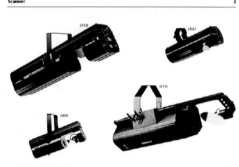

Scanner   2

2.4.3.7 LED Scheinwerfer

Eine Leuchtdiode (Kurzform LED für Light Emitting Diode – Licht aussendende Diode) ist ein elektronisches Halbleiter-Bauelement. Im Vergleich zu Glühbirnen verbrauchen LED's weniger Energie und arbeiten praktisch trägheitslos. Die Lebensdauer von LED's beträgt ein Vielfaches derer von Glühlampen. Die LED-Technologie mit ihrer enormen Farbvielfalt inspiriert zunehmend Lichtdesigner.

Moving-Heads - Hard Edge   2.1

2.4.3.8 Checklist Licht

- Stromanschlüsse Drehstrom?
- Genaue Bühnenmaße (Breite x Tiefe)?
- (Lichte, d.h. freie) Höhe über der Bühne?
- Was passiert inhaltlich auf der Bühne?
- Welche Showbeiträge, und wo finden sie statt? Positionierung von Rednerpult, Talkecke, etc.?
- Kommt Video- bzw. Kameratechnik zum Einsatz?
- Wenn ja, was wird aufgenommen (Kameraschnitte)?
- Wo ist die genaue Leinwandposition?
- Genaue Auflistung, Maße und Position von Dekorationsmaterialien, die ausgeleuchtet werden sollen.
- Sind Anweisungen (Rider) von Künstlern zu beachten?

2.4.4   Projektion

2.4.4.1 Grundlagen

Früher: Kleinbild-Dia / Großbild-Dia

Unterschied Film / Fernsehen (Video): Beim Film werden in der Sekunde 24 Bilder gezeigt, das Bild „pulsiert" (vgl. die 8-oder 16 mm Filme in der Schule). Bei der Fernsehtechnik werden die Bilder nicht als ganzes, sondern seriell und elektronisch übertragen

Das Videosignal:
Seitenverhältnis horizontal : vertikal = 4 : 3 und Auflösung von horizontal : vertikal = 640:480 Bildpunkte. Das normale Videoformat liefert eine Datenmenge von 640x480 Bildpunkten.
Das ist auch die Fernsehnorm in den USA. PAL (BRD): 768x576 Punkte. Modern: 16:9.

Datenformate:

	HDTV:
VGA: 800x600 Pixel XGA: 1.024x768 Pixel SXGA: 1.280x1024 Pixel und höher...	USA 1.400x1.050 Pixel Europa 1.666x1.250 Pixel Japan 1.500x1.125 Pixel

Eine Untersuchung von KODAK ergab, dass ein "filmkompatibles" System etwa eine Auflösung von 4000x3000 Pixel haben müsste

Live-Aufzeichnung: In der professionellen Videotechnik hat sich das Betacam SP Aufzeichnungsformat durchgesetzt. Mittlerweile werden jedoch immer mehr Aufzeichnungen mit dem DIGITAL-Betacam-Format vorgenommen.

Unabhängig vom Speichermedium muss man sich schon in der Planungsphase klar werden, ob man eine so genannte "Livemischung" macht, oder die Kameras einzeln absteckt. Live heißt: Es steht eine MAZ (Magnetische Aufzeichnungsmaschine) zur Verfügung und alle Kamerasignale werden während der Veranstaltung live gemischt. Einzeln abgesteckt bedeutet: pro Kamera ist eine separate MAZ vorhanden ist, und somit kann von jeder Kamera das gesamte Bildmaterial aufgezeichnet werden.

Als preiswerte Alternative bietet sich ein Mitschnitt über DV-Kameras an.

2.4.4.2 Röhrenbeamer (veraltet)

Beim Bei einem Röhrenprojektor wird das Bild mittels 3 Röhren projiziert, also für jede Grundfarbe ist eine separate Lichtquelle vorhanden. Somit handelt es sich hier um eine additive Farbmischung.

2.4.4.3 Rückprobox (veraltet)

Bei einer Rückprobox wird mit einem Drei-Röhrenbeamer über einen Spiegel auf eine Fresnelscheibe (speziell geschliffene PVC-Scheibe) projiziert.
Da es sich um einen geschlossenen Kasten handelt, ist ein hervorragendes Kontrastverhalten gegeben.

Durch die Fresnelscheibe ist auch eine gute Helligkeit gegeben, jedoch besteht die Gefahr eines Hot Spots (überbeleuchteter Brennpunkt).

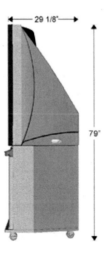

2.4.4.4 LCD-Beamer (Liquid Cristal Display= Flüssigkristall Display)

Bei LCD-Beamern wird heutzutage das Licht mittels eines Prismas zerlegt, beziehungsweise wird das Licht mit Hilfe von Farbfilter in die drei Grundfarben zerlegt, und dann für jede Grundfarbe einem Chip zugeführt. Damit der Chip nicht zu heiß wird, sind leistungsstarke Lüfter nötig, da der Chip bei hohen Temperaturen zerstört wird (ab ca. 250°).

Vorteil: schnell einzustellen, gutes Datenbild und Videobild
Nachteil: laute Lüfter, Chip schluckt Helligkeit.

2.4.4.5 DLP-Beamer (Digital Light Processing)

Ein DLP-Projektor besitzt eine Lampe und für jede Grundfarbe (RGB) einen DMD-Chip (Digital Mirror Devices). Das Licht der Lampe wird mit Hilfe eines Prismas in die drei Grundfarben gesplittet und dann jeweils einem Chip zugeführt.

Vorteil: schnell einzustellen, gute Farben, brillantes Videobild, gutes Datenbild,
Nachteil: lauter Lüfter wegen hoher Hitzeentwicklung, Immer etwas Restlicht auf der Leinwand (bei Schwarz).

ULTRA REALITY 7000

2.4.4.6 Monitore

TFT/LCD: Ein Flachbildschirm-Display besteht aus Bildpunkten (Pixel), beispielsweise hat ein 15" Bildschirm etwa 800.000 Bildpunkte. Pro Pixel enthält der Bildschirm 3 LCD-Zellen, für jede Grundfarbe eine Zelle, also insgesamt ca. 2,4 Millionen LCD-Zellen.

PLASMA: Bei einem Plasmabildschirm besteht jedes Pixel aus drei mit Edelgas gefüllten Glaszellen, die durch Rippen voneinander getrennt sind.

SPLITTWAND / VIDEOWALL: Eine Splittwand besteht aus mehreren kleinen Rückproboxen oder TV-Bildschirmen, die über- und nebeneinander gestapelt werden

2.4.4.7 Projektionsdetails

Aufprojektion: Projektor steht auf der Seite des Publikums, also vor der Leinwand

Rückprojektion: Projektor steht hinter der Projektionsfläche. Bei sehr dünnen Rückproleinwänden ist zwar ein helleres Bild die Folge, jedoch besteht große Hotspotgefahr (überbeleuchteter Brennpunkt).

Operafolie: Spezielle Leinwandartige Folie (zu erhalten z.B. bei Gerriets, www.gerriets.com)

Doppel- / Mehrfachprojektion: Soft-edge-Verfahren (Überblendtechnik)

Soll ein Bild von 2 Projektoren übertragen werden (weil beispielsweise der Projektionsabstand für einen Beamer nicht gegeben wäre), von der jeder Projektor die Hälfte projizieren soll, würde in dem mittleren Bereich durch sogenannte Überstrahlung das Bild wesentlich heller werden, wodurch die Projektionskante zwischen der beiden Beamer sichtbar wäre.

Daher wurden Projektoren mit einer sogenannten Soft-edge-Funktion entwickelt, bei der zur Bildmitte hin die Lichtleistung prozentual abnimmt. Somit wird die Überstrahlung durch die verringerte Lichtleistung kompensiert.

2.4.4.8 Checklist Projektion

- Größe des Veranstaltungsraumes?
- Größe des Publikumsvolumen bzw. wie weit entfernt?
- Lichtverhältnisse während des Produktionszeitraumes
- Positionierung der Leinwand/Monitorwand wegen Lichteinfall
- Rückprojektion oder Aufprojektion?
- Wie groß muss Leinwand/Monitorwand sein?
- Welches Bildformat/ 4:3 /16:9 / noch breiter?
- Livebild gewünscht, wenn ja, wie viele Kameras?
- Wie viele Datenbilder (Laptops)? Wie viele Videozuspieler?

2.4.5   Ton

2.4.5.1 Aufbau einer Tonanlage / PA-System

Der Schall wird über Mikros oder Kabel abgenommen, im Mischpult bearbeitet und zusammengemischt, als Stereosignal an Endstufenverstärker geschickt und über Lautsprecherboxen wiedergegeben.

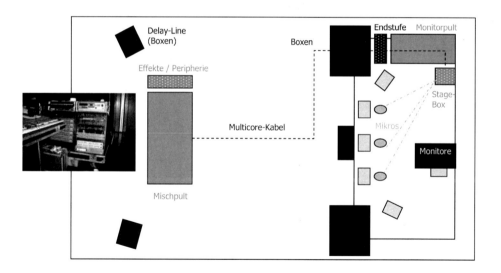

2.4.5.2 Mikrofonie

KONDENSATORMIKROFON: Es kommt hauptsächlich in der klassischen Musik und als Rednermikrophon zum Einsatz. In der U-Musik" ist der Einsatz - bis auf wenige Anwendungen (z.B. Overhead am Drum-Set) eher selten. Feedbackanfällig: Pfeifen durch Rückkopplung (Selbsterregung).

DYNAMISCHES MIKROFON: weist im Vergleich zum Kondensatormikrofon keinen linearen Frequenzgang auf. Einsatzgebiet hauptsächlich im Bereich der Pop- und Rockmusik. Beispiel: SM 58

DRAHTLOSE MIKROFONANLAGEN: bestehen grundsätzlich aus einem Sender und einem Empfänger. Der Sender sitzt bei Handmikros unterhalb der Mikrophonkapsel, bei kleinen Ansteckmikrophonen in Form eines Taschensenders am Gürtel oder Hosenbund.
Der Empfänger steht bei der Technik auf der Bühne oder am Pult, für bessere Übertragung oft mit separaten Antennen ausgestattet. Professionelle Anlagen sind als sogenannte True- Diversity-Anlagen konstruiert - 2 Empfangseinheiten empfangen das Signal, das bessere Signal wird dem Ausgang zugeführt.

RÜCKKOPPLUNG / FEEDBACK:
Eine der größten Schwierigkeit, die bei einer Beschallung auftreten können, ist das Phänomen der Rückkopplung, auch als Selbsterregung bekannt. Haben bei einem Mikrofon (z.B. Sprecher am Rednerpult) die Schallanteile von den Lautsprechern sowie Diffusschallanteile aus dem Raum einen höheren Pegel, kommt es in dem jeweiligen Frequenzbereich zur Selbsterregung des Lautsprechers, was sich durch ein Pfeifen bemerkbar macht. Die Entscheidung, ob Ansteckmikrofone bei einer Beschallungsanlage zum Einsatz kommen oder nicht, ist für die Konzipierung einer Anlage von elementarer Bedeutung. Eine gute Alternative dazu ist der Kopf- bzw. Nackenbügel (Headset). Durch den immer gleichen Abstand zwischen Membran und Mund ist hier der Lautstärkepegel gleich, es gibt wenig dynamische Änderungen. Der Kopfbügel wird aus optischen Gründen manchmal abgelehnt.

2.4.5.3 Beschallung

DELAY LINE: Die hinteren Lautsprechersysteme werden bei langen Hallen zu den vorderen Lautsprechersystemen verzögert.

MONITORING: Bezeichnet die Übertragung des Signals auf Boxen, die auf der Bühne stehen, damit die Akteure etwas hören. Problematisch ist häufig die große Lautstärke im Saal, die auf der Bühne, da der Musiker außerhalb der Lautsprechersysteme steht, sehr diffus klingt. Das Monitoring muss eigentlich so genau sein, dass der Musiker den Saalklang nicht mehr hört. Die Saallautstärke sollte jedoch wiederum so laut sein, dass man das Monitoring im Saal nicht wahrnimmt. So kann sich dann der gesamte Pegel sehr schnell nach oben schaukeln.

Neu: **IN EAR MONITORING** (an das Ohr angepasster kleiner Kopfhörer)

FOH – Front of House: Saalpult. Optimale (Abhör-) Position für einen Beschallungsingenieur innerhalb der Stereohörfläche, am besten mittig vor der Bühne, bei nicht allzu großen Räumen an der Rückwand, ansonsten mittig im Saal. Bei "Open-Air-Veranstaltungen" ist zu beobachten, dass der überdachte Frontplatz ca. 30-50m mittig vor der Bühne platziert ist, obwohl durch die Überdachung (meist mehrstockig für Ton- und Lichttechnik) für dahinter stehende Personen der Blickkontakt zur Bühne nicht mehr gewährleistet ist.

2.4.5.4 Checklist Ton

- Einsatz von Handmikrofonen, Ansteckern oder Headsets? Wieviele Drahtlosanlagen?
- Musikdarbietungen? Technical Rider bzgl. Instrumenten-, Monitoring-, Backlineanforderung?
- Separater Monitormix?
- Zuspielmedien, Tonträger? Spezielle Wünsche (wie z.B. Telefongespräch, Multimediaeinspielung)?
- Saal: Genaue Maße des Raumes (L x B x H) , Publikumsvolumen, wo sitzt das Publikum?
- Akustische Eigenschaften des Veranstaltungsraumes, problematische Dekorationen?
- Gibt es über der Bühnenkante Hängepunkte, soll ein Traversensystem erstellt werden (geflogener Ton), gestelltes/gestacktes System oder eine Stativlösung?
- Sind im Saal für Delaylautsprecher Hängepunkte vorhanden, alt. Stativlösung?
- Genügend Platz für Tonregie, möglichst im Saal oder mittig an der Rückwand?
- Bei separatem Monitormix genügend Platz und freie Sicht auf die Bühne?
- Gibt es einen Bühnenplan?
  - Geht jemand von den Mitwirkenden ins Publikum?

2.4.6 Effekte

Pyrotechnik, Konfettikanone, Nebel, Stroboskop (Blitz), Trockeneis etc.. Bitte immer die einschlägigen Verordnungen beachten!

2.5 Prüfungsorientiertes Beispiel: Open Air

2.5.1   Ausgewählte Aspekte:

Erste Fragen:
- Was wird zur Durchführung benötigt?
- Wo bekomme ich Equipment, Dienstleister und Künstler her und was kostet wieviel?
- Wie hoch sind mögliche Einnahmen, reicht mein errechnetes Budget?
- Welche Sponsoren passen und sind erreichbar?

Welche Ämter sind zuständig (eine Auswahl)?
- Ordnungsamt: z.B. Sachgebietsleitung allgemeine Ordnung: Verkehrsregelung, Ausnahmegenehmigung gem. §10 (4) Landesimmissionsschutzgesetz
- Baubetriebsamt: Abnahme von Aufbauten (Geländeaufbauten, Bühnen und Zelte)
- Fuhramt/Umweltamt: Entsorgung
- Liegenschaftsamt: Zuständig für städtisches Gelände
- Tiefbau- / Grünflächenamt: Zuständig für Grünflächen

2.5.2   Planung / Organisation:

- Generatoren, Veranstaltungstechnik, Bodenbeläge usw.
- Kühlanlagen, Theken, Getränke (Kommission)
- Wirt (Partner, Konzession / Schankerlaubnis)
- Sponsoren / Kooperationspartner
- Künstler / Programm (Agenturen)
- Werbung / Kommunikationsmaßnahmen / Pressearbeit
- Ticketing-Organisation
- Gema-Abwicklung

Auswahl organisatorischer Ablauf:
- Ortsbesichtigung
- Catering- und Gastronomieplanung und -bestellung
- Equipmentbestellung
- Toilettenbereitstellung (Dixi-Klos)
- Sicherheits- & Ordnungskonzept
- Parkplatzorganisation
- Schilderkonzept (Beschilderung, Besucherführung, Orientierungssystem)
- Personaldisposition
- Schlüsselübergaben etc.

2.5.3 Beispiel: Verfahren Lärmschutz:

Antrag für Ausnahmegenehmigung gem. §10 (4) LImSchG für Öffentliche Veranstaltung in ... an das zuständige Amt stellen:

Ausnahmegenehmigung gem. § 10 (4) Landesimmissionsschutzgesetz
Öffentliche Veranstaltung in ...:

„... gemäß Ihrem Antrag soll **am Samstag, den 26.05.2007, von 12 bis 22 Uhr** in ... eine Tanzveranstaltung mit musikalischen Darbietungen stattfinden. Nach § 10 (1) des Landesimmissionsschutzgesetzes (LImSchG) vom 18.3.1975 (GV NW S. 232) in der derzeit geltenden Fassung dürfen Geräte, die der Schallerzeugung oder Schallwiedergabe dienen, z.B. Musikinstrumente, Tonwiedergabegeräte usw. nur in einer solchen Lautstärke benutzt werden, dass unbeteiligte Personen nicht erheblich belästigt werden.
Als örtliche Ordnungsbehörde kann ich hiervon bei einem überwiegend privatem oder öffentlichen Interesse im Einzelfall gem. § 10 (4) LImSchG Ausnahmen zulassen. Bei der Entscheidung besitze ich einen Ermessensspielraum.

Nach Abwägung aller maßgeblichen Belange, insbesondere unter Berücksichtigung der örtlichen Verhältnisse (angrenzendes Wohngebiet und schutzwürdiges Interesse der Anwohner) und des Anlasses der Veranstaltung, erteile ich Ihnen aufgrund Ihres Antrages folgende Ausnahmegenehmigung:

Während der oben genannten Veranstaltung darf am ... zu den vorgenannten Zeiten Live-Musik und Musik von Tonträgern abgespielt werden.

Diese Ausnahmeregelung ist mit Auflagen verbunden:
Der Beurteilungspegel für die Beschallung nach außen darf von 12.00 Uhr bis 13.00 Uhr und von 15.00 Uhr bis 22.00 Uhr 70 dbA nicht überschreiten. Von 13.00 Uhr bis 15.00 Uhr dürfen 55 dbA nicht überschritten werden.

Die Nachbarschaft ist in geeigneter Weise über den Zeitraum der Veranstaltung zu informieren.

Hinweis:
Sofern sich durch einen bestimmten Lärmpegel Störungen ergeben, die ein Einschreiten der Polizei oder des Ordnungsamtes erforderlich machen, ist den Anweisungen der Mitarbeiter von Polizei oder Ordnungsamt unbedingt Folge zu leisten.

Gebührenentscheidung:
Nach Nr. 15a 4.3 der Dienstanweisung über die Erhebung von Verwaltungsgebühren in gewerbe- und ordnungsrechtlichen Angelegenheiten wird für diese Genehmigung eine Verwaltungsgebühr in Höhe von 10,-- EUR erhoben. Ich bitte um Überweisung des Betrages innerhalb von vier Wochen nach Zugang dieser Genehmigung auf eins der unten angegebenen Konten bei der Stadtkasse Troisdorf unter Angabe der **"Haushaltsstelle ..."**

Rechtsbehelfsbelehrung:
Gegen diesen Bescheid kann innerhalb eines Monats nach Bekanntgabe Widerspruch erhoben werden. Der Widerspruch ist schriftlich oder mündlich zur Niederschrift bei der im Briefkopf bezeichneten Behörde einzulegen. Für die Zahlung der Verwaltungsgebühr hat der eingelegte Widerspruch keine aufschiebende Wirkung.
Falls die Frist durch das Verschulden eines von Ihnen Bevollmächtigten versäumt werden sollte, so würde dessen Verschulden Ihnen zugerechnet werden.

Mit freundlichen Grüssen

Im Auftrag ...."

2.6 Catering / Food & Beverage

Begriffsklärung:
Public Event: Catering = Künstler- / Backstageverpflegung (Gastronomie = Publikumsverpflegung)
Business Event: Catering = alles, was mit Verpflegung zu tun hat (F&B = Food and Beverage)

2.6.1 Buffet / Menü?

Kriterien:
- Art der Gerichte, Kombination von Lebensmitteln
- Art des Anrichtens auf dem Teller (Tellergerichte)
- Art des Anrichtens auf Platten (Buffet)
- Speisenfolge und Zahl der Gänge
- Gedecke und Tischdekoration
- Buffetdekoration
- Tischordnung
- Cateringpersonal
- Menukarte

Vergleich:

Buffet		Menu	
+	**-**	**+**	**-**
Weniger Servicepersonal	Alles muss vorher zubereitet werden	Persönlicher	Bei schlechter Planung nichtsynchrone Gänge
Kostengünstiger	Gefahr von zu langen Garzeiten	Gäste können am Platz sitzen bleiben	Personalintensiv
Vermeintlich weniger Wartezeiten	Bei schlechter Planung „Buffetschlangen"	keine Unterbrechungen von Gesprächen am Tisch	relativ starr – Kommunikation nur am Tisch möglich
individuelle Speisenwahl (Vegetarier/Religionen)	muss „gepflegt" werden „Zerstörung" durch Gäste	Wertige Anmutung	Ggfls. zu klassisch
Nicht so starr	Gefahr von Buffetstaus		
Längere Verfügbarkeit der Speisen (Desserts)			

Ausgewählte Fragen:
- Gibt es eine Bindung?
- Reicht das Servicepersonal aus)
- Ist es in der Veranstaltungslocation möglich, ein Buffet / eine Küche aufzubauen?
- Essen als haptisches Erlebnis
- Wichtig: frisches, appetitliches Aussehen und Handhabbarkeit
- Wie lassen sich die gefürchteten Buffetstaus verhindern: Mittige Aufstellung – Buffet von allen Seiten begehbar / Mehrere Buffetstationen im Raum / Spiegelbildlicher Aufbau (d.h. auf jeder Buffetseite alle Platten und Schüsseln, sowie Teller, Besteck und Servietten doppelt anbieten) / Logische Speisenfolge in Menureihenfolge – in Gehrichtung Vorspeisen, dann Hauptgerichte, Desserts, Käse und Kaffee

Beispiel Menü: Grundvariante ausführliche Speisenfolge
Kalte Vorspeise, Suppe, Zwischengericht, Hauptgang, Nachspeise, Obst, Käse, Mokka, Gebäck

Alternative: Fingerfood - Von kleinen Gerichten alleine wird man allerdings nur schwerlich satt (Portionsgröße); modern: Flying Buffet

Dekoration
- Inszenierung von Buffet und Tischen
- Welche Gedecke?
- Standardbestecke oder Tafelsilber?
- Tischdecken, Servietten
- Sicherheit bedenken (Brandschutz)

Tischordnung
- Freie Kommunikation oder geregelte Tischordnung?
- Welche Tische (siehe Bestuhlung) für welchen Zweck?
- Tischordnung ist sensible Politik
- Tischkarten helfen
- Gute Lösung: Empfangschef
- Möglichkeiten: Strikte Tischordnung / Freie Wahl / Tischregionen

Mischformen sind oft eine gute Lösung (Beispiel: Zuweisung einer Area mit freier Tischwahl)

2.6.2   Reihenfolge Warenannahme:

1 Anschrift prüfen – 2 Äußere Schäden am Paket (wenn, dann Klärung mit Versandfirma) – 3 Empfang quittieren - 4 Ware entnehmen - 5 Waren auf offene Mängel prüfen – 6 Waren einlagern

Bei HGB: Stichprobe reicht, allerdings unverzüglich (Bei BGB: verzögerte Prüfung möglich)

3 ALLGEMEINE ORGANISATIONSLEHRE

3.1 Organigramm (Aufbauorganisation eines Unternehmens)

Organigramm	Grafische Darstellung der Betriebshierarchie sowie die Verteilung der Zuständigkeiten eines Unternehmens.
Leitungssystem	Beschreibt die Weisungsbeziehungen der übergeordneten zu den untergeordneten Stellen sowie die Berichtswege der untergeordneten zu den übergeordneten Stellen.
Betriebshierarchie	Sie zeigt die Einordnung von Stellen in das Weisungssystem des Unternehmens durch vorgegebene Stellen- und Abteilungsbildung.
Leitungsspanne	Anzahl der dem Vorgesetzten direkt unterstellten Mitarbeiter. ○ Je kleiner die Leitungsspanne desto tiefer der Instanzenaufbau. ○ Je größer die Leitungsspanne desto breiter der Instanzenaufbau.

Einliniensystem	Jeder Mitarbeiter erhält Weisungen nur von einem Vorgesetzten. Der Weisungsweg erfolgt einheitlich von oben nach unten. Der Berichtsweg entgegengesetzt, einheitlich von unten nach oben.

	Vorteile: klare Abgrenzung der Zuständigkeiten und Kompetenzen, Übersichtlichkeit
	Nachteile: Überlastung der Instanzen, schwerfälliger Instanzenweg

Mehrliniensystem	Die untergeordneten Stellen können von mehreren Instanzen Weisungen erhalten.

	Vorteile: Kurze Informationswege, Sachkenntnisse der Vorgesetzten, flexibler Einsatz der Untergebenen,
	Nachteile: Kompetenzstreitigkeiten, Koordination schwierig

Stabliniensystem	Einliniensystem oder Spartensytem (s.u.) mit beratenden Stabsstellen für einzelne Instanzen

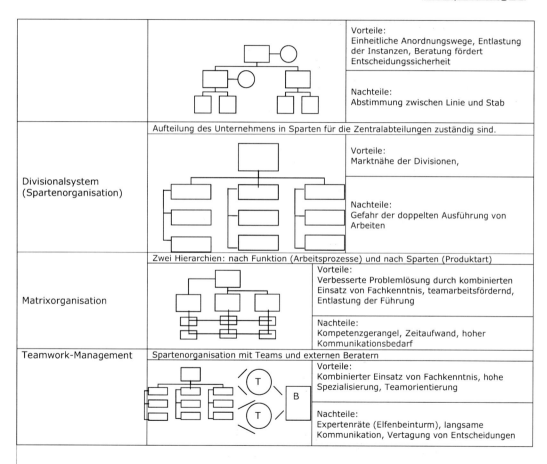

	Vorteile: Einheitliche Anordnungswege, Entlastung der Instanzen, Beratung fördert Entscheidungssicherheit
	Nachteile: Abstimmung zwischen Linie und Stab

Divisionalsystem (Spartenorganisation)

Aufteilung des Unternehmens in Sparten für die Zentralabteilungen zuständig sind.

	Vorteile: Marktnähe der Divisionen,
	Nachteile: Gefahr der doppelten Ausführung von Arbeiten

Matrixorganisation

Zwei Hierarchien: nach Funktion (Arbeitsprozesse) und nach Sparten (Produktart)

	Vorteile: Verbesserte Problemlösung durch kombinierten Einsatz von Fachkenntnis, teamarbeitsfördernd, Entlastung der Führung
	Nachteile: Kompetenzgerangel, Zeitaufwand, hoher Kommunikationsbedarf

Teamwork-Management

Spartenorganisation mit Teams und externen Beratern

	Vorteile: Kombinierter Einsatz von Fachkenntnis, hohe Spezialisierung, Teamorientierung
	Nachteile: Expertenräte (Elfenbeinturm), langsame Kommunikation, Vertagung von Entscheidungen

3.2 Projektmanagement (Ablauforganisation)

3.2.1 Grundlagen der Projektplanung

Wenn Sie heute einen engagierten Mitarbeiter in einem Event-Unternehmen fragen, welche Aufgaben er/sie täglich so zu bearbeiten hat, bekommen Sie Antworten wie: "Ich arbeite an verschiedenen Projekten" oder "die meiste Zeit arbeite ich an dem Projekt XY...".

3.2.1.1 Projektdefinition

Wann ist ein Projekt ein Projekt?
Schauen wir mal, welche Angaben in der DIN-Norm (DIN 69901) zu finden sind.
Laut DIN 69901 ist ein Projekt ein **Vorhaben**. Dieses Vorhaben ist im Wesentlichen durch die:

- **Einmaligkeit** der Bedingungen in ihrer Gesamtheit gekennzeichnet wie z.B.
  - o eine **Ziel**vorgabe
  - o **begrenzte** zeitliche, finanzielle, personelle **Ressourcen**
  - o eine projektspezifische **Organisation**.

Ein Event-Vorhaben ist also in der Regel ein Projekt: Es ist **einmalig**, wir verfolgen ein eindeutiges **Ziel**. Wir müssen das Projekt in einem **sinnvollen Zeitraum** abwickeln, gewinnorientiert in einem noch zu klärenden **Budgetrahmen**, mit einem festen **Team**.

3.2.1.2 Projektplanung

Um das Projekt erfolgreich abzuwickeln, müssen wir **systematisch** vorgehen und erst einmal: **PLANEN**. Folgendes Vorgehen hat sich bewährt:

1.	Situationsanalyse	Welche Probleme bzw. Chancen bestehen? Um was geht es? Was ist drin?
2.	Ziele setzen	Was soll konkret erreicht werden? Wo wollen wir hin?

Am Anfang steht die Zieldefinition. Erst danach beginnt die Phase der Konzeption inkl. der Teamzusammenstellung, denn:

Wir benötigen das richtige Team zur Bewältigung der anstehenden Aufgaben. Es wäre schlecht, wenn irgendjemand irgendeine Aufgabe bewältigen müsste, obwohl er dazu gar keine ausreichenden Fähigkeiten besitzt.

Die Projektplanung enthält weitere Schritte wie:

3.	Konzeptentwurf	Welche Lösungen sind möglich? Welche Wege wollen wir gehen?
	Bewertung verschiedener Lösungen	Welche Lösungen sind sinnvoll? Welche Alternativen gibt es?
	Entscheidung für eine Lösung	Vorschlag einer Richtung
4.	Festlegung der Vorgehensweise	Wie ist die Lösung zu realisieren? Welche Wege gehen wir?
		Welche Schritte sind notwendig?
5.	Umsetzung der Festlegung	Wer macht was wann wie womit, und wie wird kontrolliert?

Dann folgen

6.	Realisierung	Der wohl wichtigste Schritt!

und

7.	Bewertung des Ergebnisses	Was kann verbessert werden? Wie geht es weiter? Was lernen wir?

Die Schritte 1 bis 7 entsprechen einem Problemlösezyklus. Zeitlich müssen sie zum Teil integriert bewältigt werden. Bei internen Projekten wie bei Projekten mit externen Partnern und Kunden ist eine kommunikative Zusammenarbeit wichtig. Alle Beteiligten sollten die Zusammenhänge verstehen.

Folgende Kontrollfragen sollten die Beteiligten beantworten können:

Warum?	Wofür wird das Projekt gemacht? Welches Problem wird gelöst?
Was?	Was ist der Weg? Was wird im Projekt geschaffen? Was sind die Ergebnisse?
Wie?	Wie soll vorgegangen werden? Welcher Ablauf ist sinnvoll?
Was noch?	Besonderheiten? Was geschieht bei Abweichungen und Änderungen etc....

Benötigt wird eine **Aufbauorganisation** (was macht wer, welche Hierarchie besteht, wie wird kommuniziert, meistens dokumentiert durch ein Organigramm, s. o.)

... und eine **Ablauforganisation** (die sinnvolle zeitliche Ordnung der Abläufe)

3.2.2 Die Ablauforganisation (Projektplanung)

Typischerweise kann ein Projektablauf in folgenden Phasen beschrieben werden:

oder auch:

ANALYSE –STRATEGIE (Zieldefinition)– **KONZEPTION** (Planung/Organisation) – **REALISATION** (Umsetzung) – **ERFOLGSKONTROLLE** (Nachbereitung)

Die zeitliche Ordnung (der grobe Ablauf):

Die Ablauforganisation wird meist in größere Abschnitte unterteilt. Diese Abschnitte werden als Projektphasen bezeichnet.

Der Ablauf eines Projekts erfolgt in u. U. aufeinander aufbauenden grundsätzlichen Abschnitten (*Phasen*). Phasen können in weitere Abschnitte zerteilt werden. Wichtige Teilergebnisse werden häufig als *Meilensteine* (M) bezeichnet. Leider werden Meilensteine sehr uneinheitlich verstanden. Die Funktion von Meilensteinen sollte also verständlich vereinbart werden.

3.2.2.1 Visualisierende Hilfe zur Projektplanung: Das Balkendiagramm

Erprobt ist die detaillierte Aufgabenbeschreibung in sachlicher Ordnung im Balkendiagrammformat mit:

- Aufgaben und Teilaufgabenleiste (Definitionsspalte)
- Zeitleiste (Definitionszeile)
- Bearbeiterinfo
- Balken
- Inkl. Meilensteine

Ein solcher Projektplan muss permanent aktualisiert werden.

Er kann als Kalkulationsgrundlage dienen. Er wird z.B. in MS Project erstellt.

(hier: GANTT-Chart – nach Henry L. Gantt, 1861 - 1919)

Beispiel Balkendiagramm: Ergebnis einer Schulungssequenz

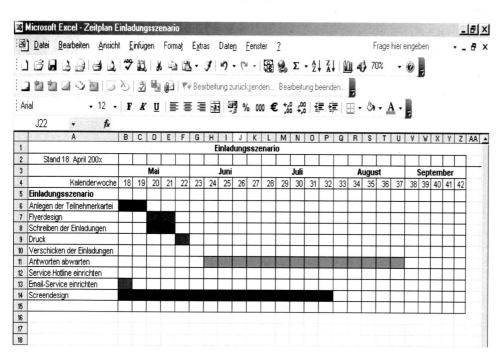

3.2.2.2 PSP – Der Projektstrukturplan

Projektsstrukturplan bedeutet im Grunde, dass die Planungsaufgaben eines Projektes strukturiert gegliedert visualisiert werden. Er sieht z.B. so aus (typische Darstellungsform in Anlehnung an ein Organigramm:

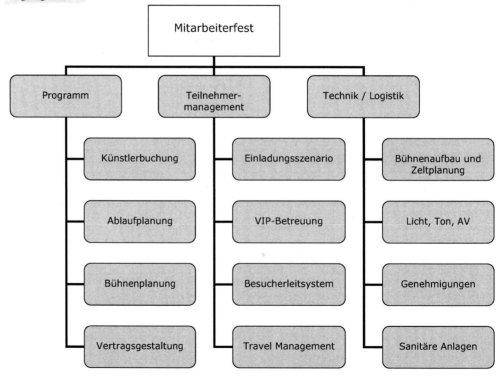

eventpruefung.de

3.2.2.3 Alternative: Zeitstrahltechnik

Praxis-Beispiel: Anordnung der Meilensteine und to-do´s an einem Zeitstrahl:

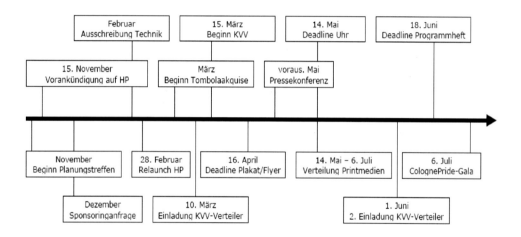

Quelle: Pusch&Lutz, www.pusch.com

Der Netzplan

Die Netzplantechnik ist eine Projektprognosetechnik, die in der Planungs- und Durchführungsphase komplexer Projekte bzw. Aufgabenstellungen zur Abschätzung der voraussichtlichen Dauer und Kosten zur Kontrolle des zeitlichen Verlaufs eingesetzt wird. Für jede Aktivität wird eine Vorgangsdauer, der frühestmögliche Anfangstermin sowie der späteste mögliche Endtermin errechnet und festgehalten. Anhand dieser Fakten läßt sich ein möglicher oder der kritische Pfad (Weg, für den keine Pufferzeiten zur Verfügung stehen) ermitteln. Mit dieser Technik kann man komplizierte Abhängigkeiten im Projektablauf, realistische End-und Zwischentermine ermitteln, zeitkritische Vorgänge identifizieren, rechtzeitig drohende Terminverschiebungen. Die am häufigsten angewendete Methode ist die Vorgangsknotennetztechnik. Ein Vorgangsknoten enthält folgende Informationen:

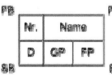

Erläuterung: FB ist der **früheste Beginn,** SB ist der **späteste Beginn,** SE ist der **späteste Endzeitpunkt,** FE ist der **früheste Endzeitpunkt,** FP gibt den **freien Puffer** an, d.h. die Zeitspanne, um die ein Vorgang ausgedehnt werden kann, ohne den nachfolgenden Vorgang verschieben zu müssen. Die Berechnungsformel lautet (wobei x der Vorgang und x+1 der Nachfolger ist): FP (x) = FB (x+1) – FE (x). GP gibt den **Gesamtpuffer** an, d.h. die Zeitdifferenz zwischen dem Zeitpunkt, zu dem der Vorgang frühestens anfangen kann und dem Zeitpunkt, zu dem der Vorgang spätestens anfangen muss, ohne dass das Projektende durch Verschiebungen in Gefahr gerät. Als Berechnungsformel gilt hier: GP = SB – FB.

BEISPIEL: NETZPLAN FÜR EINE KONZEPTION

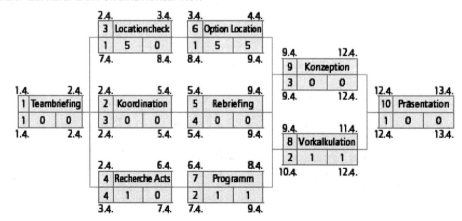

AUFGABEN

> 1. Wo liegt in dem Netzplan aus Schaubild 9.5 der kritische Pfad?

Der kritische Pfad, in dem keine Puffer mehr möglich sind, liegt bei folgender Reihenfolge:
Vorgang 1 – 2 – 5 – 9 – 10.

> 2. Was tun Sie, wenn
>
> a) die Recherche der Künstler zwei Tage länger dauert?

Dann verlängert sich die Projektdauer im Zweifel um einen Tag und wird frühestens am 14.4. beendet sein können.

> b) die Koordination zwei Tage länger dauert?

Hier würde sich die Projektdauer im Zweifel sogar um zwei Tage verlängern und frühestens am 15.4. beendet sein können.

> c) Die Vorkalkulation zwei Tage länger dauert?

Dann verlängert sich die Projektdauer im Zweifel um einen Tag und wird frühestens am 14.4. beendet sein können.

> d) die Konzeption nach einem Tag abgeschlossen ist?

Dann verkürzt sich die Projektdauer im Zweifel um einen Tag und kann bereits am 12.4. beendet sein.

> 3. In welcher Eventphase und wofür benutzen Sie einen Projektplan?

Ein Projektplan wird meistens in der Planungsphase in den Wochen und Monaten vor der Eventdurchführung genutzt und dient der kommunikativen (und ggf. visualisierenden) Strukturierung der Planungs- und Organisationsaufgaben.

> 4. Für wann, für wen und wofür erstellen Sie einen Ablaufplan?

Ein Ablaufplan wird meistens für die Eventdurchführung genutzt (Aufbau und Eventablauf) und dient der kommunikativen (und ggf. visualisierenden) Darstellung der zeitlichen Abfolge ind er Durchführung des Eventprojekts.

> 5. Was unterscheidet den Ablaufplan vom Regieplan. Wer erhält einen Regieplan?

Der Regieplan ist ein wesentlich detaillierterer Ablaufplan (teilweise minutengenau), der vor allem die Anweisungen für die technischen Gewerke abbildet, damit diese im Detail für den Einsatz gebrieft sind.

3.2.3   Übersicht: Techniken und Werkzeuge des Projektmanagements

Die konsequente Anwendung von Techniken und Instrumenten des Projektmanagements führt zur Qualitätssicherung und einer wesentlichen Optimierung der Abläufe. Effektives Projektmanagement führt Events effizienter und budgetkonformer zum Erfolg.

Das **Briefing** informiert über Ziele und Rahmenbedingungen für das Projekt.
Team-Meetings bilden das Skelett der internen Planungskommunikation.
Eine **Agenda** strukturiert vorab Themen, Zeitbedarf und Inhalte.
Ein **Protokoll** dokumentiert die Gesprächsergebnisse und hält fest, was es zu tun gibt.
Vertieft wird das durch den **Aktionsplan.**

Ein **Projektplan** (z. B. als Balkendiagramm) ist die grundlegende und strukturierte Aufstellung von Aufgaben, Personal, Zeit und Kosten.
Ein **Projektstrukturplan** (z.B. als Ablauforganigramm) zerlegt das Projekt in verschiedene Aufgabenpakete.
Ein **Phasenplan** (z.B. als Zeitstrahl) stellt die Aufgaben zeitlich strukturiert dar.
Ein **Organigramm** (als Dokument der Aufbauorganisation) veranschaulicht die personelle und informationshierarchische Kommunikationsstruktur.

Eine **Kostenkalkulation** strukturiert das Budget oder ermittelt den Angebotspreis.

Kontaktlisten geben eine Übersicht über die Projektbeteiligten.
Checklisten für Location, Hotel, Rebriefing sowie Pack- und Ladelisten helfen uns, den Überblick zu behalten.
Probenpläne, **Aufzeichnungen (Saalpläne)** und **Produktionsrider** runden das Bild ab, wichtige Helfer sind **Transferübersichten**, **Personalpläne** und **Hotelbelegungslisten**.

Der **Ablaufplan** schließlich ist für alle Eventbeteiligten die ultimative Übersicht, noch verfeinert durch den gewerkeorientierten **Regieplan**.

3.3 Führungsstile

Willensbildung tendenziell beim Vorgesetzten				Willensbildung tendenziell beim Team/Mitarbeiter			
Vorgesetzter entscheidet, ordnet an, setzt sich durch. **OUT !**	Der Vorgesetzte entscheidet und setzt sich durch, indem er durch seine persönliche Wirkung, zu überzeugen sucht, bevor er anordnet.	Der Vorgesetzte entscheidet, versucht aber die Akzeptanz zu steigern, in dem er Fragen gestattet und argumentativ informiert.	Der Vorgesetzte entscheidet und begleitet die Mitarbeiter argumentativ.	Das Team oder der Vorgesetzte entwickeln Vorschläge, der Vorgesetzte entscheidet nach Abwägung oder moderierend.	Das Team entwickelt Vorschläge, Vorgesetzter entscheidet sich ggf. nach Absprachen für die von ihm favorisierten Lösungen.	Das Team entscheidet innerhalb festgelegter Spielräume, der Vorgesetzte koordiniert, moderiert und integriert.	Der Vorgesetzte lässt ohne Grenzen alles laufen, Entscheidungen passieren. **OUT !**
autoritär	patriarchalisch	informierend	beratend	**kooperativ** **IN !**	partizipativ	demokratisch	Laisser faire
Autoritär						mitwirkend	Chaotisch

Nach moderner Auffassung gibt es das richtige Führungsverhalten, das ultimative Führungsrezept gar nicht, obwohl sich in der modernen betriebswirtschaftlichen Optik eine deutliche Tendenz zum kooperativen Führungsstil herausgebildet hat. Diese Richtung spiegelt sich später auch deutlich in der IHK-Abschlussprüfung wider. Das zentrale Merkmal des kooperativen Führungsstils ist die Fähigkeit der führenden Persönlichkeit, Arbeitsprozesse moderierend zu begleiten. Moderieren bedeutet hierbei nicht, Ansagen auf der Bühne, in Radio oder Fernsehen zu machen.

Moderieren ist das führende Begleiten von Prozessen. Die Technik umfasst das zielgerichtete Motivieren und Auslösen von Interaktionen sowie das Visualisieren und Strukturieren von Diskussions- und Arbeitsprozessen. Ein Moderator ordnet, stellt Leitfragen, arbeitet Argumente heraus, fasst Ergebnisse zusammen, erstellt To-do-Listen und dokumentiert Ergebnisse.

Neben der Tendenz zur kooperativen Führung setzt sich zunehmend das Modell der **situativen Führung** durch, das heißt eines an die Situation, die Aufgabe, das Umfeld und das Gegenüber angepassten Kommunikations- und Führungsverhaltens einer authentischen Persönlichkeit, das den Mitarbeiter zum selbstverantwortlichen Handeln motivieren soll.

3.3.1   Typische Managementtechniken

Managementtechniken = Methoden des Führung eines Unternehmens / eines Aufgabenbereiches

Management by Exception = Führung nach dem Ausnahmeprinzip	**Management by Objectives = Führung durch Zielvereinbarung**	**Management by Delegation = Führen durch Aufgabendelegation**
Im „Normalfall" darf der Mitarbeiter selbstständig entscheiden- bis zu einer bestimmten Grenze. Bei Überschreiten der Grenze (Ausnahmefall) entscheidet ausschließlich der Vorgesetzte. Die Grenze kann z. B. eine festgesetzte Geldsumme für das Ausstellen eines Schecks sein. Der Ausnahmefall kann auch eine besondere Situation sein wie z. B. ein finanzieller Engpass im Unternehmen. Die Ausnahmefälle müssen genau festgelegt werden.	Mitarbeiter und Vorgesetzte vereinbaren gemeinsame Ziele, die der Mitarbeiter erreichen soll. Den Weg bestimmt er selbst, der Vorgesetzte kontrolliert die Ergebnisse. Aufgabenbereich und Verantwortung (z. B. auch Gehalt!) des Mitarbeiters werden nach dem Ergebnis festgelegt Die Ziele/ Teilziele müssen genau geplant werden.	Die Vorgesetzten übertragen feste Aufgabenbereiche an die Mitarbeiter und weisen ihnen alle notwendigen Befugnisse zu. Der Mitarbeiter arbeitet selbstständig und mit voller Verantwortung. Der Aufgabenbereich muss deutlich abgegrenzt sein und die Kontrolle der Mitarbeiter gesichert.
Vorteile Positiv an diesem Führungsprinzip ist, dass das Management von Routineaufgaben entlastet wird. Die Mitarbeiter sind durch größere Entscheidungsbefugnis und mehr Verantwortung motivierter.	**Vorteile** Große Selbstständigkeit der Mitarbeiter hohe Motivation bei angemessener Zielvereinbarung Entlastung des Vorgesetzten	**Vorteile** Großer Handlungsspielraum des Mitarbeiters Hohe Entlastung der Vorgesetzten
Nachteile Die „Grenze" kann zu einschränkend sein. Der Vorgesetzte wird nicht entlastet und/oder die Mitarbeiter sind unterfordert. Ist die Grenze zu hoch angesetzt, kann dem Vorgesetzten die Kontrolle entgleiten Evtl. wird die Grenze umgangen.	**Nachteile** Probleme können bei nicht ausreichender Absprache auftreten Bei zu hoher Zielsetzung entsteht hoher Leistungsdruck, evtl. Misserfolge.	**Nachteile** Hohe Verantwortung des Mitarbeiters kann ihn belasten Kann zu Fehlentscheidungen des Mitarbeiters führen

4 VERANSTALTUNGSMARKT

4.1 Verbände / Institutionen

4.1.1 FME – Forum Marketing Event Agenturen

Zusammenschluss der namhaften Full-Service-Eventagenturen (z.B. vok dams, kogag, facts & fiction etc.) - Rheda-Wiedenbrück (Westfalen), www.fme-net.de

4.1.2 FAMAB – Verband Direkte Wirtschaftskommunikation e.V.

Netzwerk von Messespezialisten (Messebau und Messinszenierung) - Rheda-Wiedenbrück (Westfalen), www.famab.de

4.1.3 AUMA – Ausstellungs- und Messe-Ausschuss der Deutschen Wirtschaft

Spitzenverband der deutschen Messewirtschaft. Lobby-Organisation. Informiert über Messekennziffern, betreibt Marketing für das Medium Messe – Berlin, www.auma-messen.de

4.1.4 FKM – Gesellschaft zur freiwilligen Kontrolle von Messe- und Ausstellungskennzahlen

An die AUMA angegliederter eigenständiger Verband von Messeveranstaltern – Berlin, www.fkm.de

4.1.5 VPLT – Verband für professionelle Licht- und Tontechnik

Technisch orientierter Industrieverband, qualifizierungsorientiert (Seminarangebote) – Langenhagen (Hannover), www.vplt.org

4.1.6 EVVC – Europäischer Verband der Veranstaltungs-Centren / European Association of Event Centers

Dachverband der Veranstaltungsstätten (ca. 300 Stadthallen, Arenen, Kongresshäuser) – Bad Homburg (Hessen), www.evvc.org

4.1.7 VDKD - Verband der deutschen Konzertdirektionen

Alt eingesessener Berufsverband der Konzertveranstalter und Tourneeanbieter – München, www.vdkd.de

4.1.8 IFSU – Internationaler Fachverband Show- und Unterhaltungskunst e.V.

Verband der Unterhaltungsbranche (Künstleragenturen, Manager, Varietehäuser etc.) – Köln,
www.ifsu.de

4.1.9 GCB – German Convention Bureau

Marketingorganisation und Interessensvertretung für den Kongressstandort Deutschland – Frankfurt,
www.gcb.de

4.1.10 IDKV – Bundesverband der Veranstaltungswirtschaft

Zusammenschluss von Konzertveranstaltern – Hamburg, www.idkv.de

4.1.11 INTHEGA – Interessensgemeinschaft der Städte mit Theatergastspielen

Zusammenschluss regionaler kulturamtsbasierter Hallen – Filderstadt (Stuttgart), www.inthega.de

4.1.12 DTHG – Deutsche Theatertechnische Gesellschaft

Veranstaltungstechnisch orientierter Fachverband für Theater, Film, Fernsehen – Bonn, www.dthg.de

4.1.13 GEMA – Gesellschaft für musikalische Aufführungs- und mechanische Vervielfältigungsrechte

Urheberrechtliche Verwertungsgesellschaft der Komponisten, Textdichter und Verlage – Berlin/München,
www.gema.de

Fachbegriffe:
MICE – Meeting, Incentive, Congress and Event
PCO – Professional Congress Organisation / Organizer
Destination Management – Regionsvermarktung (zur Wirtschaftsförderung)
Aktuelle Tendenz: Zusammengehen / Zusammenschluss einzelner Verbände zu einem großen Verband

Lobby/Lobbyismus ist eine Form der Interessenvertretung in der Politik, in der Interessengruppen, die Lobbys, die Exekutive und Legislative oder die öffentliche Meinung über die Medien beeinflussen. Unternehmensverbände sowie Gewerkschaften versuchen ihre Interessen gezielt in Gesetzgebungsverfahren einzubringen. Unternehmen sind aus Wettbewerbsgründen bemüht, über für sie politisch wichtige Entscheidungen nicht nur auf dem Laufenden zu sein und deren Auswirkungen zu verstehen, sondern sie auch zu prägen.

4.2 Künstlersozialversicherung

4.2.1   Die 10 KSK-Lernsätze

1. **Der aktuelle Abgabensatz beträgt 3,9 % auf an Künstler oder Publizisten ausgezahlte Netto-Beträge (2010)**
2. **Die Künstlersozialabgabe zahlt immer derjenige Verwerter, welcher den direkten Vertrag mit dem Künstler oder dem Publizisten hat (in der Regel also der Produzent/Tourmanager oder der Veranstalter)**
3. **Der Verwerter zahlt die Künstlersozialabgabe auf alle diejenigen *Netto*-Beträge, die an den Künstler bzw. Publizisten gegen Rechnung ausgezahlt werden (also auf die Gage und ggf. auch die Nebenkosten; Nebenkosten also nur dann, wenn der Künstler sie in Rechnung gestellt hat)**
4.
a) Typische Verwerter zahlen die Künstlersozialabgabe immer (Veranstalter, Plattenfirma, Museen)
b) Sonstige Verwerter zahlen lt. § 24 KSVG (sog. Generalklausel) nur dann die Künstlersozialabgabe, wenn sie regelmäßig oder mindestens 4 x im Jahr Künstler engagieren. Bei Publizisten reicht 1x jährlich
c) Künstlersozialabgabe ist nur bei öffentlichen Veranstaltungen fällig (rein betriebsinterne Veranstaltungen bleiben abgabenfrei)
5. **Zahlungen an Körperschaften oder Kapitalgesellschaften sind abgabenfrei**
6. **Es ist egal, ob der Künstler oder Publizist selbst Mitglied der Künstlersozialkasse oder Ausländer ist**
7. **Auch die Ausländersteuer inkl. Solidaritätszuschlag ist künstlersozialabgabpflichtig**
8. **Der Künstler selbst ist nie künstlersozialabgabpflichtig**
9. **Ausnahme 1: Pauschal erstattete und ausgewiesene Steuerfreibeträge (z.B. Verpflegungsmehraufwand / Kilometerpauschale) sind abgabefrei (Achtung: ausschließlich die gesetzlich festgelegten Steuerfreibeträge)**
10. **Ausnahme 2: Ein Vertreter ist nur ausnahmsweise zur Künstlersozialabgabe verpflichtet, nämlich dann, wenn der Vertragspartner des Künstlers nicht selbst abgabepflichtig ist.**

Das folgende Kapitel zur Künstlersozialversicherung ist exemplarisch ausführlich in dieses Skript aufgenommen worden, da typische IHK-orientierte Darstellungs- und Abfrageprinzipien an diesem Thema beispielhaft dargestellt werden können.

4.2.2   Woher kommt das Geld?

Wie wir wissen, nehmen Künstler im Leben eine Sonderstellung ein. Dies gilt auch für die vom Künstlersozialversicherungsgesetz erfassten selbständigen Künstler und Publizisten. Eine Hälfte der Beiträge zur gesetzlichen Sozialversicherung werden von den Verwertern durch die Künstlersozialabgabe und, falls diese Beträge nicht reichen, dem Bund aus öffentlichen Mitteln getragen. Dies kann man mit dem Arbeitgeberanteil bei der allgemeinen gesetzlichen Sozialversicherung vergleichen. Vorteil: Die selbstständigen Künstler und Publizisten zahlen nur die andere Hälfte als Beiträge, ähnlich wie die Arbeitnehmer

- Unternehmen, die Werke und Leistungen von Künstlern und Publizisten gegen Entgelt verwerten, zahlen eine Künstlersozialabgabe von derzeit (2010) 3,9%. Dieser Prozentsatz ist auf die Honorare aufzuschlagen, die im Jahr an freiberufliche Künstler gegen Rechnung gezahlt wurden und unaufgefordert an die Künstlersozialkasse zu überweisen.

- Da sie an den Werken von Künstlern und Publizisten partizipieren, indem sie diese dem „Verbraucher" zugänglich machen, werden sie an der Finanzierung der Sozialversicherungsbeiträge beteiligt. Sie tragen gegenwärtig mit ca. 30% zur Finanzierung der Künstlersozialversicherung bei.

- Der Staat trägt mit einem Ausfall-Zuschuss von zur Zeit ca. 20% zur Finanzierung der Künstlersozialversicherung bei. Der Bund trägt auch die Verwaltungskosten der Künstlersozialkasse. Künstler, Publizisten und die Verwerter müssen sich daran nicht beteiligen.

- Man kann das Verhältnis von Künstlern und Publizisten einerseits und den Verwertern andererseits in sozialversicherungsrechtlicher Hinsicht bedingt mit dem zwischen Arbeitgebern und Arbeitnehmern vergleichen. Zwischen die Beteiligten (Unternehmer, freiberufliche Dienstleister und Sozialversicherungsträger) tritt als institutioneller Vermittler die Künstlersozialkasse.

Derzeit (2010)
3,9 %

eventpruefung.de

4.2.3 Wer zahlt was an wen?

Die durchgehenden Pfeile symbolisieren den Fluss von Geldmitteln, die gestrichelten Pfeile den Fluss von Leistungen. Die Werte sind ca.-Werte!

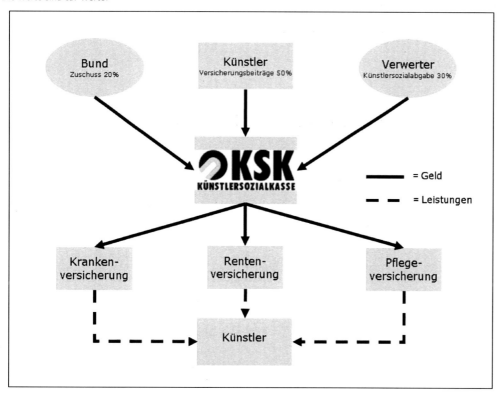

4.2.4   Die Künstlersozialkasse

Telefon: (0 44 21) 7543 - 9
Gökerstraße 14
Telefax: (0 44 21) 7543 - 586
26384 Wilhelmshaven
E-Mail: presse@kuenstlersoziakasse.de

4.2.4.1 Welche Aufgaben hat die KSK?

> Die Künstlersozialkasse prüft die Zugehörigkeit zum versicherungspflichtigen Personenkreis. Sie entscheidet, ob die gesetzlichen Voraussetzungen der Versicherungspflicht vorliegen.
>
> In diesem Fall erlässt sie Bescheide über Beginn, Umfang und ggf. Ende der Versicherungspflicht.
>
> Sie ist darüber hinaus für die Einziehung der Beiträge von den Versicherten, der so genannten Künstlersozialabgabe von den abgabepflichtigen Unternehmen sowie des Zuschusses vom Bund verantwortlich.

- Für die Durchführung der Renten-, Kranken-, und Pflegeversicherung ist die Künstlersozialkasse aber nicht zuständig. Sie meldet die versicherten Künstler und Publizisten lediglich bei den selbst gewählten Kranken- und Pflegekassen (z. B. der AOK) und bei dem zuständigen Rentenversicherungsträger (Bundesversicherungsanstalt für Angestellte - BfA) an und leitet die Beiträge dorthin weiter.

- Leistungen aus dem Versicherungsverhältnis (Rente, Krankengeld, Pflegegeld etc.) erbringen ausschließlich die gesetzlichen Kranken- und Pflegekassen (AOK, Barmer, BKK etc.) und die *Deutsche Rentenversicherung Bund* (früher: BfA – Bundesversicherungsanstalt für Angestellte) als Rentenversicherungsträger.

- Ein Antrag auf Altersrente oder eine Rehabilitations-Maßnahme durch bei der KSK versicherte Personen ist also an die *Deutsche Rentenversicherung Bund* in Berlin zu richten. Dort werden auch die Fragen zu den Voraussetzungen und zur Berechnung von Renten, zu bereits erworbenen Rentenansprüchen, zu Renten wegen verminderter Erwerbsfähigkeit und vieles mehr beantwortet.

4.2.5   Die Künstlersozialabgabe

Wie wir nun wissen, ist die Künstlersozialabgabe, die Unternehmen zu zahlen haben, eine Art indirekter „Arbeitgeberanteil" zur Sozialversicherung von freiberuflichen Künstlern und Publizisten.

4.2.5.1   Wer ist zur Abgabe verpflichtet?

Dies ist im Künstlersozialversicherungsgesetz erst einmal sehr allgemein gehalten:

- Private Unternehmen und Betriebe
- öffentlich-rechtliche Körperschaften und Anstalten

    (z.B. Fernseh- und Rundfunkanstalten wie WDR, ZDF etc.)

- eingetragene Vereine (e.V.)
- andere Personengemeinschaften

Also: Eigentlich sind alle zur Abgabe verpflichtet. Auch die steuerrechtlich anerkannte Gemeinnützigkeit ändert nichts daran, dass Künstlersozialabgaben gezahlt werden müssen.

Schauen wir uns das Gesetz einmal genauer an, finden wir hier die folgende Eingrenzung:

Unternehmen, die typischerweise als Verwerter künstlerischer oder publizistischer Werke oder Leistungen tätig werden

Damit sind gemeint:

Verlage und Presseagenturen
- professionelle Theater (ausgenommen Filmtheater), Orchester und Chöre
- Theater-, Konzert- und Gastspieldirektionen
- Rundfunk- und Fernsehanbieter
- Hersteller von Bild- und Tonträgern
- Galerien und Kunsthandel
- Werbeagenturen
- Varieté- und Zirkusunternehmen
- Museen
- Ausbildungseinrichtungen für künstlerische und publizistische Tätigkeiten

Es ist dabei völlig egal, wie das Unternehmen sich nennt, die Tätigkeit des Unternehmens ist entscheidend. Auch kommt es keinesfalls darauf an, dass das Unternehmen ausschließlich die oben genannten Tätigkeiten ausübt.

Zur Künstlersozialabgabe sind auch Unternehmer und Unternehmen verpflichtet, die für Zwecke ihres eigenen Unternehmens Werbung oder Öffentlichkeitsarbeit betreiben und dabei nicht nur gelegentlich Aufträge an selbständige Künstler oder Publizisten erteilen.

Dies steht im Künstlersozialversicherungsgesetz in der so genannten Generalklausel:

4.2.5.2 Die Generalklausel in § 24 des Künstlersozialversicherungsgesetzes (KSVG)

Abgabepflichtig sind demnach auch:

- Unternehmen, die Werbung für ihr eigenes Unternehmen betreiben, wenn sie **regelmäßig Aufträge** an selbständige Künstler und Publizisten erteilen.
Damit gehören praktisch alle verkaufsorientierten Unternehmen zu den Abgabepflichtigen nach dem Künstlersozialversicherungsgesetz (KSVG).

- Unternehmer und Unternehmen, die nicht nur gelegentlich Aufträge an selbständige Künstler oder Publizisten erteilen, um deren Werke oder Leistungen für Zwecke ihres Unternehmens zu nutzen, wenn im Zusammenhang mit dieser Nutzung Einnahmen erzielt werden sollen. Werden in einem Kalenderjahr nicht mehr als drei Veranstaltungen durchgeführt, in denen künstlerische oder publizistische Werke oder Leistungen aufgeführt oder dargeboten werden, liegt eine nur gelegentliche Erteilung von Aufträgen vor.

Es müssen also **im Jahr mindestens vier mal** selbständige künstlerische oder publizistische Leistungen für erlösorientierte Zwecke des Unternehmens in Anspruch genommen werden

Privatleute und auch nichtöffentliche Veranstaltungen bleiben also abgabenfrei.

Dies gilt insbesondere für die Durchführung von öffentlichen Veranstaltungen, aber auch in jedem anderen Zusammenhang (z.B. öffentliche Business-Events).

Beispiele:

Situation	Künstler-sozialabgabe?	Begründung
Die Friesennerz GmbH bucht einen Schlagersänger für die seit Jahren vierteljährlich stattfindende Mitarbeiter-Party mit Live-Künstlern	Ja	Regelmäßige Inanspruchnahme von künstlerischen/publizistischen Leistungen
Zirkus Sirisana bucht neuen Artisten für Gastauftritt	Ja	Typischerweise als Verwerter künstlerischer oder publizistischer Werke oder Leistungen tätig
Konzertdirektion Euroconcert bucht Band für einen Auftritt	Ja	Typischerweise als Verwerter künstlerischer oder publizistischer Werke oder Leistungen tätig
Eheleute Schmidt buchen Allein-unterhalter für die Silberne Hochzeit	Nein	Keine Abgabenpflicht, da nicht gewerblich
Neugegründeter Schachclub „SW-Frechen" bucht Jongleur für ein einmaliges Gründungsfest	Nein	Einmalige Veranstaltung
„SW-Frechen" hat Spaß am Feiern bekommen und wiederholt das Fest mit Künstlern noch vier mal im gleichen Jahr	Ja	Mehr als vier Veranstaltungen im Jahr
Eventagentur Colonia-Promo bucht freiberuflichen Schauspieler für Promo-Tour	Ja	Typischerweise als Verwerter künstlerischer oder publizistischer Werke oder Leistungen tätig

4.2.6   Wie hoch ist die Künstlersozialabgabe?

Der Abgabesatz wird jedes Jahr im September für das darauf folgende Jahr durch die „Künstlersozialabgabe-Verordnung" des Bundesministeriums für Arbeit und Soziales (www.bmas.bund.de) festgesetzt.

Hier eine Übersicht über die Künstlersozialabgaben der letzten Jahre:

2001	2002	2003	2004	2005	2006	2007	2008	2009	2010
3,9 %	3,8 %	3,8 %	4,3 %	5,8 %	5,5 %	5,1 %	4,9 %	4,4 %	3,9%

Im Verlauf:

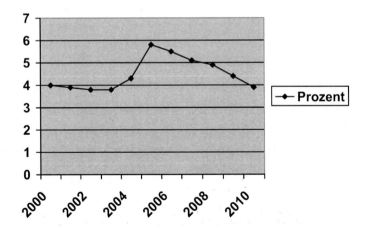

4.2.7 Wie wird die Künstlersozialabgabe berechnet?

Alle Zahlungen, die ein Verwerter im Laufe eines Jahres an selbständige Künstler und Publizisten leistet, müssen aufgezeichnet und addiert werden und dann mit dem für das Jahr entsprechenden Abgabesatz multipliziert. Das Ergebnis ist die für das jeweilige Jahr zu zahlende Künstlersozialabgabe.

> **Sämtliche Nebenkosten, die an einem Künstler oder Publizisten gegen Rechnung ausgezahlt oder überwiesen werden (Materialkosten, Transportkosten usw.), müssen in die Berechnung einbezogen werden.**

Was muss in die Berechnung der jährlichen Künstlersozialabgabe?
(Bemessungsgrundlage gemäß §25 Künstlersozialversicherungsgesetz)

Ja, das muss unbedingt in die Berechnung	Nein, das muss nicht in die Berechnung
	die gesondert ausgewiesene Umsatzsteuer
Alle an selbständige Künstler und Publizisten gezahlten Entgelte:	Zahlungen an urheberrechtliche Verwertungsgesellschaften (GEMA)
• Honorare (Vergütung freiberuflicher Leistungen) • Gagen (wie z. B. Honorar – üblich bei Schauspielern, Musikern u. ä.)	Zahlungen an juristische Personen des privaten oder öffentlichen Rechts (GmbH, AG, e. V., öffentliche Körperschaften etc.)
• Ausländersteuer inkl. SolZ • An- und Einkaufspreise • Tantiemen (variable ergebnisabhängige Vergütung / Beteiligung bzw. auflagenabhängige Lizenz-Einkünfte von Buchautoren, Komponisten und Interpreten) • Lizenzen	Reisekosten innerhalb steuerlicher Freigrenzen (gleiche Grundsätze wie bei der Einkommensteuer lt. EStG) • Fahrtkosten • Verpflegungsmehraufwand • Übernachtungskosten • Reisenebenkosten
• Zahlungen aus Kommissionsgeschäften • Sachleistungen	Steuerfreie Aufwandsentschädigungen (z.B. die Übungsleiterpauschale, Umzugskosten, Mehraufwendung bei doppelter Haushaltsführung etc.).

WICHTIG: Sie müssen nur dann keine Künstlersozialabgabe zahlen, wenn Sie die an eine juristische Person (z.B. GmbH) zahlen. Als juristische Person allerdings (z.B. GmbH) müssen Sie Künstlersozialabgabe zahlen, wenn Sie Künstler bezahlen.

4.2.7.1 Steuerfreie pauschale Erstattungen von Reisekosten

Wie wir der obigen Tabelle entnehmen können, wird die Künstlersozialabgabe nicht auf die pauschale Erstattung von Reisekosten im Rahmen der Steuerfreibeträge bezogen, wenn diese dem Künstler erstattet werden. Reisekosten sind Aufwendungen, die bei beruflich bedingten Reisen anfallen.

Es bietet sich an, eine Aufstellung der Reisekosten-Pauschalen vorzunehmen. Nur die Anwendung *eben solcher* Pauschalen befreit für diese Beträge von der Künstlersozialabgabe:

Reisekostenart	Steuerfreie Pauschale	Bemerkung
Verpflegungsmehraufwand	Abwesenheit vom Betriebsort weniger als - 8 Stunden: 0,00 € - 8 bis 14 Stunden: **6,00 €** - 14 bis 24 Stunden: **12,00 €** - über 24 Stunden (pro Tag): **24,00 €**	
Übernachtungskosten	Inland: **20,00 €** pro (auswärtiger) Übernachtung Ausland: Länderweise unterschiedliche Auslandstagegelder	
Fahrtkosten	KFZ: **0,30 €** pro gefahrenem km Motorrad / Motorroller: **0,13 €** Moped / Mofa: **0,08 €** Fahrrad: **0,05 €**	
Reisenebenkosten	Wie angefallen	Nur bei Arbeitgeber- / Arbeitnehmerverhältnis
Auslandstagegelder	Länderweise unterschiedliche Pauschalen	

ACHTUNG:

Es ist zur Zeit nicht klar ersichtlich, wie mit dem Thema Reisekostenpauschalen bei den IHK-Prüfungen umgegangen wird, also wann ein gezahlter Betrag als abgabenbefreiende Pauschale zu werten ist und wann nicht. Es empfiehlt sich daher, die Formulierungen in den Aufgabenstellungen genau auf eventuelle Reisekosten-Angaben zu prüfen.

Die Pauschalen gelten pro Person pro Tag!

4.2.8   Beispiel zur Berechnung der Künstlersozialabgabe

Die Eventagentur „Munich-Evenzz" hat für einen namhaften Kunden die Konzipierung, Planung sowie die Durchführung von Promotion-Aktionen im gesamten Bundesgebiet übernommen.

- Vier verschiedene Promotion-Teams sind 2010 an insgesamt 84 Einsatztagen in den Städten Berlin, Hamburg, Dortmund, Düsseldorf, Frankfurt, Stuttgart und München unterwegs.
- Für zwanzig Termine sind zusätzlich Kinderaktionen geplant, für die der Kinderclown „Fappelzillipp", der als selbstständiger Künstler für seine Leistungen wirbt von der Eventagentur gebucht wurde.
- Bei weiteren zwölf Terminen soll der bekannte Hochrad-Künstler „Tommy Speedwheel" zur Unterhaltung beitragen.
- Die Zeichenkünstler „Oskars Erben" werden bei zwei Terminen von den Besuchern Zeichnungen anfertigen.

Am Jahresende sie sind als Veranstaltungskaufmann/-frau für die Abrechnung der zu zahlenden jährlichen Künstlersozialabgabe zuständig. Ihnen liegen nun die Rechnungen der Künstler vor, die bei den Promotion-Aktionen beteiligt waren.

Fappelzillipp rechnet folgendes ab:
- Tagesgagen von 200,00 € netto
- Tagesspesen von 50,00 €

Er hat keine Umsatzsteuer ausgewiesen.

Tommy Speedwheel führt folgendes in seiner Rechnung auf:
- Tagesgagen von 535,50 € brutto inkl. 19 % Umsatzsteuer

Die Zeichenkünstler stellen ihre Gage von 2.000,00 € netto sowie Materialkosten von 300,00 € als „Oskars Erben GmbH" in Rechnung.

Zuerst addieren Sie die Gagen:

Gage Fappelzillip	20 x 200,00 € = **4.000,00 € Gesamtgage**
Gage Tommy Speedwheel	535,50 x 100 / 119 = 450,00 € Tagesgage netto 12 x 450,00 € = **5.400,00 € Gesamtgage**
Gage Oscars Erben	keine Berechnung, da juristische Person (GmbH)

Dann die anderen an die Künstler gezahlten Entgelte:

Entgelte Fappelzillip	20 x 50,00 € = **1.000,00 € Spesen**
Entgelte Tommy Speedwheel	keine Entgelte = **0,00 €**
Entgelte Oscars Erben	keine Berechnung, da juristische Person (GmbH)

Nun addieren Sie die Gesamtgagen und Entgelte der Künstler:

Gesamtgage Fappelzillipp **Entgelte Fappelzillipp** **Gesamtgage Tommy Speedwheel** **Entgelte Tommy Speedwheel**	**4.000,00 €** **+ 1.000,00 €** **+ 5.400,00 €** **+ 0,00 €**
	= 10.400,00 €

Jetzt können Sie den Betrag mit dem gültigen Jahressatz multiplizieren:

Gesamt x 3,9 % (Abgabesatz 2010)	10.400,00 € x 3,9 / 100
zu zahlende Künstlersozialabgabe	**= 405,60 €**

4.2.9   Wie meldet man die Inanspruchnahme künstlerischer Leistungen?

Generell gilt für Verwerter künstlerischer und publizistischer Leistungen eine gesetzliche Meldepflicht.

Es müssen sich demnach alle Unternehmen, die mit Künstlern und Publizisten zusammenarbeiten und zum abgabepflichtigen Personenkreis gehören, <u>selbst und ohne besondere Aufforderung</u> bei der Künstlersozialkasse melden.
Alle im Laufe eines Jahres an Künstler und Publizisten gezahlten Entgelte inklusive die an diese gezahlten Nebenkosten müssen aufgezeichnet und bis zum 31. März des Folgejahres bei der Künstlersozialkasse gemeldet werden. **Dabei spielt es keine Rolle, ob der engagierte Künstler, Publizist oder Grafiker selbst Mitglied in der KSK oder Ausländer ist.** Einen dafür vorgesehenen Meldebogen erhält man bei der Künstlersozialkasse.

Aufgrund der Abrechnung für das Vorjahr berechnet die Künstlersozialkasse monatliche Vorauszahlungen für das laufende Jahr (ein Zwölftel des Jahresbeitrages nach dem aktuellen Abgabesatz).

Verwaltungsverfahren zur Erhebung der Künstlersozialabgabe	
Schritt 1	Erstmeldung bei der Künstlersozialkasse
Schritt 2	Entscheidung der KSK über die Abgabepflicht nach §24 KSVG. U. U. droht die Nachberechnung der letzten fünf Jahre, falls die Künstlersozialabgabe nicht gezahlt wurde.
Schritt 3	Jährliche Meldung über die im Vorjahr gezahlten Entgelte an selbstständige Künstler/Publizisten
Schritt 4	Je nach Höhe Vorauszahlungen (monatlich)

4.2.9.1 Was kann einem Unternehmen passieren wenn es nicht meldet?

Unternehmen, die sich erstmals bei der Künstlersozialkasse melden und bereits seit längerem aktiv sind, müssen ggf. rückwirkend Künstlersozialabgaben zahlen. Die Künstlersozialabgaben werden im Regelfall für einen Zeitraum von 5 Jahren nach erhoben (dann ist gegebenenfalls Ratenzahlung möglich).
Wer seinen Meldepflichten bewusst nicht nachkommt und die Erfassung durch die Künstlersozialkasse abwartet, muss unter Umständen mit einer weitergehenden rückwirkenden Inanspruchnahme rechnen.
Zudem sieht das Gesetz ein Bußgeld von mittlerweile bis zu **50.000 Euro** für diejenigen Unternehmen vor, die ihren Meldepflichten nicht nachkommen.

4.2.9.2 Für wen muss man Beträge aufzuzeichnen?

Für selbstständige Künstler
Künstler im Sinne dieses Gesetzes ist, wer Musik, bildende Kunst oder darstellende Kunst schafft, ausübt oder lehrt.

Für selbstständige Publizisten
Publizist ist, wer als Schriftsteller, Journalist oder in anderer Weise publizistisch tätig ist.

Selbstständig bedeutet in diesem Zusammenhang, dass der Künstler oder Publizist auf freiberuflicher Basis (Honorar auf Rechnung) arbeitet, also nicht als Arbeitnehmer für das Unternehmen tätig wird. Dies kann auch nebenberuflich, also neben einer Haupttätigkeit z.B. als Angestellter, Beamter oder Student geschehen. Es ist dabei unerheblich, ob die Zahlungsempfänger nach dem KSVG versichert sind:

Zahlungen an Nichtversicherte sind also ebenso aufzuzeichnen und zu melden, wie z.B. Zahlungen an ausländische Künstler und Publizisten

4.2.10   Wer zahlt die Abgabe bei zweiseitigen Verträgen?

Grundsätzlich gilt, dass die Künstlersozialabgabe nur einmal zu zahlen ist.

Im Falle von zwischen zwei Vertragspartnern abgeschlossenen Verträgen ist die Frage eindeutig zu beantworten, wer die Künstlersozialabgabe zu zahlen hat.

> Ein abgabepflichtiger Unternehmer, der mit einem Künstler oder Publizisten ein Vertrag über eine künstlerische oder publizistische Leistung schließt, muss das gezahlte Honorar inklusive aller an den Künstler gezahlten Nebenkosten an die Künstlersozialkasse melden.

Sobald an der Vertragsgestaltung mehrere Personen beteiligt sind, kann sich die Frage ergeben, wer die Künstlersozialabgabe zahlen muss.

- Maßgebend für die Beurteilung, wer im Einzelfall abgabepflichtig ist, sind die zivilrechtlichen, also die vertraglichen Vereinbarungen.
- Grundsätzlich ist die Abgabepflicht von dem Unternehmer zu entrichten, der in unmittelbaren Vertragsbeziehungen zu dem Künstler steht.
- Das ist im Regelfall derjenige, der von dem Künstler die künstlerische Leistung verlangen und ggf. einklagen und gegen den der Künstler seine Ansprüche richten und durchsetzen kann.
- Ein Vertreter ist danach nur ausnahmsweise zur Künstlersozialabgabe verpflichtet, nämlich dann, wenn der Vertragspartner des Künstlers nicht selbst abgabepflichtig ist. Es ist deswegen (auch) zur korrekten Erhebung der Künstlersozialabgabe wichtig, dass klare – die Praxis abbildende - vertragliche Vereinbarungen geschlossen werden.

> **Zu beachten ist, dass durch einen Vertrag nicht geregelt werden kann, wer die Künstlersozialabgabe gegenüber der Künstlersozialkasse zu zahlen hat**
> **Die Abgabepflicht ergibt sich allein aus dem Gesetz**

4.2.11   Wie kann man sich als Künstler oder Publizist bei der KSK versichern?

Die Frage sollte eher lauten: „Ist man versicherungspflichtig nach dem KSVG"?

Wie wir bereits wissen, prüft dies die Künstlersozialversicherung in Wilhelmshaven. Folgende Voraussetzungen muss der Künstler oder Publizist erfüllen:

- Der Betroffene muss Künstler oder Publizist oder ähnliches sein. Die prüft die KSK anhand eines Fragebogens nach.
- im Wesentlichen im Inland (also hier in Deutschland) tätig sein.
- Er muss selbstständig erwerbstätig sein, und zwar nicht nur vorübergehend, sondern dauerhaft. Erwerbsmäßig laut Künstlersozialversicherungsgesetz ist jede nachhaltige, auf Dauer angelegte Tätigkeit

zur Erzielung von Einnahmen. Selbständig ist die künstlerische Tätigkeit nur, wenn sie keine abhängige Beschäftigung im Rahmen eines Arbeitsverhältnisses darstellt.

Nicht versichert ist in der Regel, wer:

- wie ein Unternehmer mehr als einen Arbeitnehmer beschäftigt (es sei denn, die Beschäftigung erfolgt zur Berufsausbildung oder ist geringfügig - bis 400,00 € monatlich).
- gewisse Mindestverdienstgrenzen (derzeit 3.900,00 € im Jahr / 325,00 € im Monat) nicht erreicht (es bestehen dazu Ausnahmeregelungen für Berufsanfänger).
- zu den versicherungsfreien Personen nach § 4 und § 5 KSVG gehört auch, wer z.B. die künstlerische Tätigkeit nach dem 65. Lebensjahr aufnimmt, auf einer Universität/Hochschule studiert, Wehr- oder Zivildienstleistender ist etc.

4.2.11.1 Wie hoch sind die Beiträge der Versicherten?

Die Beitragssätze sind die gleichen wie bei der allgemeinen Sozialversicherung:

Versicherung	Beitragssatz	Künstler zahlt
Krankenversicherung	14,9 %	7,9 %
Rentenversicherung	19,9 %	9,95 %
Pflegeversicherung	1,95 %	0,975 % (+ 0,25% = 1,225% bei Kinderlosen)

Am Ende des Jahres erhält der Künstlers oder Publizist von der KSK eine Aufforderung, sein voraussichtliches Jahresarbeitseinkommen des Folgejahres zu nennen. Dieses ist dann wiederum Grundlage für die Berechnung der Beiträge im nächsten Jahr.

Bei Stellen des Aufnahmeantrages empfiehlt es sich, das Formular gewissenhaft auszufüllen, evtl. mit Hilfe eines erfahrenen Fachmannes. Die KSK ist zwar eine Pflichtversicherung, die jeden freiberuflichen Künstler aufnehmen und sozialversichern muss. Da sie dem Bund aber eine Menge Zuschuss-Geld kostet, ist in Zeiten knapper Staatskassen die Tendenz festzustellen, alle Gründe für eine Ablehnung auszuloten, um einen Künstler nicht in die Versicherung aufzunehmen. Der so genannte Aufnahmeantrag fragt daher in erster Linie Kriterien ab, die eine Ablehnung erfordern würden – ein falsches Kreuz, und man ist raus.

Übersicht über die von der KSK anerkannten künstlerischen und publizistischen Berufe:

A	B	C	D
Akrobat, Alleinunterhalter, Arrangeur (Musik-bearbeiter), Artdirector, Autor, künstlerisch / publizistischer Ausbilder	Ballettlehrer, Bildberichterstatter, Bildhauer, Bildjournalist, Bildregisseur, Bühnen-eurythmist, Bühnenmaler, Büttenredner	Choreograph, Chorleiter, Clown, Comiczeichner	Designer, Dichter, Dirigent, Dompteur, Dramaturg, Drehbuchautor
E	**F**	**G**	**I / J**
Eiskunstläufer (Show), Entertainer, Experimenteller Künstler	Figurenspieler (Puppen), Filmbildner, Filmemacher, Foto-Designer, künstlerischer Fotograf	Geräuschemacher, Grafik-Designer, Grafiker	Illustrator, Industrie-Designer, Interpret Instrumentalsolist, Journalist
K	**L**	**M**	**O**
Kabarettist, Kapellmeister, Karikaturist, Komiker, Komponist, Korrespondent, Kritiker	Layouter, künstlerisch / publizistischer Lehrer, Lektor, Librettist, Liedermacher	Maler, Marionettenspieler, Mode-Designer, Moderator, Multimedia-Designer, Musikbearbeiter, Musiker, Musiklehrer	Objektemacher
P / Q	**R**	**S**	**T**
Pantomime, Plastiker, Pressefotograf, Publizist, Puppenspieler, Quizmaster	Regisseur, Reporter, Rezitator	Sänger, Schriftsteller, Showmaster, Sprecherzieher für Sänger/Moderatoren etc., Standfotograf (Film), Stylist	Technischer Redakteur, Textdichter, Texter, Textil-Designer, Theaterpädagoge, Travestiedarsteller (Show), Trickzeichner
U	**V**	**W**	**Z**
Unterhaltungskünstler	Videokünstler, Visagist	Webdesigner, Werbe-fotograf, Werbesprecher, Wissenschaftlicher Autor	Zauberer, Zeichner

Nur nach Prüfung auf Künstlereigenschaft bzw. nicht-abhängiger Beschäftigung:

Aktionskünstler, Colorist (Trickfilm), Diskjockey (DJ), PR-Fachmann, Performancekünstler, Tänzer, Tanzpädagoge, Tonmeister, Übersetzer

Artist, Ballett-Tänzer, Bühnenbildner, Cutter, Film- und Videoeditor, Kameramann, Kostümbildner, Maskenbildner, Redakteur, Schauspieler, Sprecher, Synchronsprecher,

eventpruefung.de

4.2.12 Übungsteil zur Künstlersozialversicherung

Aufgabe 1

Nennen Sie fünf Unternehmensbereiche, die als typischerweise abgabepflichtig nach dem KSVG gelten:

1. _____
2. _____
3. _____
4. _____
5. _____

Aufgabe 2

Das Stahlunternehmen Eurosteel AG hat im Jahr 2010 anlässlich zweier öffentlicher Betriebsfeiern „Erwin den Scherzkellner" sowie, wie jedes Jahr, die Gala Band „The Royals" engagiert. Ist die Eurosteel AG zur Meldung und Abgabe gemäß KSVG verpflichtet? Begründen Sie Ihre Antwort stichwortartig.

_____

_____

_____

_____

_____

_____

_____

_____

Aufgabe 3

Was versteht man beim Künstlersozialversicherungsgesetz (KSVG) unter dem Begriff „Generalklausel"?

_____

_____

_____

_____

_____

_____

_____

Aufgabe 4

Der örtliche Veranstalter „Fishtone Promotions" bucht über den Tourneeveranstalter Marcel Sieberbeck den französischen Chanson-Künstler „Pierre Dupont" im Rahmen einer Veranstaltung zum regionalen Kultursommer. Wer ist zur Meldung und Abgabe gemäß KSVG verpflichtet?

- ☐ „Pierre Dupont" ist zwar EU-Bürger, als Franzose ist er jedoch zur Abgabe bei den französischen Behörden verpflichtet.

- ☐ Der Tourneeveranstalter Marcel Sieberbeck, weil er in unmittelbaren vertraglichen Beziehungen zum Künstler steht.

- ☐ „Fishtone Promotion", weil der örtliche Veranstalter nach KSVG generell zahlen muss.

Aufgabe 5

Die Eventagentur HJP GmbH hat von einem namhaften Unternehmen einen lukrativen Auftrag zur Organisation und Durchführung einer Incentive-Veranstaltung erhalten. Bei der Vertragsverhandlung gibt der für das öffentliche Rahmenprogramm geplante amerikanische Zauberkünstler „Dick Cappelsberg" an, nicht nach dem KSVG versichert zu sein.
Ist die Eventagentur HJP GmbH zur Meldung gemäß KSVG verpflichtet? Begründen Sie Ihre Antwort.

_____

_____

_____

_____

_____

Aufgabe 6

Die Eventagentur HJP GmbH ist zwar gut gestellt, jedoch noch neu auf dem Markt. Ihr ist das Verfahren für die Abwicklung gemäß KSVG unklar. Sie ruft bei der KSK an. Was wird man ihr sagen?

- ☐ Die KSK meldet sich automatisch bis zum 31.03. und bucht die Beträge ab.

- ☐ Ein Online-Verfahren hilft den Unternehmen die Überweisungen vollautomatisch zu erledigen.

- ☐ Das Unternehmen hat die jährlichen Gesamtbeträge mit einem besonderen Meldebogen bis zum 31.03. des Folgejahres bei der KSK selbst und ohne Aufforderung zu melden.

Aufgabe 7

Anton Huber, genannt „Disco-Toni", hat sich mit kleineren Veranstaltungen wie „Ballaballamann-Party" oder „Schihütte-Extrem" langsam aber sicher in der oberbayerischen Veranstaltungsszene etabliert. In letzter Zeit hat er es mit Disk-Jockeys zu tun, die ihre Auftritte per Vertrag regeln. Dort wird er zur Meldung und Zahlung einer Künstlersozialabgabe aufgefordert. Was droht ihm, wenn er es weiterhin ignoriert?

☐ Es drohen ihm keine Konsequenzen, da er vor drei Jahren nur drei Parties veranstaltet hat.

☐ Das Gesetz sieht ein Bußgeld von bis zu 1.000,00 € vor.

☐ Das Gesetz sieht ein Bußgeld von bis zu 50.000,00 € vor.

Aufgabe 8

Eine Filmproduktionsfirma hat im Jahr 2010 insgesamt netto 45.480,00 € Gagen und Honorare an freie Künstler und Drehbuchautoren gezahlt. Wie viel Künstlersozialabgabe muss das Unternehmen für 2010 an die KSK zahlen?

_____

_____

_____

_____

_____

_____

Aufgabe 9

Der Jazzkeller Dinslaken hat im Jahr 2010 für seine Veranstaltungen einen Betrag von 15.660,00 € für Live-Gagen (brutto) an die gebuchten Künstler überwiesen. Darüber hinaus wurden den Künstlern insgesamt 881,60 € (brutto) an Materialkosten erstattet. Die Mehrwertsteuer von 19% wurde hierbei separat ausgewiesen. Wie hoch ist der an die KSK zu zahlende Jahresbetrag?

Aufgabe 10

Ein Tourneeveranstalter hat im Jahr 2009 insgesamt netto 20.000,00 € Honorar an den amerikanischen Soulstar Freak Blackmann bar ausgezahlt. Wie viel Künstlersozialabgabe muss das Unternehmen für 2009 an die KSK zahlen?

Aufgabe 11

Der deutsche Nachwuchs-Comedian Michael Mayermitter erhält für seinen Auftritt im *Flatsch Comedy Klub* eine Gage in Höhe von 950,00 € ausgezahlt.

Wie hoch ist die KSA (2010)?

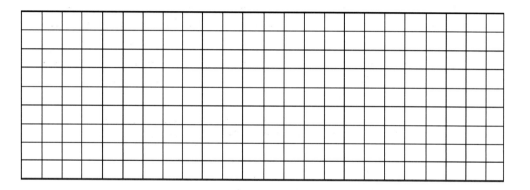

Aufgabe 12

Die künstlersozialabgabenpflichtige experimentelle Künstlerin Petra Pixel erhält von der Gastspieldirektion Hauke Offner aus Köln ein Honorar in Höhe von 800,00 € ausgezahlt. Die Direktion verkauft die Künstlerin mit einem Aufschlag in Höhe von 18 % an den Versicherungskonzern Garling weiter.

1. Wie hoch ist die Verkaufssumme (netto) an Garling?
2. Wie hoch ist die Umsatzsteuer für Hauke Offner?
3. Wie hoch ist die Künstlersozialabgabe für das Jahr 2010?

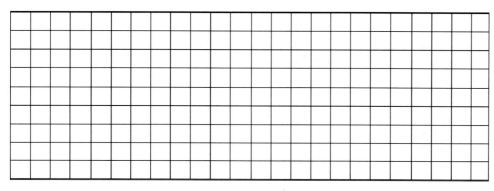

Aufgabe 13

In der Stadthalle Garmisch-Partenkirchen findet jedes Jahr am 30.4. die Veranstaltungsreihe *Heimatrock* statt. Top-Act sind neben drei lokalen, plattenauflegenden Diskjockeys die drei Damen der Kapelle *Die bumsfidelen Bayern-Madeln,* die zu modernen Technorhythmen ins Alphorn blasen. Veranstalter ist die örtliche Konzertagentur *Alpenblues*. Flyer und Plakate werden von freiberuflichen Grafikern auf Honorarbasis gestaltet.

a) Welche speziellen Abgaben muss die Veranstaltungsagentur leisten? Nennen Sie drei typische Abgaben.
b) Wer zahlt die Künstlersozialabgabe, wenn die *Die bumsfidelen Bayern-Madeln* als GmbH firmieren und jede Dame der GmbH eine eigene Rechnung stellt.

Aufgabe 14

Für die Veranstaltung *Heimatrock* am 30.4.2010 ist ein Bühnenbildner engagiert worden, der eine Themenarea im Look eines Eisbärgeheges gestaltet. Die Besucher sollen in diesem Single-Dating-Bereich als Flocke und Knut verkleidet Kontakte knüpfen. Montage und Transport erfolgt durch einen Dienstleister. Bühnenbildner und Monteur stellen folgende Kosten in Rechnung (netto):

Designer:

Honorar für Design und Entwurf	3.480,00 €
Design-Materialien	1.690,00 €
Reisekosten für Entwurfs-Präsentation	246,00 €

Monteur:

Ausstattungsbau/Montage	4.312,00 €
Transportpauschale	640,00 €

Wie hoch ist die Abgabe an die Künstlersozialkasse?

Aufgabe 15

Wer von den Aufgelisteten ist kein Freiberufler?

1. Sanitär- und Heizungsinstallateur
2. Grafik-Designer mit eigener kleiner Agentur
3. Angestellter Werbekaufmann
4. Rechtsanwaltsgehilfin
5. Rechtsanwalt
6. Studiomusiker
7. Artist / Jongleur
8. Vorstandsvorsitzender einer AG
9. Heilpraktikerin mit eigener kleiner Praxis
10. Buchautor

Aufgabe 16

Der Baumarkt am Ende der Straße lädt jährlich Ende September die Kunden der Region zum „Erntedankfest" ein. Dieses Jahr ist das Motto *Halloween.* Dazu tritt die Top 40 Coverband *The Electrics Schulte, Meier, Müller, Ovomajele GbR* auf einer Open Air Bühne auf, die auf dem Parkplatz steht. Top Act ist der Motorradstuntman *Evil Devil,* der einen Sprung über 5 brennende Gartenblockhäuser vorführt, die es auch im Baumarkt zu kaufen gibt. Die beiden Acts werden von der Künstleragentur *High Society* vermittelt. Begründen Sie, wer die Künstlersozialabgabe zu leisten hat und für wen.

(Lösungsvorschläge siehe Anhang)

5   ANGEWANDTES MARKETING

5.1   Zielgruppenbestimmung und Marktforschung

Zielgruppenbestimmung

Im modernen Marketing ist es wichtig, seine Kunden und deren Marktverhalten möglichst gut kennen zu lernen, um eine effektive Absatzkoordination und Kundenansprache vornehmen zu können.

> **Marktsegmentierung** bezeichnet die Aufteilung eines Gesamtmarktes in Kundengruppen. Diese können nach Kriterien wie Alter, Geschlecht, Beruf usw. gebildet werden.

Marktsegmentierung ist also ein konstruktiver Hilfsvorgang, der eine differenzierte Marktbearbeitung ermöglichen soll. Eine Voraussetzung für die Marktsegmentierung ist die Marktabgrenzung (die sachliche, räumliche und zeitliche Abgrenzung des Marktes).

> Als **Zielgruppe** wird eine umrissene Anzahl von Marktteilnehmern betrachtet, an die sich die Kommunikationspolitik eines Unternehmens wendet.

Eine Zielgruppenbestimmung erfolgt durch Marktforschungserhebungen entweder über sozioökonomische Merkmale (z.B. Alter, Familienstand, Haushaltseinkommen) oder psychografischen Merkmale (z.B. Einstellungen, Werte und das beobachtbare Konsumverhalten). Zur Zielgruppenansprache werden insbesondere Medien oder Veranstaltungen eingesetzt, über die anvisierte Zielgruppen als Leser, Hörer, Zuschauer, Konsument oder Teilnehmer erreicht werden sollen.

BEISPIEL: ZIELGRUPPENBESCHREIBUNG

Die Zielgruppe für CD's der Band Die Backstage Girls in Deutschland umfasst jugendliche, junge und junggebliebene Männer und Frauen im Alter von 15 bis 34 Jahren mit niedrigem oder keinem eigenem Jahreseinkommen. Die nonkonformen und gesellschaftlich rebellisch in Erscheinung tretenden Marktteilnehmer nutzen alternative Informationsmedien sowie das Web2.0 (z.B. myspace), legen Wert auf eine Street-Credibility (Glaubwürdigkeit) der konsumierten Musikgruppen und kennen sich in musikalischen Nischensegmenten ausgesprochen gut aus. Geografisch wird eine erhöhte Präsenz in Ballungszentren und den angrenzenden ländlichen Regionen angenommen.

5.1.1   Methoden der Marktforschung

Die grundlegende Erhebung von Grunddaten für die Marktsegmentierung sowie die Untersuchung bestimmter Zielgruppen ist Aufgabe der Marktforschung. Für alle Pfeiler des Marketings ist die Erhebung zielgruppenorientierten Daten von grundlegender Bedeutung. Daten können dabei grundlegend auf folgende verschiedene Arten erhoben werden:

Als **Primärforschung** (auch: Feldforschung) wird die Erhebung neuer, bisher nicht erhobener Marktdaten bezeichnet.

Sekundärforschung beschreibt die Auswertung bereits erhobener Daten. Man kann dabei auf selbst erhobene (interne) und von anderen erhobene (externe) Datenbestände zurückgreifen.

Bei einer **Vollerhebung** werden alle Mitglieder einer Gruppengesamtheit befragt, bei einer **Teilerhebung** eine Auswahl der Grundgesamtheit. Von einer **repräsentativen Umfrage** spricht man, wenn auf statistischen Auswahl-Kriterien basierende Erkenntnisse auf eine Gesamtmenge übertragen werden können.

Marktforschung in Form von Marktuntersuchungen bezeichnet die systematische Beschaffung, Verarbeitung und Analyse von marktrelevanten Informationen.

Der Marktforschungs-Prozess basiert auf statistisch wissenschaftlichen Methoden der empirischen Sozialforschung zur Beobachtung des Marktgeschehens, um Marketingentscheidungen zu begründen und vorzubereiten.

Folgende Formen der Datenerhebung werden unterschieden:

Form	*Beschreibung*
Markterkundung	Qualitative Form der Marktuntersuchung. Gelegentliche und unsystematische Erhebung von Informationen. Verwendete Methoden: Beobachtung, Kundengespräche, Auswertung Berichten, Nutzung interner Absatzstatistiken. Umfragen enthalten häufig offene Fragen ohne Antwortvorgaben.
Marktanalyse	Punktuelle Darstellung der Marktsituation zu einem Zeitpunkt zur kurzfristigen Entscheidungsfindung.
Marktbeobachtung	Erforscht einen Zeitraum mit dem Ziel, umfangreiche aktuelle Marktinformationen auf Anbieter- und Käuferseite zu erhalten.
Marktprognose	Vorhersage über künftige Marktentwicklung auf der Grundlage von Marktanalyse und Marktbeobachtung.

Zur Datenerhebung nutz man Methoden wie:

- mündliche, telefonische oder schriftliche Befragung. Wichtig dabei sind die Befragungsstrategien (wie standardisierte Interviews oder freie Gespräche) und die Befragungstaktiken (in Form von direkten, indirekten und offenen Fragen sowie Kontrollfragen). Computergestützte Verfahren nutzen unterschiedliche Verfahren und nennen sich CAPI (Computer-Assisted Personal Interviews), CATI (Computer-Assisted Telephone Interviews) sowie CAWI (Computer-Assisted Web Interviews).

- Beobachtungen von Verhaltensweisen, z.B. das Kaufverhalten

- Panels, d.h. die Bildung Personen-Pools, die zur mehrfachen Befragung bereit stehen

- Experimente, in denen man z.B. Produkt-Tests oder Plakat-Tests bei einer ausgewählten , bestenfalls für die Zielgruppe repräsentativen Personengruppe durchführt. Gerne werden auch verschieden Varianten von TV-Spots vorab an einer Teilgruppe getestet.

Qualitativ ausgerichtet ist eine Erhebung dann, wenn Sie verstehen möchte, warum die Dinge so sind, wie sie sich darstellen.

Quantitativ ausgerichtet ist eine Erhebung dann, wenn Sie numerisch erfasste Daten erkenntnisorientiert zusammenstellt.

Psychographisch ausgerichtete Erhebungen erfassen Persönlichkeitsmerkmale wie Einstellungen und Werte.

Demographisch ausgerichtete Erhebungen erfassen äußerliche Merkmale.

Man unterscheidet demographische Formen in

- **sozio-ökonomische** Verfahren (erforschen Beruf, Einkommen etc.),
- **sozio-demographische** Verfahren (Alter, Geschlecht, Familienstand, Religionszugehörigkeit etc.) und
- **sozio-geographische** Ansätze (z.B. die Aufteilung Deutschlands in die so genannten Nielsen-Gebiete)

BEISPIEL: SINUS-MILIEUS

Sinus-Milieus sind das Ergebnis einer umfassenden kombinierten demografischen und psychografischen Erhebung. Sie setzen die Werteorientierung von Bevölkerungsgruppen in Beziehung zu ihrer sozialen Stellung. Die Sinus-Milieus sind in einem Diagramm in der so genannten Kartoffelgrafik dargestellt, das auf der senkrechten Achse in fünf verschiedene Schichten von Oberschicht bis Unterschicht eingeteilt ist. Auf der horizontalen Achse ist die Grundhaltung und Lebenseinstellung der Bevölkerungsgruppe dargestellt. Oben sind die gesellschaftlichen Leitmilieus angesiedelt, am linken Rand die Traditionellen Milieus, in der Mitte die Mainstream Milieus und rechts die Hedonistischen Milieus.

Kriterien für die Erstellung eines Fragebogens

Mit Fragebögen zu erfassende Umstände können grundsätzlich auf sozialwissenschaftlichen Erkenntnissen basieren, ebenso gut aber auch im Team aus eigenen Überlegungen, Zielen und Alltagsbeobachtungen abgeleitet werden. Dabei sollte man folgende Grundlagen beachten:

1. Entscheidung über die Form und Länge des Fragebogens
2. Entscheidung über Art der verwendeten Fragen
    - in persönlicher („Ich") oder unpersönlicher Form („man")
    - Einstellungsfragen ("Halten Sie sich für eine kommunikative Persönlichkeit?")
    - Feststellungen (Statements) "Ich bin ein kommunikativer Mensch."
    - Ja/Nein-Fragen, Antwortkategorien, Ratings (z.B. Benotungsskala), Alternativvfragen, Wertungsfragen, offene Fragen etc.
3. Erstellung der Kategorien und Fragen

Eine mittlere Kategorie („neutral" oder „weiß nicht") sollte dann möglichst weggelassen werden, wenn Ausweichmöglichkeiten minimiert werden sollen.

Fragebogen zum Musikfest am Ring (Auszüge)

Fragebogen Nr. _____   **Interviewer Code** _____

1.	**Wie sind Sie auf das Ringfest aufmerksam geworden?**

1 Zeitung/Magazine	4 Freunde/Bekannte
2 Plakate	5 Radio
3 Sonstiges	6 TV

2.	**Was gefällt Ihnen am Ringfest?**

1 Atmosphäre/Stimmung	5 Musik
2 Entertainment Angebote	6 Publikum
3 Gratisveranstaltung & Draußen	7 Organisation des Ringfests
4 Sonstiges	

5.	**Welche Marken sind Ihnen aufgefallen?**

1 Camelia	5 Karlsberg Mixery	9 Nokia
2 Coca-Cola	6 Sony PlayStation2	10 Warsteiner
3 Desperados	7 Sony Vaio/ Intel	11 Hyundai
4 Red Bull	8 Vita Malz	12 AWB

7.	**Welche Biersorte bevorzugen Sie?**

1 Kölsch	2 Pils	3 Alt	4 trinke kein Bier

8.	**Sind Sie bereit einen Eintrittspreis für die Bühnen zu bezahlen?**

1 Ja, weniger als 5 €	3 Ja, mehr als 5 €
2 Ja, 5 €	4 Nein

10.	**Welche Note würden Sie dem Ringfest geben?** *(sehr gut – ungenügend)*

1	2	3	4	5

Abschließend einige Fragen zu Ihrer Person:

11.	**Welche Musikrichtung bevorzugen Sie?** *(Mehrfach Nennung möglich)*

1 Pop/Mainstream	6 Hip Hop/Reggae/Rap
2 Heavy Metal/Hard Rock	7 Elektro/Techno
3 Mundart/Schlager/Volksmusik	8 Rock 'n'Roll/Blues/Swing
4 Folklore/Weltmusik	9 Punk/Wave/Ska
5 Funk/Jazz	10 RNB/Soul/Black Musik

12.	**Woher sind Sie angereist?**

1 Köln	4 Bonn/VRS-Gebiet
2 sonstiges NRW	5 andere Bundesländer
3 Ausland	

14.	**Besucherstruktur**

1 berufstätig (Einkommen unter 2.000 €)	5 Schüler/Student
2 berufstätig (Einkommen unter 1.000 €)	6 Rentner
3 berufstätig (Einkommen über 2.000 €)	7 Hausfrau
4 arbeitssuchend	

15.	**Wie alt sind Sie?**

1 unter 18 Jahre	5 30-35 Jahre
2 18-20 Jahre	6 über 35 Jahre
3 21-24 Jahre	7 keine Angabe
4 25-29 Jahre	

16.	**Geschlecht**

1 männlich	2 weiblich

5.2 Eventmarketing

5.2.1   Ziele und Zielgruppen von Events

5.2.1.1 Typische Ziele:

- Aktivierung (der Motivationsbedürftigen)
- Honorierung (der Motivierten)
- Bindung

5.2.1.2 Anlassbezogene Events

- Jubiläen, Jahrestage
- Eröffnung, Neueröffnung, Wiedereröffnung
- Jahreshauptversammlung
- Messe Event / Exhibition-Event
- Kick-Off (Anstoß, Kampagnen-Auftaktveranstaltung) z. B. zum Produkt-Launch

Primärzielgruppe: Die Personen, die wir beim Event erreichen (die direkt dabei sind, z.B. Journalisten, Vertriebspartner) – häufig: Multiplikatoren
Sekundärzielgruppe: Die Personen, die wir absatzorientiert tatsächlich erreichen wollen (z.B. Endkunde)

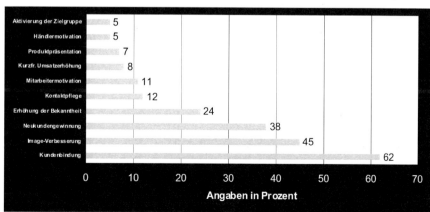

5.2.1.3 Zielbestimmte Events

Kommunikationsziel	Event
Bewusstseinsbildung Aufmerksamkeit	• Aufklärungsveranstaltung • Veranstaltung zu Kampagnenbeginn
Emotionalisierung und Aktivierung	• Alle Eventformen • Get-Together-Event • Motivationsveranstaltung • Incentive-Event
Information und Kommunikation	• Kongress • Forum • Kundgebung • Symposium • Tagung • Workshop
Produktkommunikation	• Produktpräsentation • Kick Off Veranstaltung • Promotion-Event, Promotion-Tour • Event am Point of Sale (POS) • Ausstellung • Messe-Event
Unternehmenskommunikation	• Tag der offenen Tür • Unternehmenspräsentation • Jahreshauptversammlung • Messe-Event
Multiplikatorenansprache	• Presse-Event • PR-Event • VIP-Event • Händlermeeting
Imagebildung	• Alle Eventformen
Indirekte Ziele	• Sponsoring • Kooperation

5.3 Angewandte Marketing Kommunikation

5.3.1   Corporate Identity (CI)

Wörtlich: Unternehmensidentität oder Unternehmenspersönlichkeit

Definiert: Selbstverständnis eines Unternehmens, das im Innen- und Außenverhältnis einheitlich kommuniziert wird. Wird festgelegt in Leitlinien / Leitbild oder Firmenphilosophie.

Die CI setzt sich aus folgenden Teilen zusammen:

Corporate Design (Erscheinungsbild des Unternehmens)

Visuelle Identität. Sämtliche Gestaltungselemente im Erscheinungsbild eines Unternehmens. Einheitliche Gestaltung von Firmennamen, Firmenzeichen, Firmenfarben, Logo, Geschäftspapier, Prospekten, Symbolen, Formularen, Visitenkarten, Messeständen, Architektur, Fahrzeugen, Produkten, Kleidungsordnung etc. Gestaltungsrichtlinien werden in großen Unternehmen in einem Design-Handbuch (Manual, auch: Style Sheet) festgehalten.
Wichtige Farbnormen:
- Druckfarben: CMYK (CyanMagentaYellowKey)/Pantone bzw. HKS (Sonderfarben)
- Bildschirmfarben: RGB (Rot Grün Blau)
- Lackfarben: RAL

Corporate Communications (interne und externe Kommunikation des Unternehmens)

Extern: Werbung, Public Relations / Öffentlichkeitsarbeit, Verkaufsförderung, Sponsoring, Eventmarketing
Intern: Mitarbeiterkommunikation (Zeitung, Intranet, Aushänge)

Corporate Behaviour (Kommunikation des Unternehmens)

Verhaltensweisen / -anweisungen der Mitarbeiter eines Unternehmens, sowohl untereinander als auch gegenüber Kunden, Verbrauchern und Lieferanten. Imagebildend.

Übergeordnetes Ziel: Unverwechselbare Unternehmensidentität als Wiedererkennungswert und Wettbewerbsvorteil.

5.3.2 Verkaufsförderung / Promotion

5.3.2.1 Definitionen

Breite Definition Verkaufsförderung: „Unterstützung, Information und Motivation aller am Absatzprozess beteiligten Organe, um den Verkaufsprozess zu fördern." – Absatzaktionen am Point of Sale (Verkaufspunkt)

Feinere Definitionen : „Sammelbegriff für Aktionen, die den Absatz kurzfristig und unmittelbar stimulieren sollen."

„Unter VKF sind Ideen, Maßnahmen und Methoden zu verstehen, die der Unterstützung des Verkäufers, der Förderung des Hinein- und Hinausverkaufs im Handel und der sofortigen Auslösung der Kaufentscheids am Einkaufs- und Verkaufsort dienen."

„VKF umfasst all jene Aufgaben, die hauptsächlich den Verkaufsvorgang beschleunigen und die Wiederverkäufe unterstützen sollen."

VKF wendet sich nicht nur direkt an den Endverbraucher, sondern informiert und motiviert auch den Verkaufs- und Handelsbereich. Als Marketinginstrument im Marketing-Mix leiten sich die Maßnahmen von Unternehmenszielen ab. Unternehmensziele können sein:

- Ertragsziele
- Absatzwirtschaftliche Ziele
- Finanzwirtschaftliche Ziele
- Ziele hinsichtlich der Unternehmensführung
- Soziale Ziele
- Wachstumsziele

Die VKF ist als Teil der Marketingplanung dem Marketing-Mix-Faktor Kommunikationspolitik zugeordnet. Weitere Subfaktoren des Marketing-Mix-Faktors Kommunikationspolitik sind: Absatzwerbung, Public Relations (PR), Sponsoring, Direktmarketing, Internet, Eventmarketing, Messe

5.3.2.2 Instrumente der VKF

VKF-Maßnahmen als zielgerichtete temporäre Kommunikationsaktivitäten:
- verkaufspersonalisierte VKF-Maßnahmen
- handelsorientierte VKF-Maßnahmen
- nachfrageorientierte VKF-Maßnahmen

Drei Ebenen:

Herstellerebene / Vertriebsebene (Staff Promotion – Herstellerpromotion / Verkaufspromotion)
Zielgruppe sind die Außendienstmitarbeiter des Herstellers bzw. die Außendienstmitarbeiter eines Unternehmens. Der Vertriebsinnen- und -außendienst wird informiert, geschult, unterstützt und motiviert durch Verkaufstrainings, Produktkataloge, Verkaufstagungen, Incentives, Verkaufshandbücher, Auszeichnungen...

Handelsebene (Trade / Sales Promotion – Handelspromotion)
Der Groß- bzw. der Einzelhandel wird informiert, geschult, unterstützt und motiviert durch Händlerschulungen, Produktpräsentationen, Warenplatzierungen, Incentives, Schaufenstergestaltungen, Point of Sale - POS-Radio/TV, Werbegeschenke, Preisaktionen, Regalmieten (Rack Jobbing) ...

Hineinverkaufsmaßnahmen: z.B. Rabatte, Werbekostenzuschüsse (WKZ), Schulungen des Handels → *sell-in Maßnahmen*
Hinausverkaufsmaßnahmen (auch POS-, POP- oder Merchandising-Aktivitäten genannt): Einsatz von Displays (auffällige Regale), Verkaufsdamen, Funkdurchsagen, Plakaten, Fenster- oder Türaufklebern → *sell-out Maßnahmen*

Endverbraucherebene (Consumer Promotions - Verbraucherpromotion)
Verbraucher sollen auf eine Produkt aufmerksam gemacht werden mit Hilfe von Displays, Produktproben, Preisausschreiben, Befragungen, Sonderaktionen, Coupons, Events am POS

Maßnahmen auf der Aktionsebene Konsumenten (Consumer Promotions)
Personenbezogene Promotions, wie z.B. Direct-Mail-Aktionen, Kundenclubs, Clubkarten, Kreditkarten, Personality Promotions (Testimonials), Preisausschreiben
Preisbezogene Promotions, wie z.B. Self Liquidating Offers (Räumungsverkauf), Preisofferten, Zugaben, Zweitnutzenpackungen
Medienbezogene Promotions, wie z.B. Product Placement (Platzieren von Produkten in TV-Formaten oder Kinofilmen), Anzeigen mit Coupons, Anzeigen mit Preisausschreiben, Anzeigen mit Rücksende-Karten, ferner Game-Shows, Teleshopping und Musikvideos in Discotheken

5.3.3   Public Relation

Beziehungen zur Öffentlichkeit unterhalten, hierzulande meist: *„Presse- und Öffentlichkeitsarbeit"*

Durch PR wird eine Marke, ein Unternehmen oder ein Produkt in eine Botschaft verwandelt und möglichst effizient an die (für das Unternehmen relevanten) Zielgruppe heran gebracht.

Als Bestandteil der Kommunikationspolitik ist die Öffentlichkeitsarbeit (Public Relations / PR) ein Instrument mit zunehmender Bedeutung. Während Werbung und Verkaufsförderung auf die Profilierung , Aktivierung und den Absatz von Dienstleistungen/Produkten gerichtet sind, besteht die Aufgabe der Öffentlichkeitsarbeit (ÖA/PR) darin, über den Unternehmer / das Unternehmen zu informieren und auf diese Weise eine Vertrauensgrundlage aufzubauen.

Die Kernaufgabe von Public Relations ist die Profilierung (Imageaufbau).

Die Abgrenzung zur klassischen Werbung liegt darin, dass sich die PR mit dem Unternehmen als Ganzes beschäftigt, während man sich in der klassischen Werbung in der Regel auf spezifische Produkte und Leistungen bezieht.

Bevorzugt werden folgende PR-Maßnahmen eingesetzt:

- Medien-/Pressearbeit
- Persönliches Gespräch mit Vertretern der Zielgruppen;
- Mitteilungen, Informationsblätter und Rundschreiben;
- Image-Prospekte, Image-Broschüren;
- Einladungen zu Veranstaltungen;
- Informationsschriften über die Institution (z. B. Jahresbericht, Leistungsbericht etc.);
- Informationsfilme und Videos, CD-ROM, Internet-Angebot (Homepage);
- Einladung der Vertreter von Zielgruppen zu Ehrungen, Feierstunden etc.;
- Sitzungen, Seminare, (mit Einladungen an externe Teilnehmer);
- Feiern aller Art (z. B. zu Jubiläen etc.);
- Teilnahme an Messen;
- PR-Anzeigen, PR-Spots;
- Tag der offenen Tür
- Lobbyarbeit, Mitwirkung in gesellschaftlichen, sozialen und politischen Gremien
- Kamingespräche

Beispiel **Pressekonferenz**

Die Pressekonferenz ist ein klassisches Werkzeug in der Medienarbeit. Zu dieser Veranstaltung lädt man gezielt die Medien- und Pressevertreter ein, die über aktuelle und wichtige Ereignisse und Entwicklungen berichten sollen.

Anlässe zu einer Pressekonferenz können sein:
Vorstellung wichtiger neuer Konzepte, Projekte, Planungsvorhaben
Erläuterung der Ergebnisse von z.B. Fachtagungen, Kongressen, Messen, Konferenzen, internationalen Begegnungen, Vertragsabschlüssen
Eröffnung, Einweihung neuer Einrichtungen, Produktionsstätten, Behörden
Bevorstehende Schließung oder Auflösung von Einrichtungen, Produktionsstätten, Behörden
Rundes Firmenjubiläum, das mit Neuerungen verbunden ist
Fusionierung, Kooperationsabkommen, Beteiligungen, Firmenkäufe, Zusammenlegung von Behörden
Sponsorenvertrag
Präsentation eines Abschlussberichts oder Jahresschlussbilanz
Umsetzung eines Mitarbeiterbeteiligungsmodells
Einführung eines neuen Führungskonzepts
Neuer Vorstand präsentiert seine Arbeitsvorhaben
Rücktritt des Vorstands
Maßnahmenkatalog als Reaktion auf tiefgreifende landesweite wirtschaftliche Entscheidungen (z.B. Arbeitsplatzsicherung)
Streik
Reaktion auf falsche Berichte o. Gerüchte, kontroverse Diskussionen in der Öffentlichkeit zu bedeutsamen Entscheidungen
Krisen (z.B. Massenentlassungen, Brand, schwere Unfälle, Umweltschäden)

Pressemitteilung

Die Pressemitteilung ist die erste Meldung und Information, die der Publizist zur Sache von mir erhält. Sie sollte knapp, präzise, aktuell, objektiv, wertungsfrei und bunt sein.

Bei der Erstellung einer Pressemitteilung sind
folgende Dinge zu beachten:

Ist der Text insgesamt verständlich und prägnant?
wenig Fachbegriffe/Fremdwörter/keine Abkürzungen
Vorsichtig mit dem Einsatz von Adjektiven sein

Jedes überflüssige Wort ist ein potentieller Langeweiler!
Der beste Text ist der, in dem man kein Wort mehr streichen kann!

Äußerliche Qualitätsmerkmale

Die Pressemitteilung sollte auch als „Pressemitteilung" betitelt sein
Erkennbarer Absender
Konkrete Angabe eines Ansprechpartners mit Kontaktdaten zwecks Rückfragen
Querverweise (>"Diese-" oder *„Weitere Informationen finden Sie auch unter www. ...")*
Gliederung der Informationen nach Relevanz in kurzen Absätzen
1,5- oder 2-zeilige Schreibweise
Nicht mehr als 45 Anschläge pro Zeile
Links oder rechts einen breiten Rand lassen (Platz für Notizen)

Pressekonferenz: VORBEREITUNGSPLAN

Terminierung (*ideal: Di-Do 10-12h*)
Veranstaltungsort/-rahmen
Räumlichkeiten/ Ausstattung
Technik
Dekorations-/Gestaltungsmittel
Podiumsteilnehmer
Journalisten
Pressemappe
Pressegeschenk
Ausschnittdienst
Organisations-/Hilfsmittel
Catering

NACHBEREITUNGSPLAN

Betriebsführungen
Pressemitteilungen, Foto- und Themenservice
Preisausschreiben
Stammtisch, Kamingespräche
Dokumentation/Präsentation

5.3.4   Sponsoring

5.3.4.1 Was ist Sponsoring?

- o unter Sponsoring versteht man die Unterstützung einer Person/Gruppe/Organisation der Öffentlichkeit oder einer Veranstaltung durch Finanzmittel, Sach- und/oder Dienstleistungen

- o Sponsoring betreiben meistens ein (oder mehrere) Unternehmen zum Zweck des Marketing (Kommunikationspolitik). Als Gegenleistung wird von der gesponserten Partei die Werbung des Sponsors in der Öffentlichkeit gezeigt.

Beim Sponsoring herrscht das Prinzip der Gegenseitigkeit (Leistungen und Gegenleistungen)

5.3.4.2 Sponsoring-Ziele (Stellenwert in %):

- o Erhöhung des Bekanntheitsgrads des Unternehmens — 80% abnehmend
- o Prägung und Erhaltung des Firmen-Images — 80% stabil
- o Förderung mittel- und langfristiger Absatzziele — 50% steigend
- o Kontaktpflege zu Kunden und Multiplikatoren — 50% steigend
- o Realisation direkter Absatzziele — 20% steigend
- o Mitarbeitermotivation — 25% steigend

- o Bei richtigem Einsatz sind die Streuverluste gering
  - o Printmedien je nach Spezialisierungsgrad Streuverluste von 70-80%. Dies wird noch gefördert von der geringen Verweildauer der Leser bei Anzeigen.
  - o Im Gegensatz dazu liegen die Streuverluste beim Sponsoring im Durchschnitt bei 30%

5.3.4.3 Beispiel Sportsponsoring

Sportsponsoring ist eine Art des Sponsorings die auf die Förderung von Sportarten, Sportveranstaltungen, Mannschaften und Einzelsportlern zielt.
Das Sportsponsoring ist derzeit noch die häufigste Form des Sponsorings.
Insbesondere die Vermarktung von Fußballspielen, Formel 1-Rennen und sportlichen Turnieren hat zu hochfrequenten Sponsoring-Aktivitäten geführt.

Als Marketing-Kommunikationsinstrument hat sich Sportsponsoring in den letzten zehn Jahren sehr dynamisch entwickelt.

Trikotwerbung:
Im Fußball führte der uruguayanische Verein Penarol Montevideo die Trikotwerbung Mitte der 1950er ein. Der erste deutsche Verein war 1973 Eintracht Braunschweig, obwohl es der DFB untersagte. Eintracht-Sponsor Günter Mast war über den erbitterten Widerstand des DFB erfreut, da der Streit mit dem Verband seinen Produkten immer wieder kostenlose Schlagzeilen verschaffte. Das Eintracht-Trikot zeigte den Jägermeisterhirsch. Ihm folgten aber der Hamburger SV (Campari), Eintracht Frankfurt (Remington), der MSV Duisburg (Brain Scott) und Fortuna Düsseldorf (Allkauf). In Spielen von Fußballnationalmannschaften wird auf das Tragen von Trikotwerbung verzichtet.

5.3.4.4 Beispiel Kultursponsoring

Kultursponsoring ist eine Art des Sponsorings das auf die Förderung von Projekten im kulturellen Bereich zielt. Bei kulturellen Projekten handelt es sich um die darstellenden und bildenden Künste, der Musik, des Theaters, des Kinos der Museen oder der Literatur. Unternehmen profitieren vom Imagetransfer der Kultur.

5.3.4.5 Weitere Formen

Umwelt-/Ökosponsoring, Social Sponsoring, Programmsponsoring (TV)

Wo können Sponsoren eingebaut werden:

Videoausstrahlung, Werbetrailer, Beamer (Leinwände), Werbedurchsagen, Freikarten, Personalausstattung, Werbestand, Produktpräsentation, Einbindung in Pressearbeit, Bannerwerbung (Internet / Outdoor / Indoor), Bandenwerbung, Logo/Texteinbindung in Einladungen/Flyer/Plakate und auf Tickets, Mediaplanung: Radio-Fernsehwerbung (regional), Pressearbeit, Anzeigenwerbung, Lichtstrahler/Skybeamer, Verlinkungen, Einladungen, Außenwerbung, Plakatwerbung, Mund-zu-Mund-Werbung, Werbe-Kooperationen

---

5.3.4.6 Argumente zur Akquise von Sponsoren

Potentielle Sponsoren lassen sich nur dann bereit zur Finanzierung von Veranstaltungen beizutragen, wenn es Ihrem Unternehmenszweck dienlich ist.

Deshalb ist es für den Veranstalter besonders wichtig die möglichen Vorteile für den Sponsor herauszustellen:

- o klare Darstellung der Ziele und Zielgruppen des Veranstalters
    - o die Akzeptanz von Sponsoring bei den Zielgruppen ist schwankend, jedoch insgesamt steigend
    - o es kommt auf Glaubwürdigkeit an

- o mögliche Positionierung im Marketing-Komunikations-Mix des Sponsors
- o eventuelle renommierte Mit-Träger (z.B. öffentliche Organisationen) darstellen
- o bei Kongressen/Messen – Bedeutung für die Branche und Zielgruppen

- o Aufzeigen der konkreten Nutzungsmöglichkeiten für den Sponsor z.B.:
    - o Erwähnung bei Begrüßung
    - o Nennung in TV/Radiospots
    - o Teilnahme am Rahmenprogramm
    - o Platzierung von Logos in der Printwerbung und auf den Tickets
    - o Platzierung von Logos in der Veranstaltungsbeschilderung

- o Darstellung von bereits erfolgreich durchgeführten Veranstaltungen und der Einbindung von Sponsoren
- o Mehrwert skizzieren

Viele Unternehmen betreiben regelmäßig Sponsoring und haben Sponsoring-Richtlinien erstellt.
Als Veranstalter macht es Sinn sich diese vorab zu besorgen und das Angebot darauf abzustimmen.

Veranstalter sollten sich im Vorfeld überlegen, ob sie Unternehmen mit individuellen Anfragen oder mit gleichlautendem Angebot akquirieren. Eine Auseinandersetzung mit der Unternehmenskultur, sprich Recherche sollte vorher erfolgen.

Tipp: www.sponsorpeople.de (u.a. Download von Musterkonzepten möglich)

5.3.5   Mediaplanung als Anwendung der Klassischen Werbung

5.3.5.1 Definitionen

5.3.5.2 Medium

Ein Medium ist ein Transportmittel für Unkörperliches. Einige Definitionen lt. Duden:
- „... lat. Mitte, selten auch: vermittelndes Element
- ... organisatorischer und technischer Apparat für die Vermittlung von (...) Meinungen, Informationen oder Kulturgütern
- ... eines der Massenmedien Film, Funk, Fernsehen, Presse
- ... für die Werbung benutztes Kommunikationsmittel, Werbeträger"

5.3.5.3 Mediaplanung / Mediaplan

Mediaplanung ist ein operativ anwendender Marketing-Bereich, der dem Pfeiler Kommunikationspolitik zugeordnet wird. Mediaplanung bezeichnet den Vorgang der Buchung bzw. des Einkaufes von Werbezeiten. Ein Mediaplan wird auch gerne als Werbeplan bezeichnet. Mediaplanung beantwortet die Frage, zu welcher Zeit mit welcher Frequenz Anzeigen, Werbespots und PR-Beiträge geschaltet werden. Häufiges Prinzip: Maximalprinzip (maximale Wirkung bei gegebenem Budget)

5.3.5.4 Media-Mix

Media-Mix ist ein wesentlicher Teil der Mediaplanung und bezeichnet die aufeinander abgestimmte Auswahl von Werbeträgern. Werbemaßnahmen werden in Medien zeitlich gestaffelt und abgestimmt im Rahmen einer Werbekampagne mit dem Ziel eingesetzt, eine möglichst optimale Wirkung zu erzielen.

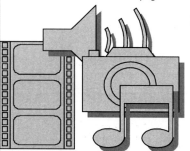

Wichtige W-Fragen:

Wer soll erreicht werden?
In welchen Medien soll geworben werden?
An welcher Stelle soll in einem Medium geworben werden (Sender, Format, Titel, Platz)?
Wann soll geworben werden?
Wie lange soll geworben werden?
Mit welchen Unterbrechungen soll geworben werden?
Wie stark soll geworben werden?
Welches Budget wird benötigt?

5.3.5.5 Media-Agentur

Mediaplaner arbeiten im Unternehmen selbst, in einer klassischen Full-Service-Werbeagentur oder in einer Mediaagentur (eine auf den Einkauf von Werberaum, -fläche und -zeit spezialisierte Werbeagentur) Mediaagenturen planen den Werbeplatzbedarf eines Unternehmens für ein Produkt / eine Marketingkampagne und kaufen in dessen Auftrag Werbeplätze in TV, Radio, Internet, Printmedien etc. Festgelegte Preislisten für Werbeplätze werden durch die Vielzahl von Mitbewerbern (privater Rundfunk / Privatfernsehen) allerdings nicht mehr geführt. Mediaagenturen suchen für die Kunden die passenden Medien aus und buchen die Werbeplätze zu bestmöglichen Konditionen (z.B. Bündelrabatte). Quantitative Ziele (z.B. eine hohe Verbreitung) konkurrieren neben und ergänzen sich mit qualitativen Zielen (möglichst hohe Übereinstimmung der Kontakte mit der Zielgruppe)

5.3.6 Werbemittel / Werbeträger

Werbeträger sind Medien, auf oder in denen Werbung geschaltet oder gedruckt wird. Ein **Werbemittel** transportiert über einen Werbeträger eine Werbebotschaft zur Zielgruppe. **Werbeelemente** sind die konkreten Bestandteile eines Werbemittels.

BEISPIELE: WERBETRÄGER

Printmedien: Zeitung / Zeitschrift (Tageszeitung, Wochenzeitung, Anzeigenblatt, Illustrierte, Publikumszeitschrift, Programmzeitschrift, Beilagen, Fachzeitschrift, Magazin), Katalog, Branchenbuch, Buch

Außenwerbung: Plakat, Litfasssäule, City-Light, Verkehrsmittel

Elektronische Medien: TV (Kabel, Satellit, Bildschirmtext, Pay-TV), Hörfunk, CD

Onlinemedien: Portale, Webseiten, Suchmaschinen, E-Commerce-Marktplätze

Sonstige Medien: Merchandisingartikel, Produkte, Verpackungen, Schaufenster, Werbegeschenke

Im Rahmen der Mediaplanung werden die Werbeträger einer Werbekampagne mit Hilfe der Intermediaselektion (Auswahl der Werbeträger) und der Intramediaselektion (Auswahl zwischen Werbeträger A und B). Die Auswahl des Werbeträgers ist abhängig von der Effizienz der Zielgruppenansprache bezüglich der Reichweite, des zur Verfügung stehenden Zeitrahmens und dem zur Verfügung stehenden Budget.

BEISPIELE: WERBEMITTEL

Anzeigen und Beilagen in Printmedien, Funk- oder TV-Werbespots, Prospekte / Broschüren, Handzettel, Plakate, Displays, Sonstige Erscheinungsformen einer Werbekampagne

Das Werbemittel wird im Rahmen der Mediaplanung einer Werbekampagne ausgewählt. Auswahl und Ausgestaltung der Werbemittel sind abhängig von der Zielgruppe und deren Interessen, Sprachgebrauch und Wertevorstellungen.

BEISPIELE: WERBEELEMENTE

Text, Logo, Foto

Entwicklung einer Werbekampagne

Bei der Entwicklung einer Werbekampagne sollten die Interessen und Bedürfnisse der Zielgruppen durch Kommunikationsideen angesprochen werden, die den Produktnutzen hervorheben, und die Frage nach dem sogenannten „Reason Why" beantworten. Eine aufmerksamkeitsstarke Idee kann dabei in eine von den Zielgruppen akzeptierte visuelle, textliche und sprachliche Form gepackt werden. Am Beispiel eines regionalen Rock-Festivals mit einer Zielgruppe im Alter von 16 bis 32 Jahren könnte dies bezüglich der Bild- und Textsprache folgendes bedeuten:

BEISPIEL: KONKRETE MÖGLICHKEITEN DER UMSETZUNG EINER KOMMUNIKATIONSIDEE

1. Titel der Veranstaltung
2. Abbildung der Location
3. Entwicklung eines regionalen Logos
4. Portraitierung der auftretenden Künstler
5. Zitierung von Szenesprache und Dialekten
6. Vorab platzierte Hintergrundberichte in der lokalen Presse

Für den Werbeerfolg ist es nötig, die Partner im Meinungsmarkt strategisch und konkret zu aktivieren sowie die Werbemedien gezielt zu nutzen.

BEISPIEL: KONKRETE MÖGLICHKEITEN DER WERBEMEDIEN-NUTZUNG FÜR PUBLIC EVENTS

Plakate, Litfasssäulen, City-Light-Poster, Blow-Up-Flächen (Großplakate), Fahnen, Straßenüberspanner, mobile Displays, Diaprojektionen, Leuchtwerbung, Verkehrsmittelwerbung, Werbepostkarten, Broschürenauslagen in Hotel/Gastronomie/Kulturbetrieben, Anzeigen und Artikel in Stadtmagazinen/Zeitschriften/Tageszeitungen, Berichte und Belegung von Spots in Regional-TV/Radio, örtliche Kinowerbung, regionales Sportsponsoring, Messe- und Kongresspräsentation, Promotions, Point-of-Sale-Aktionen, Direktmailing-Aktionen (Database-Marketing), SMS-Aktionen, Präsentations-Kooperationen, Patenschaften durch Prominente

Werbekooperationen / Präsentationspartnerschaft

Zu den Beziehungen gegenüber Partnern im Meinungsmarkt rechnet man neben der Pressearbeit (Public Relation) auch die Werbekooperation. In Abgrenzung zum Sponsoring handelt es sich bei einer Werbekooperation um den Austausch von Ressourcen, in der Regel im Rahmen der angestrebten Schaffung einer kommunikativen Win-Win-Situation. Ein typisches Modell der Werbekooperation ist die Präsentationspartnerschaft eines Medienpartners für eine Veranstaltung, in der Regel einer lokalen oder überregionalen TV- oder Radiostation, einer Stadtzeitung oder einer Website. Feste Regeln sind hierbei im Markt nicht festzustellen, auch keine Standardverträge, man findet bezüglich Umfang und Inhalt der Kooperation ein situatives Vorgehen der Kooperationspartner im Rahmen gewachsener Strukturen vor.

eventpruefung.de

6 GRUNDLAGEN EVENTMANAGEMENT

6.1 Business Event Management

6.1.1 Projektphasen-Modell (Marketing-Events) - 5 Phasen

1. Konzeption 2. Planung 3. Organisation 4. Durchführung 5. Nachbereitung

Begleitend: Kalkulation

6.1.2 Zeitstrahl: Business Events

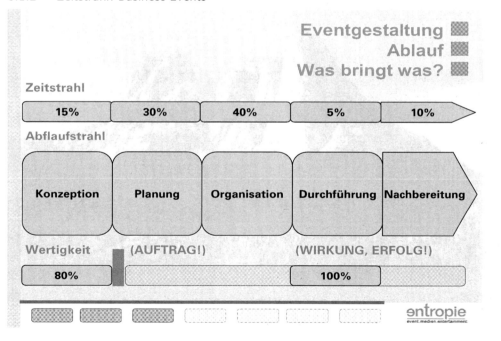

6.1.3   Die Konzeption

6.1.3.1 Der Kunde

Jeder Kunde hat ein Bild von seinem Projekt im Kopf. Dieses Bild zu erfassen ist eine entscheidende Grundlage für den Erfolg in der Zusammenarbeit.

In einem großen Unternehmen sind häufig Ansprechpartner aus folgenden typischen Abteilungen für die Planung und Abwicklung von Business-Events zuständig:

Abteilung im Unternehmen	Ansprechpartner
Marketing Kommunikation	Eventmanager als Spezialist für Eventmarketingmaßnahmen, Messemanagement und interne Firmenveranstaltungen, ggfls. Spezialisten für verkaufsfördernde Maßnahmen (Promotion)
Abteilung Vertrieb bzw. Vertriebsmanagement	Spezialisten für Verkaufsveranstaltungen, verkaufsfördernde Maßnahmen, Vertriebsschulungen
Assistenz der Geschäftsführung (Sekretariat)	Spezialisten für alle Arten von Firmenevents, die zur Chefsache gemacht werden
Pressestelle	Spezialisten für Public-Relation-Events, interne Veranstaltungen für die Mitarbeiterkommunikation bzw. –motivation
Personalabteilung	Spezialisten für Events zur Mitarbeitermotivation und Personalentwicklung

6.1.3.2 Das Briefing

Typische Briefinginhalte / Fragen an ein Briefing:

Allgemein
Was ist das *(Kommunikations-)* Ziel der Veranstaltung?
Wie viele Personen sollen teilnehmen?
Welche Leistungen sollen noch angeboten werden? Einladung, Nachbereitung, Auswertung

Location:
Fassungsvermögen, Maße, Pläne, Bestuhlung (Bestuhlungspläne), Mobiliar, Infrastruktur, Erreichbarkeit, Parkplätze, Planung der An-/Abreise (individuell/organisiert), Unterbringung der Gäste
Welche Leistungen kann / soll die Location erbringen?

Zeitablauf:
Gewünschtes Datum, verschiedene Räume oder Umbau von Tages- auf Abendveranstaltung nötig und möglich? Sind aufwändige technische Ein-/Ausbauten oder Proben notwendig? Steht die Location zur Verfügung? (auch für Vorbereitung und Rückbau)

Catering:
Vorstellung des Kunden, Buffet, gesetztes Essen, Getränke, Wertigkeit, Zuliefererbindung der Location vorhanden?

Programm:
Show: Was stellt sich der Kunde vor? Wer stellt Referenten für Schulung

Technische Ausstattung:
Künstleranforderungen, Anforderungen an die Tagungstechnik, Was ist vorhanden? Was wird benötigt, Stromversorgung

Dekoration, Bühnenbau:
Was ist vorhanden? Was wird benötigt?

Allgemein:
Lassen sich die Vorstellungen des Kunden bezüglich Zeit, Örtlichkeit und Budget umsetzen? Berücksichtigung der einschlägigen Vorschriften (Versammlungsstättenverordnung, Fliegende Bauten, Brandschutz, Arbeitszeitgesetz, Berufsgenossenschaftliche Vorschriften)

Die Vorbereitung anhand der schriftlichen Unterlagen:

* Sachliche Beurteilung der Briefing-Unterlagen
* Fragenkatalog erstellen
* Antworten bewerten
* Chancen einschätzen
* Wie steht der Aufwand im Verhältnis zu den Chancen?
* Wie nahe ist man am Entscheider?
* Machen wir mit?

Oft ist das Rebriefing beim Kunden erst das „richtige" Briefing

* ALLE Fragen abarbeiten, alle Unklarheiten beseitigen
* Nicht interpretieren, sondern fragen
* Den Kunden verstehen, genau zuhören

Die Aufgabendefinition ist der wichtigste Moment in einem Projekt. Erst die Richtung festlegen, dann losmarschieren. Und immer wieder gegenchecken.

6.1.3.3 Die Teamaufstellung

Besondere Aufgaben erfordern besondere Teams

- Jede Aufgabe ist besonders.
- Jede Aufgabe erfordert ein besonderes Team.

Die Team-Aufstellung vor dem Hintergrund der Aufgabe ist eine weitere zentrale Frage am Beginn eines Projekts
Was macht ein gutes Team aus?
- Struktur und Kommunikation
- Das Zusammenspiel zwischen ...
  - Kreation + Inhalt = Gestaltung
  - Organisation
  - Produktion
  - und dem Kunden

6.1.3.4 Die Kreation
Die Kreation kann nur so gut sein, wie die Vorbereitung und Eingrenzung durch die Organisation:

- Zeitplanung frühzeitig festlegen
- Aufgaben klar definieren
- Regelmäßige Team-Information

Die Form folgt dem Inhalt:
Fundierte Recherche ist die tragende Säule für gute und funktionierende Kreation

6.1.3.5 Das Brainstorming:
- Genaue Definition von Aufgabe und Ziel
- Aktive, spielerische Atmosphäre schaffen
- Moderation – oder Chaos!
- Dokumentation, Auswertung und Aufbereitung der Ergebnisse

Ein konzentrierter Tag in kleinen Arbeitsgruppen bringt in der Regel mehr als mehrere „Zwei-Stünder" im großen Kreis.
Ein paar Regeln auf dem Weg zum Konzept:

- Neue Ansätze finden ist der Kick
- Kopieren lohnt sich nicht
- Kreativität braucht Konzentration und Ruhe
- Viele Köche verderben den Brei
- Nicht *viel* tun ist entscheidend. Sondern das *Richtige* tun

6.1.3.6 Die Präsentation
- Power Point Präsentation inkl. ausgedrucktem 4-Farb-Booklet
- Ggfls. maßstabsgetreues Modell oder andere Visualisierungen
- Modern: Mood-Charts bzw. Mood-Boards mit kreativen Visualisierungen

6.1.3.7 Äußerer Aufbau einer schriftlichen Konzeption

- **Die Ausgangslage**
- **Die Zielgruppe**
- **Die Aufgabe**
- **Das Ziel**
- **Die Idee / das Motto (inkl. Claim)**
- **Die Strategie**
- **Die Umsetzung**
- **Der Ablauf (inkl. Ablaufplan)**
- **Das Budget (als Übersicht)**

6.1.3.8 Die Kostenplanung

Was kostet...

- ein Event pro Gast pro Tag?
- ein Film pro Minute?
- eine Ausstellung, eine Messe pro Quadratmeter?

Kennzahlen .....

- können helfen
- aber auch zum Verhängnis werden

- Budgetvorgaben ernst nehmen
- Budgetierung schon vor der ersten Idee
- Ideen budgetär bewerten und auf Machbarkeit prüfen
- Add-ons optional anbieten
- Alternativen anbieten

Schon fast die ganze Miete:

Detailangebot
+ detaillierter Produktionsplan mit Deadlines
(+ Protokoll der Vergabeverhandlung)
= Vertrag!

Vertrauen schaffen – gemeinsam mit dem Kunden auf das Ziel zugehen

- Regelmäßiger Jour Fixe mit dem Kunden
- Kostencontrolling
- Schulterblicke und Zwischenabnahmen

Dennoch:
- Genügend Freiraum für die künstlerische Freiheit bewahren.
- Prozesse detailliert planen ... und dann laufen lassen!
- Erst dann eingreifen, wenn etwas aus dem Ruder läuft

6.1.4   Organisation und Durchführung

Programm

- Programm detailliert mit dem Auftraggeber abstimmen
- Alle Programmpunkte sollten Zweck und Motto des Events widerspiegeln
- Ganzheitliche Inszenierung aller Phasen des Events (auch: Ankunft, Begrüßung, Catering, Abschied). Persönliche Ansprache der Gäste. Ideal: Von der Idee zur Form
- Trends aufnehmen: Wellness- / Wohlfühl-Szenarios, Interaktion etc.

Entertainment

- Kein Event ohne Top-Act oder Prominenz. Ein Event lebt von Überraschungseffekten und der (am besten interaktiven und haptischen) Gästeintegration. Erlebnischarakter subjektiv verstärken!
- Durchchoreographierte Inszenierung aller Örtlichkeiten
- Dramaturgische Feinplanung durch Inszenierungsprofis

Medien

- (AV-) Medien planen, in Gesamtkonzept einbinden, Eigendynamik: Regiekonzept, Dauerbespielung
- Corporate Design des Auftraggebers einbinden (Einladung, Dekoration, Bühnenbild, Projektionen)

Effekte

- Jeden Effekt gezielt einsetzen – Grosse Effekte nur einmal!
- Sicherheitsbestimmungen einhalten (Pyrotechnik)

Redner

- Redner des Auftraggebers (Unternehmen) briefen und inszenieren
- Reden auf ein Minimum reduzieren, Texte abstimmen!
- Chart-Operating einplanen

Location

- Tendenz zur außergewöhnlichen Location kreativ aufnehmen
- Ausstrahlung, Atmosphäre und Image müssen zu Unternehmen und Eventkonzept passen
- Besonderheiten der Location in Eventkonzept aufnehmen

Technische Planung

- An-, Abfahrt- und Ladewege eruieren und einplanen
- Technische und veranstaltungstechnische Ausstattung beachten

- Versammlungsstättenverordnung beachten (Sicherheit, Vorgaben etc.)
- Zeichnungen, Modelle etc. maßstabsgerecht erstellen, Backstage-Planung
- Planung von Küche und Catering (v.a. Verortung), Bindungen beachten (Korkgeld)

Dienste

- Reinigung, Entsorgung, Abnahmen und Übergaben planen
- Garderobe, Security, Parksituation, Platzanweisung etc.

Bühnenbau/Dekoration

- Kreative Umsetzung von Corporate Design und Logos (Markenwelt)
- Modern: Helle und offene Bauten, nachvollziehbar, gebrochen, warm, übergehen lassen
- Verkleidung und Kaschierung unnötiger Elemente (Technik, Instrumente)

Technik

- Realisierbarkeit und Budgetrichtigkeit von Veranstaltungstechnik durch Profis bewerten lassen!
- Tendenz von staunender Technik-Fixierung zum subjektiven Erlebnisbedürfnis aufnehmen

Veranstaltungstechnik

- Strom: Ausreichend? Abgesichert? Abgenommen?
- Rigging: Hängepunkte? Trussing? Bodenbelastbarkeit?
- Licht: Dramaturgisches Beleuchtungskonzept (v.a. Bühne, Tanzfläche; auch: Catering, Vorräume)
- Ton: Delay Line? Sendemikrofone (Ersatzsender)? Monitor-Pult? Zuspielgeräte?

AV-Technik

- Projektion: zentral od. dezentral (Screens oder TV-Monitore), Auf- od. Rückprojektion, Regieplatz, Ersatz-PC (Absturz), Video: Norm, Zuspielgeräte, Kameras (Livebild)
- Sorgfältiges dramaturgisches Regiekonzept!

Spezialeffekte

- Pyrotechnik: Sicherheitsbestimmungen!
- Laser? Strobo? Beduftung?

Kommunikation

- Funkgeräte? Intercom? Handys? Zeichen / Signale?
- Wer redet mit wem auf welchem Kanal (Hierarchie)
- Wer gibt wem welche Anweisungen?

Catering

- Immer ausreichend, genügend und gute Qualität bereitstellen
- Speisen und Getränke inhaltlich in Konzept einbinden: Internationale Küche, Saisonale Küche, Buffetlandschaft, Speisenarchitektur, Überraschungseffekte: Wunderkerzen, Dessertauftritt etc.)
- Cateringangebot und –folge immer mit Entscheidern abstimmen
- Keine faux-pas (Knoblauch, Ekliges, Unsauberkeiten etc.)
- Genügend und abgestimmtes Inventar
- Personal in Konzept einbinden (Art, Anzahl, Kostüm etc.)

Menu

- Tischdekoration auf Niveau und Konzept abstimmen
- Genügend Servicekräfte einplanen
- Gänge festlegen und kommunizieren (Menukarte)
- Auswahlmöglichkeiten schaffen

Buffet

- Wartezeiten vermeiden (genügend Plätze und Zugänge)
- Auf- Ab- und Nachtragen gut organisieren
- Buffetfolge über Menukarte kommunizieren

Logistik: Guest Management

- Einladungsszenario in Idee/Konzept einbinden, Travel Management
- PR: VIP-Betreuung, Pressebetreuung, Künstlerbetreuung
- Leitsysteme, Orientierungssysteme, Garderobenszenario

Interne Logistik

- Fahrzeugplan, Fahrtenplanung
- Materiallisten, Stauraum, Lagerflächen, Depots etc.
- Sinnvolle Ablaufplanung (Material-Reihenfolge bei engem Zeitrahmen

6.1.5   Einladungsszenario / Teilnehmereinladung

Wichtig: Einladungsdramaturgie (Aufbau eines Spannungsbogens)
Das Richtige zum richtigen Zeitpunkt verraten, aber auch: das Wichtige zum richtigen Zeitpunkt kommunizieren
Mittel: Brief, Broschüre, mail, Mitarbeiterzeitschrift, Intranet, Internet, überraschende Aktionen,
Flüsterpropaganda, Promotionteams
Wortwahl und Schreibstil: individuelle Ansprache, Höflichkeitsformen, aktive Ansprache, keine Phrasen

6.1.5.1   Beispielhafte Schritte eines Einladungsszenarios

- Definition und Ansprache des Teilnehmerkreises über passende Medien (persönliche Einladung, Internet, Fachzeitschriften etc.)

- Ankündigung des Termins ca. 6-12 Monate vor der Veranstaltung

- Konkrete Ankündigung der Veranstaltung ca. 3-6 Monate vor Veranstaltung

- Versand der Einladungen ca. 2-5 Monate vor Veranstaltung

- evtl. Rabatte/Angebotsaktionen

- Szenario repräsentativ an der Corporate Identity des veranstaltenden Unternehmens orientiert

- Beiliegende Antwortkarte / Fax-Rückläufer

- alternativ: emailbasiertes Online-Szenario (internetgestützt)

- Fragebogen mit Fragen zu Anreiseart, Hotelbedarf, Teilnehmeranzahl am Rahmenprogramm

- Versand von Informationsunterlagen, Kongressmappe etc.

- Teilnahmebestätigung und praktische Hinweise

6.1.6   Durchführung: Beispiel DKV

6.1.6.1 Ablaufplan / Running Order

- Detaillierte Übersicht der Ablaufprozesse vor Ort
- z.B. Balkendiagramm oder Ablauftabelle
- Vermittelbarkeit durch klare, evtl. graphische Aufteilung

Uhrzeit	Programm/Aktivität	Beteiligte	Ort	Bemerkung
Ab 8 Uhr	Aufbau Bühne	Technik	Ballsaal 1	
16 Uhr	Ankunft Produktionsleitung	+ Produktionsleitung		
17 Uhr	Abnahme Bühne			
17:30 Uhr	Soundcheck	+ Band	Bühne 1	
18:00 Uhr	Stellprobe	+ Mitarbeiter		
18:45 Uhr	Standby	Alle		Inszenierung vor der Tür
19:00 Uhr	Doors open			Licht- und Soundinstallation
19:20 Uhr	Auftaktinszenierung	Darsteller		
19:30 Uhr	Begrüßung	Vorstand		
19:45 Uhr	Tagesshow	AV		Einspielung
20:00 Uhr	Eröffnung Buffet	Catering standby		Begleitende Inszenierung Bühne
20:40 Uhr	Dessert Roll Inn	Kochpersonal		Pyrotechnik!
21:00 Uhr	Anmoderation	Linus		
21:10 Uhr	Sambashow	Samba XXL		
21:45 Uhr	Anmoderation, Umbau			
22:00 Uhr	Showact	Linus and the Good Vibrators		
23:30Uhr	Abmoderation DJ –Act			
24:00 Uhr	Karaoke	Vorstand		Playback standby
01:00 Uhr	Last orders			
01:30 Uhr	Veranstaltungsende			

Als Übersicht für z.B. den Aufbau:

Freitag, 3.12.1999 – BERLIN -   Estrel Hotel

Mittwoch, 1.12.99

Uhrzeit	Activity	Beteiligte	Anmerkung
Tagsüber	Anreise Technik	Nic Len	
Abends	Ankunft Technik	Nic Len	Abendessen

Donnerstag, 2.12.99

Uhrzeit	Activity	Beteiligte	Anmerkung
Ab 8/10 Uhr	Aufbau Technik und Bühne	Nic Len, Köln Profil	Catering!
16-18 Uhr	Ankunft Tourleitung	Marco, Hostessen	
Abends	Abnahme Bühne / Technik	Marco, Nic Len	Abendessen

6.1.6.2 Regieplan

- Möglichst minutengenau; jedoch Möglichkeit der abendlichen Anpassung vorsehen
- Regie-Anweisung für alle Beteiligten mit Stichworten und time-frames
- Hauptsächlich auf die technischen Gewerke ausgerichtet

Uhrzeit	Programmpunkt	Licht	Musik / PB	Ton stage	Video	Sonst
16.30	Aufbau Band	Programm.	Check	Check	Check	

Uhrzeit	Programmpunkt	Licht	Musik / PB	Ton stage	Video	Sonst
19 Uhr	Einlass	Installation I	Countdown DJ Space Mix	-	Logo DKV	Hostessen Saal
19.30	Intro	Yeah yeah!	Star Wars	Off-Mikro	Logo	-
	Auftritt Regionalleiter	Spot, Atmo, DKV Gobos		2 x Wireless	Logo,	+ Hostessen Kostüm!
19.35	Auftritt Linus	Spot, Atmo	Star Wars	Wireless	-	Hostessen ab
	Linus Opening	Spot, White		Wireless	-	-
19.40	DKV-Film	Black	Filmton	-	Film	Vorhang zu!
19.45	Linus Überleitung	Spot, White, Saal	-	Wireless	-	Im Saal! Aufbau Zauberer
19.50	Zaubershow 1	Tba	Tba	Tba	Tba	
20.00	Überleitung Linus	Spot etc.	-	Wireless	Logo	Vorhang zu Im Saal
20.05	Buffett Countdown	Installation II	Easy Listening Konserve	-	Space Night	Abbau Zauberer
21.10	Auftritt Linus	Spot, Atmo	Orion	Wireless		
21.15	Zauberer	Tba	Tba	Tba	Tba	Vorhang!
21.25	Samba	Tba	Tba	Tba	Tba	Saal ab
21.45	Überleitung Linus	Spot. Atmo	Star Wars?	Wireless		+ Hostessen

6.1.6.3 Bauzeitenplan

- Übersicht über Aufbau- und Erstellungszeiträume bei komplexen und / oder aufwendigen Bauten
- abgestimmter Ablauf von technischen Prozessen (was wann wer wo?)
- Mögliche Form: Netzplan

6.1.6.4 Crew (vgl. Gewerke-Übersicht)

- Technik: Hands, Licht, Ton, Bühne, Backline, Strom, Effekte, Projektion, Chart-Operating, Simultantechnik, Trucking
- Entertainment: Künstler, Moderator, Künstlerbetreuer, Garderobe, Maske,
- Regie: Abendregie, Projektleitung, Technische Leitung,
- Catering: Küche, Kellner, Barkeeper,
- Dienste: Hostessen, Garderobe, Deko, Reinigung, Transporte, Haus, Security

6.1.6.5 Kalkulations- und Budgetierungsschritte (ausführlich)

1. Grobkostenschätzung
2. Vorkalkulation
3. Einsparpotential – Budgetverhandlung
4. KVA / Angebot
5. Auftrag / Bestellung
6. Auftragsbestätigung
7. Feinkalkulation
8. Fortgeführter Soll – Ist – Vergleich
9. Endabrechnung
10. Rechnungslegung
11. Nachkalkulation

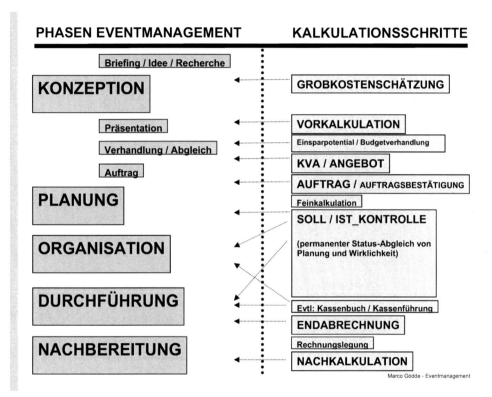

Marco Gödde - Eventmanagement

6.1.6.6 Nachbereitung

Die Nachbereitung einer Veranstaltung gliedert sich in organisatorische, quantitative, qualitative und kaufmännische Aspekte. Zur qualitativen Analyse empfiehlt sich neben dem Abgleich mit den Veranstaltungszielen ein Vergleich mit bekannten Werten, zum Beispiel aus Vorjahren, aus Erfahrungen bei ähnlichen Veranstaltungen oder von Mitbewerbern.

Art der Nachbereitung	Nachbereitungsziele	Beispiele
Organisatorische Nachbereitung	Betriebsbereitschaft wiederherstellen	Abbau, Aufräumen, Rücktransport, Einlagerung, Kommissionsabrechnung und -rückgabe, Bestandskontrolle, Fahrzeugrückgabe, Projektunterlagen abheften und archivieren
	Schäden abwickeln	z. B. gegenüber Geschäftspartnern, Dienstleistern, Vermietern, Versicherungen
Quantitative Nachbereitung	Absatz- und Verbrauchszahlen	Besucherzahlen eruieren und vergleichen, Ticketverkauf nach Kategorien analysieren
	Umsatzzahlen	Kassenumsätze, Thekenumsätze etc. auswerten
	Response auf Aktionen	Promotions, Merchandising, Kampagnen auswerten
Qualitative Nachbereitung	Betrachten der Imagewirkung	Presseclipping veranlassen (Zusammenstellung der Medienberichte) und auswerten
	Manöverkritik, Prozessanalyse	Teamgespräch oder Befragung von Mitarbeitern, Kunden und Dienstleistern, Verbesserungsvorschläge auflisten
	Kundenfeedback	Beschwerden auswerten, Befragungen auswerten
	Abgleich mit Veranstaltungszielen	Soll-Ist-Vergleich, Abweichungen auflisten und präsentieren, Korrekturmaßnahmen einleiten
Kaufmännische Nachbereitung	Nachkalkulation	zeitliche/sachliche Rechnungsprüfung, Ausgaben und Einnahmen analysieren, Rabatte und Provisionen betrachten
	Endabrechnung	Werte intern und extern aufarbeiten
	Abgaben und Steuern	Ausländersteuer, Künstlersozialabgabe, GEMA, Vergnügungsteuer und Lotteriesteuer abwickeln
Sonstiges	Veranstaltungsdokumentation	Aufbereitung für die interne Ablage und zum Zweck der externen Werbung (z. B. Imagevideo, Fotodokumentation, Pressespiegel, Broschüre, Internet, PowerPoint-Präsentation)
	Dank	Beteiligte, Zuschauer, Medienpartner und Sponsoren, Geschäftspartner

Eine gute Nachbereitung ist die beste Basis für das nächste Projekt!
• Kritische Nachbesprechung im Team und mit dem Kunden (Manöverkritik, Reflektion)
• Komprimierte, schriftliche Auswertung für die Wissens-Datenbank der Agentur (Bericht)

eventpruefung.de

Nachkalkulation
- Detaillierter Abgleich von Kalkulation und Rechnungslage
- Auswertung für Folge-Events
- Analyse, Aufbereitung, Fehlereinschätzung

Dokumentation
- Audiovisueller Mitschnitt der Veranstaltung
- Fotodokumentation, Power-Point-Präsentation, Broschüre
- Dokumentation der Pläne und Listen
- Abheften, Archivieren, Wegpacken

Interne Nachbearbeitung
- Erfolgskontrolle während des Events
- Analyse / Nachbesprechung mit Auftraggeber (s.o.)
- Projektteaminterne Auswertung

Externe Evaluation (Erfolgsmessung)
- z.B. Event-Check (Gutachten)
- z.B. Besucherbefragung inkl. Auswertung

Erfolgsbeobachtung nach der SMART-Formel: "**S**pecific **M**easurable **A**chievable **R**elevant **T**imely"

S	Spezifisch	Definition von Zielen
M	Messbar	Messbarkeit von Zielen
A	Angemessen	Erreichbarkeit von Zielen
R	Relevant	Bedeutsamkeit von Zielen
T	Terminiert	Einhalten von Zeitvorgaben

EVALUATION Messe- / Event-Check

Ablauf der Untersuchung Erhebung / Erhebungsformen:
- Interview-Verfahren
- Fragebogen (Zeitaspekte: so kurz wie nötig und intensiv wie möglich)
- Erhöhung des Anreiz – z.B. Gewinnspiel...
- Tel. Nachfassaktionen
- Postalische Nachfassaktionen

Typische Elemente:
- Wertungsfragen
- Offene Fragen mit kurzer Antwort
- Differenzierung des Besucherkreises
- Demographische Struktur (Geschlecht/ Alter/ Tätigkeit/ Herkunft)
- Nicht: Suggestivfragen, private Fragen, Glaubensfragen etc.

Auswertung (Erfolgskontrolle Marketing) nach:
- Bekanntheit
- Nutzung
- Differenzierung nach Art der Kunden

Evaluierung und Management Summary:
- Erfolg
- Nichterfolg
- Stand / Standgestaltung
- Show / Showelemente
- Aussagen zur Marke / Image

Evaluation (Erfolgskontrolle)

Zeitpunkt:	vor, während, nach dem Event
Definition der Ziele:	quantitativ, qualitativ
Betrachtung der Maßnahmen:	angemessen, effektiv
Kriterienkatalog (hart)	Auswertung von Zahlen, Fakten (Teilnehmer, Absatz etc.)
Kriterienkatalog (weich)	Motivation, Inhalte, Stimmung, etc.
Teilnehmerbefragung:	alle, repräsentativ, speziell

Stimmung	Wurden die Erwartungen erfüllt?
Atmosphäre	Wie war das Klima?
Location	Passt der Ort zum Event?
Dramaturgie	Wurden die Höhepunkte wahrgenommen?
Rahmenprogramm	Wurde es wahrgenommen und wie kam es an?
Organisation	Catering? Parkplatzsituation? Pannen? Ablauf?
Sponsoren	Wurden sie bemerkt, wirkten sie glaubwürdig?
Vernetzen	Wurde die begleitende PR bemerkt?

Und warum das Ganze?

- Erreichen des Veranstaltungszieles kontrollieren
- Soll-Ist-Vergleich durchführen
- (Mess- oder bewertbare) Ergebnisse der Veranstaltung ermitteln, auswerten, dokumentieren und präsentieren
- Identifikation von Fehlern im Prozess, Verbesserungsvorschläge
- Relevante Daten analysieren und dokumentieren

Messespezifisch:
FOLLOW UP = vertriebsorientierter Versand der Werbemittel, Nachfassen der Kontakte, Bemusterung, Kundengespräche etc., z.B.:

Kundenkontakte werden auf Messen im so genannten **Messeleadprozess** in Form von Kontaktdatenzetteln festgehalten. Follow-up-Maßnahmen nennt man die nachfolgenden Maßnahmen, die in der Regel kunden- und abatzorientiert die Messekontakte hin zu Vertriebs- und Verkaufskontakten entwickeln helfen sollen, z.B.

- vertriebsorientierter Versand von Werbematerialien
- telefonisches und persönliches Nachfassen der Kontakte
- Bemusterung mit Broschüren und Produktproben
- Akquirieren von Kundengespräche , Kontaktpflege der erfassten Messebesucher, gezieltes Eingehen offen gebliebener Fragen
- Mailings mit Dankesschreiben
- Pflege im Ausbau der Außendienstkontakte
- Zusammenstellung und Zusendung der Messedokumentation
- Informationen über Neuigkeiten und Weiterentwicklungen

6.2 Messemanagement

6.2.1   Messemarkt Deutschland

Begriffsdefinition:
(AUMA - Ausstellungs- und Messe-Ausschuss der deutschen Wirtschaft e.V. **www.auma.de**)

- **Messen:** zeitlich begrenzte, wiederkehrende Veranstaltung auf denen vorwiegend Fachbesucher angesprochen werden und auf denen eine Vielzahl von Unternehmen das wesentliche Angebot eines oder mehrerer Wirtschaftszweige ausstellt und überwiegend an gewerbliche Abnehmer vertreibt.

- **(Verbraucher-) Ausstellungen:** zeitlich begrenzte Marktveranstaltungen, auf denen eine Vielzahl von Firmen vorrangig das allgemeine Publikum anspricht und ein repräsentatives Angebot eines oder mehrerer Wirtschaftszweige ausstellt und vertreibt oder über dieses Angebot informiert.

Arten von Messen

Regionale Messen	überwiegend regionales Einzugsgebiet der Besucher	
Überregionale Messen	Einzugsgebiet der Besucher geht über den jeweiligen regionalen Bereich hinaus	
Nationale Messen	Veranstaltungen ohne ausländische Aussteller und Besucher	
Internationale Messen	Veranstaltungen, die regelmäßig mindestens 10% ausländische Aussteller und mindestens 5% ausländische Fachbesucher aufweisen und das wesentliche Angebot eines oder mehrerer Wirtschaftszweige präsentieren – geplante Anhebung der Prozentzahlen (UFI- int. Messe-Union)	
Welt- oder Leitmessen	Die führenden weltweiten Messen einer Industriesparte	DRUPA, PHOTOKINA; CEBIT, ANUGA etc.
Publikumsmessen	Endverbraucher und Konsumenten haben Zutritt	
Fachmessen	Ausschließlich Fachbesucher haben Zutritt	
Industriemesse	Hier präsentiert sich ein expotorientiertes oder eine Industriesparte als Gemeinschaftsschau in einem ausländischen Importland	KONSUMGERMA `98, TECHNOGERMA `99

Turnus: Der Turnus ergibt sich aus dem Innovationszyklus der jeweiligen Branche.

Messe	Turnus
ISPO (Sportartikel)	Zweimal jährlich
PREMIERE (Konsumgüter)	Zweimal jährlich
CEBIT (IT,TK)	Jährlich
ITB (Tourismus)	Jährlich
Buchmesse	Jährlich
PHOTOKINA (Foto)	Alle zwei Jahre
IAA (Auto)	Alle zwei Jahre
K (Kunststoff)	Alle drei Jahre
Drinktec INTERBRAU	Alle vier Jahre
DRUPA (Druck)	Alle fünf Jahre

FaCTS zum Messemarkt Deutschland
- Von den 1200 Veranstaltungen im Jahr werden etwa 130 als überregionale oder internationale Messen durchgeführt. Unter den 160.000 Ausstellern sind 45% ausländische Firmen.
- Deutschland ist eins der weltweit wichtigsten Messeländer.
- Jährlich fast 2 Mio. ausländische Besucher – ca. 20%
- Zwei Drittel aller Leitmessen finden in Deutschland statt.
- Rund 100.000 Menschen sind im Messebereich ganz oder überwiegend beschäftigt.
- 25 deutsche Städte bieten insgesamt 6,5 Mio. Quadratmeter Messehallen und Ausstellungsfläche an.

Größte Hallenflächen:
Hannover (Deutsche Messe AG) / Frankfurt/Main (Messe Frankfurt GmbH) / Köln (KölnMesse Messe- und Ausstellungsgesellschaft mbH) / Düsseldorf (Messe Düsseldorf GmbH) / Berlin (Messe Berlin GmbH) München (Messe München GmbH)

Aktuelle Tendenzen:
- Deutsche Messegesellschaften gründen Tochtergesellschaften vor allem in Asien um mit dem vorhandenen Know-How der Muttergesellschaft Fachmessen durchzuführen, die in Deutschland unter bekanntem Namen bereits etabliert sind z.B. Heimtextil der Messe Frankfurt im Miami oder die Interstoff in Hongkong.
- Es besteht ein Trend hin zu kleineren, produktspezifischen Fachmessen, die sich meist aus größeren internationalen Veranstaltungen als Ableger („Zellteilung") entwickeln.
- Amerikanische Privatmesseveranstalter drängen auf deutschen Markt (REED)

6.2.2 Messebeteiligung im Marketing-Mix

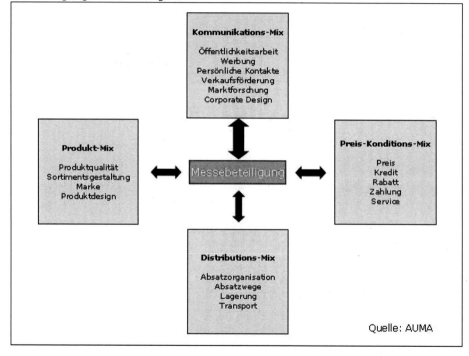

Kommunikations-Mix

Öffentlichkeitsarbeit
Werbung
Persönliche Kontakte
Verkaufsförderung
Marktforschung
Corporate Design

Produkt-Mix

Produktqualität
Sortimentsgestaltung
Marke
Produktdesign

Messebeteiligung

Preis-Konditions-Mix

Preis
Kredit
Rabatt
Zahlung
Service

Distributions-Mix

Absatzorganisation
Absatzwege
Lagerung
Transport

Quelle: AUMA

6.2.2.1 Kommunikationsziele

- Ausbau persönlicher Kontakte
- Kennen lernen neuer Abnehmergruppen
- Steigerung des Bekanntheitsgrades des Unternehmens
- Steigerung der Werbewirkung des Unternehmens gegenüber Kunden und Öffentlichkeit
- Vervollständigung der Abnehmerdatei
- Ausbau der Pressearbeit
- Diskussion mit Abnehmern über Wünsche und Ansprüche
- Pflege der bestehenden Geschäftsbeziehungen
- Sammlung neuer Marktinformationen
- Umsetzung der Corporate Design – Konzeption
- Weiterbildung für Forschung und Vertrieb durch Erfahrungsaustausch

6.2.2.2 Preis- Konditionsziele

- Auftreten am Markt mit überzeugenden Serviceleistungen
- Ausloten von Preis- und Konditionen- Spielräumen

6.2.2.3 Distributionsziele

- Ausbau des Vertriebsnetzes
- Abschätzung der Ausschaltung einer Händlerstufe
- Vertreter/Repräsentantensuche

6.2.2.4 Produktziele

- Akzeptanz des Sortiments am Markt testen
- Vorstellung von Prototypen
- Neuplatzierung eines Produktes am Markt testen
- Vorstellung von Produkt- Innovationen

6.2.3   Ziele

6.2.3.1   Ausgangssituation/Multifunktionalität

- Aufgrund der kritischen Analyse der Unternehmenssituation wird im Rahmen der in der mittelfristigen Unternehmensplanung festgesetzten Unternehmensziele ein Konzept zur zielorientierten Messebeteiligung erstellt

- Messen sind multifunktional, z.B. neben Produktvorstellungen können Messebeteiligungen gut zusätzlich für PR-Aktionen, Mitbewerberbeobachtung oder Marktforschung genutzt werden

- Face-to-Face bietet eine große Bandbreite an Möglichkeiten zum Kontakt mit einer Vielzahl von Interessenten

6.2.3.2   Übergeordnete Beteiligungsziele

- Steigerung des Absatzes
- Kennen lernen neuer Märkte, Marktnischen entdecken
- Überprüfung von Konkurrenzfähigkeit
- Erkundung von Exportchancen
- Orientierung über Branchensituation
- Austausch von Branchenerfahrungen
- Anbahnung von Kooperationen
- Erkennen von Entwicklungstrends
- Sondierung der Mitbewerber
- Interesse für das Unternehmen oder das Produkt in neuen Absatzmärkten wecken
- Koppelung der Messebeteiligung mit ergänzenden Aktionen wie beispielsweise In-house-Seminaren, Kunden-Workshops, Roadshows oder Betriebsbesichtigung

6.2.3.3 Thesen: Chancen einer Messebeteiligung

- o Im Kommunikations-Mix nimmt die Messebeteiligung eine wichtige Stellung ein.
- o Auf einer Messe steht das Angebot selbst im Vordergrund. Produkte können detailliert und im Maßstab eins zu eins präsentiert werden. Dies gestattet eine kritische Prüfung und Evaluation durch die Nachfrager/Interessenten.
- o Messen haben sich vom Kaufereignis zum Informations- und Kommunikations-Ereignis gewandelt.
- o Die Erklärungsbedürftigkeit der Produkte/Dienstleistungen nimmt ständig zu.
- o Ein Erfahrungsaustausch zwischen Anbieter und Nutzer wird immer wichtiger. Eine Messebeteiligung bietet direkte, persönliche Gespräche. Diese schaffen Vertrauen unter den Partnern und wickeln sich, falls die Messe genügend repräsentativ für die von ihr vertretenen Branche ist, erst noch im Rahmen der realen Konkurrenzsituation ab.
- o Eine Messebeteiligung ermöglicht individuelle Beratung und die Erarbeitung spezifischer und maßgeschneiderter Problemlösungen.
- o Die Image- und Kontaktpflege der teilnehmenden Firma zu ihren Kunden kann "live" demonstriert werden. Die Firmen- und Produktpräsentationen können somit durch ein oder mehrere Events direkt inszeniert werden.
- o Neben der Beobachtung der Konkurrenz kann auf Messen ein wertvoller Überblick über die gesamte Marktlage in der Branche gewonnen werden. Dies ist günstiger als andere Marktanalysen.
- o Bei anderen Marketing-Maßnahmen können selten so viele kompetente Fachleute auf so komprimiertem Raum erreicht werden
- o Messen bieten neuen Unternehmen, bzw. Unternehmen mit neuen Produkten und Innovationen einen kurzen und direkten Marktzugang.
- o Messen eignen sich hervorragend für die PR, insbesondere der Unternehmenskommunikation. Fachmedien, wie auch die Wirtschafts- und Tagespresse schenken während der Veranstaltung (Messe) der Branche und ihren Vertretern erhöhte Aufmerksamkeit.
- o Die Beschleunigung des technologischen Fortschritts in den verschiedenen Wirtschaftszweigen verstärkt sich ständig. Selbst „Spezialisten" laufen heute Gefahr, die Übersicht über Entwicklungen und Trends zu verlieren. Eng verbunden sind damit auch die Ausweitung des Angebots an Produkten. Messen, welche alle Aspekte eines Fachbereichs umfassend dokumentieren, tragen dazu bei, diesen Überblick sicherzustellen und Trends zu identifizieren.
- o Meistens werden heute nicht nur die Angebote selbst komplexer, sondern auch die Problemstellungen der Nachfragenden. Dies besonders im Bereich der Investitionsgüter. Messen ermöglichen in solchen Fällen oft eine „Kurzschaltung", indem sie die Treffpunkte bilden, an denen optimale Problemlösungen gefunden oder zumindest eingeleitet werden können.

6.2.3.4   Die wichtigsten Funktionen der Messe:

o   Sie erschließen neue Märkte und Absatzmöglichkeiten

o   Sie ermöglichen den direkten Vergleich von Preis, Leistung und Nutzen innerhalb der Angebotsstruktur

o   Sie haben Erlebnis-Charakter und sprechen die menschlichen Sinne an

o   Sie garantieren und vergrößern die Markttransparenz

o   Sie fördern den intensiven Informationsaustausch

6.2.4   Messen im Customer Relationship Management – (CRM)

- CRM auf deutsch = Kundenbeziehungspflege. Modernes Mittel: Hotline / Callcenter

- Im Rahmen von CRM-Programmen bieten Messen hervorragende Plattformen zur Identifikation neuer Geschäftspotenziale, zur Sicherung von bestehenden Kunden, zur Generierung von Loyalitätsmaßnahmen und der Personalisierung im Dialogmanagement

- Verschiedene neue Marketing-Mittel und –Methoden, vor allem im Bereich der weltweit vernetzten elektronischen Kommunikation, setzen sich durch. Diese können den Hauptvorteil der Messen, nämlich die direkte Begegnung zwischen Anbietern und Nachfragern, nicht verdrängen, müssen jedoch in die Kommunikationsstrategien der Messeorganisatoren und der Aussteller miteinbezogen werden.

eventpruefung.de

6.2.5   Messeorganisation: Zeitleiste

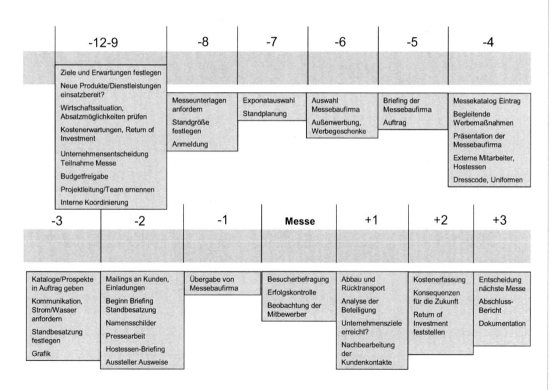

-12-9	-8	-7	-6	-5	-4

-12-9:
Ziele und Erwartungen festlegen

Neue Produkte/Dienstleistungen einsatzbereit?

Wirtschaftssituation, Absatzmöglichkeiten prüfen

Kostenerwartungen, Return of Investment

Unternehmensentscheidung Teilnahme Messe

Budgetfreigabe

Projektleitung/Team ernennen

Interne Koordinierung

-8:
Messeunterlagen anfordern

Standgröße festlegen

Anmeldung

-7:
Exponatauswahl

Standplanung

-6:
Auswahl Messebaufirma

Außenwerbung, Werbegeschenke

-5:
Briefing der Messebaufirma

Auftrag

-4:
Messekatalog Eintrag

Begleitende Werbemaßnahmen

Präsentation der Messebaufirma

Externe Mitarbeiter, Hostessen

Dresscode, Uniformen

-3	-2	-1	Messe	+1	+2	+3

-3:
Kataloge/Prospekte in Auftrag geben

Kommunikation, Strom/Wasser anfordern

Standbesatzung festlegen

Grafik

-2:
Mailings an Kunden, Einladungen

Beginn Briefing Standbesatzung

Namensschilder

Pressearbeit

Hostessen-Briefing

Aussteller Ausweise

-1:
Übergabe von Messebaufirma

Messe:
Besucherbefragung

Erfolgskontrolle

Beobachtung der Mitbewerber

+1:
Abbau und Rücktransport

Analyse der Beteiligung

Unternehmensziele erreicht?

Nachbearbeitung der Kundenkontakte

+2:
Kostenerfassung

Konsequenzen für die Zukunft

Return of Investment feststellen

+3:
Entscheidung nächste Messe

Abschluss-Bericht

Dokumentation

6.2.6   Beispielhafter Auszug: Standplanung

6.2.6.1 Kauf oder Miete des Standes

Wie oft wird der Messestand eingesetzt?

Vor- und Nachteile des Standkaufs:
- Beim Kauf sind die reinen Standbaukosten pro Jahr niedriger.
- In der Regel kann der Stand als Anlagevermögen über 3 Jahre abgeschrieben werden.
- Alle Standteile können nach Kundenwunsch angefertigt werden.
- Bei mehreren Veranstaltungen ähnlicher Größe pro Jahr sinken die Kosten.
- Es fallen jedoch Lager- und Instandsetzungskosten (Veränderungen und Reparaturen) an.

Vorteile der Miete eines Standes
- Es ist keine Kapitalbindung notwendig.
- Konzept und Gestaltung können für jede Messe angepasst werden.
- Keine Engpässe bei parallelen Veranstaltungen.
- Es besteht in der Regel die Gewähr, über den Messebauer stets die neuesten Standbausysteme zu bekommen.

Weitere Möglichkeiten bieten der Mietkauf oder das Leasing.
Eine genaue Kostengegenüberstellung aller Varianten ist schwierig, da die einzelnen Kostenblöcke nur ungenau miteinander zu vergleichen ist.

Kriterien für die Standauswahl (Positionierung)

Kriterium	Begründung
Lage / Standort	Bevorzugte Lagen sind die Nähe der Halleneingänge und die Hauptdurchgangsachsen innerhalb der Halle.
Laufrichtung der Besucher	Hauptströme der Besucher zunächst in den breiten Hauptgängen, danach in den Nebenarmen, besondere Bedingungen der einzelnen Hallen sollten berücksichtigt werden
Standort der Wettbewerber	In der Nähe von Marktführern sollten sich nur kleinere Wettbewerber platzieren. Dann kann evtl. an dem Zuschauerflow partizipiert werden.
Themenbereiche	Die Platzfläche sollte in einem passenden Themenbereich der Messe positioniert werden. Thematische Überschneidungen bringen Synergieeffekte.
Schnitt der Fläche	Ein günstiger Schnitt der Fläche bringt eine optimale Präsentation der Produkte, ermöglicht eine individuelle Beratung sowie den Einsatz von Exponaten und Medien.
Standart und Standgröße	Insel-/Block-, Kopf-, Eck- oder Reihenstand, passende Größe

Eine möglichst frühzeitige Standortauswahl erleichtert die Anmietung von Wunschflächen.

Typische Standarten

Reihenstand:

Der Reihenstand ist die günstigste
Standvariante pro Quadratmeter. Er ist nur an
einer Seite zum Gang hin offen, besteht aus 2
Seitenwänden und einer Rückwand und ist in
der Regel in einer Reihe zwischen
Reihenständen verschiedener Frontbreiten
platziert. Er grenzt also mit Rück- und
Seitenwänden an drei Standnachbarn. Ein
Reihenstand kann jedoch auch einzeln
zwischen anderen Standtypen stehen.

Eckstand:

Ein Eckstand liegt am Ende einer Standreihe
und ist nach 2 Seiten, zum Gang und zum Quergang hin offen. Die Rückseite und eine Seitenwand
grenzen an zwei Nachbarstände. Er wirkt im Besucherstrom gewissermaßen wie ein „Brandungsbrecher",
denn der Besucher muss sich vor einem Eckstand entscheiden, welche der beiden Gangmöglichkeiten er
wählen will. Ein Eckstand hat durch diese Lage an zwei Gängen automatisch eine höhere
Besucherfrequenz, kostet jedoch auch ca. 3-5% mehr Grundmiete als ein Reihenstand.

Kopfstand:

Der Kopfstand ist am Ende eines Standblocks nach 3 Seiten hin offen. Er ist qualitativ den beiden
vorgenannten Standtypen überlegen, da er bei guter Nutzung der Gestaltungsmöglichkeiten äußerst
repräsentativ und einladend wirken kann. Die Rückfront grenzt nur an einen Standnachbarn. Der
Aufpreis pro Quadratmeter beträgt ca. 4-6%.

Blockstand oder Inselstand:

Ein Blockstand oder Inselstand ist die kostspieligste und unabhängigste Standform, die dem Aussteller
alle Möglichkeiten bietet, sich losgelöst vom unmittelbaren Standnachbarn anspruchsvoll zu
präsentieren. Er wirkt durch seine, von allen vier Seiten zugängliche Lage, sehr repräsentativ und hat

eine hohe werbliche Qualität. Allerdings sind Zuschläge von bis zu 10% auf den Grundpreis einzukalkulieren.

Freigeländestände:

Freigeländestände sind im eigentlichen Sinn keine wirklichen Messestände. Es sind in der Regel Ausstellungsflächen für extrem große und sperrige Exponate wie z.B. Baumaschinen, Kräne, Bulldozer etc., die im praxisnahen Betrieb vorgeführt werden können. Im Freigelände muss der Aussteller selbst für überdachte Pavillons oder Zeltkonstruktionen sorgen. Häufig haben Aussteller in der Messehalle einen Repräsentations- oder Informationsstand und zeigen ihre Exponate im Freigelände.

Vor dem Briefing des Standbauers sind folgende typische Fragen im Projektteam zu klären:

- Sind die Exponate (in Bewegung, in Produktion oder als statische Displays, Produktgruppen/Produktlinien) die Hauptattraktion des Standes?
- Finden Kundenveranstaltungen, Demonstrationen, audiovisuelle Präsentationen, Empfänge oder Pressekonferenzen auf dem Stand statt?
- Soll der Stand innovativ und informativ für die ausgestellten Produkte werben oder trifft das Unternehmen überwiegend repräsentativ auf?

Aus diesen Grundsatzentscheidungen ergibt sich bereits eine Anforderungsliste für die Flächenaufteilung des Standes und den Platzbedarf für:
- Die Exponate mit Demonstrationsflächen
- Notwendige Freiräume
- Besprechungsräume
- Offene Sitzecken
- Empfangsbereich
- Küche
- Bar
- Garderobe
- Prospektlager
- AV-Präsentationen (Plasmabildschirme, Videowände, einzelne Videogeräte)
- Technikraum

Im Vorfeld sollte auch berücksichtigt werden wo sich die benötigten Anschlüsse für Wasser und Abwasser befinden. Sie sind in der Regel im Hallenplan verzeichnet. Oft befinden sich auf der Standfläche Hallensäulen, die bei der Planung gern übersehen werden. Sie können kreativ genutzt in die

Standgestaltung mit einbezogen werden und als grafischer Blickfang meist über die erlaubte Höhe hinaus (als Entgegenkommen seitens des Messeveranstalters) dienen.

Oft hilft es der Grobplanung, wenn im Maßstab 1:25, 1:50 oder 1:100 – je nach Standgröße – die Grundfläche aufgezeichnet wird und alle auszustellenden Exponate, Besprechungskabinen, Info-Counter sowie Messemöbel im gleichen Maßstab eingezeichnet werden. Das geht natürlich heute auch mit einer 3D-Software: Ein Beispiel aus unserem Schulungs-Ergebnis-Kabinett (Messestand-Konzeption, ca. 130 qm):

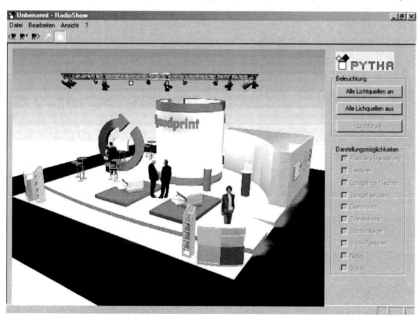

www.pytha.de

Das Ganze als kleine Slideshow:

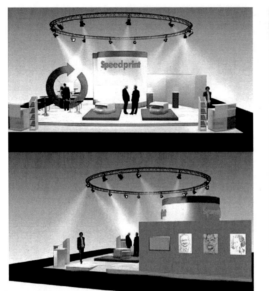

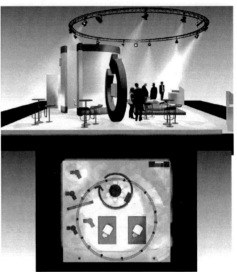

7. ZUSAMMENFASSUNG EVENT MANAGEMENT

6.3 Ämterübersicht / Liste Eventbeteiligte

Die Lage bzgl. Genehmigungen ist aufgrund des Kommunalrechtes nicht überall identisch. Typisch ist:

	Genehmigung	Zuständigkeit
Location	Baugenehmigung (z.B. §75 Bauordnung)	Bauamt (Ordnungsamt)
	Nutzungsänderung / -genehmigung	Gewerbeamt, (Bauamt, Amt für Liegenschaften etc.)
	Bauabnahme lt. VStättVO (auch: Gastspielprüfbuch)	Bauamt
	Konzession Gastronomie (§12 Gaststättengesetz), Schankerlaubnis, (Sperrstunde: Curfew)	Gewerbeamt (Ordnungsamt) Gesundheitsamt (Belehrung)
	Pyrotechnik	Ordnungsamt, Feuerwehr
Öffentliche Flächen	Straße, Platz	Ordnungsamt
	Grünfläche	Grünflächenamt, Forstamt
	Lautstärke (§10 Landesimmissionsschutzgesetz), Nachtruhe	Ordnungsamt
	Verkehrslenkung	Ordnungsamt, Polizei, Verkehrslenkungsbehörde
Manchmal auch:		Öffentliche Verkehrsbetriebe
Veranstalter	Musiknutzung	Gema
	Renn-, Wett- und Lotteriesteuer	Finanzamt
	Vergnügungssteuer	Amt für Steuern und Gebühren
	Security-Belehrung lt. § 34a Gewerbeordnung	IHK
Sonstiges	Unfall	Sanitäter
	Brand	Feuerwehr
	Sicherheit	Security
	Verkehr	Verkehrsbetriebe

Liste Eventbeteiligte: Vgl. Personalübersicht (nächste Seite).
Nicht vergessen: Agentur, Auftraggeber, Behörden, Dienstleister, Künstler, Techniker, Gastronomie, Presse

6.4 Personaldisposition / Eventbeteiligte

Eine Disposition (Einteilungsplan) erfolgt mit Hilfe von

- **Einsatzplan**

- **Tabelle oder**

- **Balkendiagramm**

Personalgruppen:

- Künstler, Moderator, VIP, Referent, Sportler inkl. Betreuer / Begleiter / Management
    - (arbeiten häufig auf Honorarbasis gegen Rechnung)

- Schauspieler
    - (müssen heute in der Regel fest angestellt sein - Weisungsgebundenheit)

- Hostessen, Promoter, Dolmetscher, Standdienst, Guest-Management, Fahrer

- Konzeptioner, Projektleiter, Projektassistenz, Abendregie etc.

    - (häufig Honorarkräfte, ggfl. auch Trainee o.ä., auch: Festanstellung)

- Veranstaltungstechniker: Verantwortlicher für Veranstaltungstechnik (lt. VStättVO), Strom, Bühne, Ton, Licht, Projektion/Kameras, Effekte, EDV/Kommunikation, Hands, Trucking/Transport
    - (häufig über Dienstleister, dort: Festanstellung oder Honorarbasis)

- Dienste: Toilette, Sauberkeit, Wasser etc.

- Service: Kellner, Köche (über Catering-Dienstleister)

- Sicherheit: Security, Feuerwehr, Sanitäter

6.5 Checklisten / Abnahme / Protokoll

Checklisten sind geeignete Planungsgrundlage für das Projektmanagement. Sie:
- dienen als begleitendes Werkzeug und Hilfsmittel in den Phasen Planung, Organisation, Durchführung und Nachbereitung
- gewährleisten, dass alle Punkte bearbeitet werden und nichts vergessen wird
- klären Verantwortungsbereiche
- dokumentieren Vorgänge

Aufgabenbezogene Checklisten	Entscheidungsbezogene Checklisten
- Zielformulierung - Systematische Aufgabenordnung - Personen- und Verantwortungsbenennung - Dokumentation von Entscheidungen	Zusätzlich: Vorgeben von Werten, Rahmenbedingungen und Auswertungsfaktoren

Typische Bestandteile von Checklisten:
Kopf: Firma, Name Bearbeiter, Name Verantwortlicher, Datum, Status, Beschreibung
Mitte: Themen, Stichwortartig: Aufgaben, Ergebnisbereich: Kästchen/Linien, Zeit, Bearbeiter
Fuß: Erledigungsvermerk, Bemerkungen

- Ablauforientierter Einsatz von Checklisten (zeitliche Orientierung)
- Themenbezogener Einsatz von Checklisten (sachliche Orientierung)
- Personalchecklisten (Personenorientierung)

In Abnahmen werden Checklisten gerne eingesetzt. Wenn diese nicht von allen Seiten unterzeichnet werden, dienen Protokolle als Indizien-Mittel der Beweissicherung.
Anforderungen Protokoll:

- Logischer Aufbau
- Sach- und zeitgerechte Dokumentation von Ergebnissen
- Sachlicher Stil
- Prägnante stichwortartige Zusammenfassung
- Oft in tabellarischer Form
- Für Außenstehende verständlich
- Typ 1: Wer hat wann was entschieden und wer macht wann was mit wem
- Typ 2: Abnahmeprotokoll (was wurde wann von wem wie vereinbart / festgelegt / bemängelt)

Aufbau Protokoll:
- Thema, Termin, Beteiligte, Verteiler
- Ergebnisse, Verantwortlichkeiten
- Terminierung, Delegation

Projekt "..."		
Besprechungsprotokoll X		Seite 1 von 1

Besprechungsort:
Besprechungsdatum:
Protokoll durch/am:
Verteiler: Teammitglieder

Teammitglieder	Zusätzliche Teilnehmer

anwesend,   zeitweise anwesend

Erg. Nr.	KZ	Text der Ergebnisse	erledigt durch / bis

7 KALKULATION / BUDGETIERUNG

7.1 Kostenplanung

Business Events	Public Events
arbeiten mit Budgets. Grundlage der Budgetplanung: Zielorientierte Kostenerfassung, Auswertungen Controlling (Controlling: Vorausschauende kosten- und ertragsorientierte Bewertung auf Grundlage von Auswertungen / Analysen)	arbeiten mit Einnahmeszenarien. Grundlage der Budgetplanung: Kalkulation / auch: Deckungsbeitragsberechnung

Kalkulation auf Grundlage von Einzel-Kostenplanung (zu Fuß)

- Ressourcenplanung (was kommt wann an welchen Kosten) / systematische Zerlegung des Projektes in Einzelteile, kann auf Projektplänen / Checklisten basieren
- Kostenarten und Kostenposten aufschlüsseln
  - Typische Kosten: Personal, Material, Dienstleister, Mietkosten, Reisekosten, Technik, EDV, Versicherungen, Transport, Verwaltung
- Kostenträger benennen
- Evtl.: kalkulierender Vergleich Einnahmen - Ausgaben

Beispiel (Auszug):

7.	Personalkosten (Auf/Abbau, VA 3 Tage)			
1.	1 Projektleiter, Tagessätze	400,00 €	3	1.200,00 €
2.	1 technischer Leiter, Tagessätze	400,00 €	3	1.200,00 €
3.	4 Hostessen	100,00 €	1	400,00 €
	Zwischensumme			**2.800,00 €**
8.	Sonstige Agenturleistungen			
1.	Einladungen, Idee, Satz/Druck	800,00 €	1	800,00 €
2.	Teilnehmerverwaltung	600,00 €	6	3.600,00 €
3.	Reise- / Übernachtungskosten.	95,00 €	2	190,00 €
4.	Haftpflicht- / Elektronikversicherung	300,00 €	1	300,00 €
	Zwischensumme			**4.890,00 €**

7.2 Einnahmemöglichkeiten bei (Public-) Events

> **Eintrittsgelder, Vorverkauf, Refundierung (Zuschläge zur Abdeckung von Extrakosten), Teilnehmergebühren, Bewirtung/Gastronomie, Merchandising/Licensing, Standmieten, Werbeflächenvermietung, Sponsoring, Werbekostenzuschuss WKZ, Spenden (Fundraising), Gewinnspiel/Lotterie, Medienauswertung (Sendelizenzen), Gebühren für Dienste (Garderobe)**

7.3 Kostenposten bei Events:

- **Location:** Miete gesamter Zeitraum inkl. Auf- / Abbau inkl. NK, Bestuhlung, Dekoration, Bühne, Betriebskosten (Wasser/Heizung), Strom / Elektro, Reinigung, Verkehrskosten/Erschließung, Beschriftung, Besucherleitsystem

- **Technik:** Strom, Ton, Licht, Bühne, Projektion, Effekte, Personal, EDV, TK, Kommunikation

- **Transport:** Fahrzeuge, Fahrer, Benzin, Busse, Trucking, Zölle

- **Inszenierung:** Konzeption, Buch, Regie, Choreographie, Maske, Kostüm, Requisite, Objekte, Dekoration, Bühnenbild, Medienproduktion (Von Konzeption/Drehbuch bis Realisation und Banderstellung)

- **Personal:** Honorare Künstler und Beteiligte (vgl. Personal), Referenten, Reisekosten, Transfers, Hotelkosten, Löhne/Gehälter, Lohnnebenkosten, Künstlersozialabgabe, Ausländersteuer, Verpflegung, Management/Künstlerbetreuung, Guest-Management / Gästebetreuung

- **Werbung:** Anzeigenerstellung / -schaltung, Plakaterstellung / -druck, Spoterstellung / -schaltung, Flyer- / Programmheft, Kartendruck, Pressearbeit (vgl. PR)

- **Gebühren:** Gema, Urheberrechte, Behördenauflagen, evtl. Vergnügungssteuer, Konzessionen, Tombola/Preisausschreiben

- **Versicherungen:** Veranstaltungs-Haftpflicht, Elektronikversicherung, Ausfallversicherung, Keymanversicherung (z.B. Hauptdarsteller), Unfallversicherungen (vgl. Kapitel Versicherungen)

Safety/Security: Security, Polizei, Feuerwehr, Sanitäter, Absperrungen, Kontrollen

Catering: Personal, Mobiliar, Speisen und Getränke, Geschirr, Reinigung, Lagerung, Entsorgung, Konzessionen

- **Agenturkosten:** Konzeption, Grafik, Einladungsszenario, Kommunikation/PR, Laufende Mehrkosten, Honorare

Büro-Betriebskosten: Büromaterial, TK, Verbrauch, Gebühren, Material, Porto, Kopien, Buchhaltung

Fixkosten: Löhne, Ausstattung, Mieten, Fuhrpark, Inventar, Steuern, Versicherungen, Gebäude

- **Unterbringung/Hotel**

7.4 Public Event: Einnahmen, Ausgaben und Ticket-Break-Even

Beispielhaft wollen wir uns eine typische Kalkulation der Einnahmen aus Sicht des Veranstalters ansehen:

Einnahmenkalkulation

Location : Palladium, Köln

	Verfügbare Plätze	€/Platz	Potentielle Gesamteinnahmen
Sitzplätze (Empore)	240	25,- €	6.000,- €
Stehplätze (Haupthalle)	3.500	20,- €	70.000,- €
Freikarten			- 1.550,- €
Erzielbare **Bruttoeinnahmen (inkl. USt)**			**74.450,- €**

Freikartenkontingentierung: 75 Freikarten

	10 Sitzplätze	250,- €
	65 Stehplätze	1.300,- €
		1.550,- €

Bruttoeinnahmen	74.450,00 €
Abzgl. 7 % MwSt.	4.870,56 €
Nettoeinnahmen	**69.579,44 €**

Zugrundeliegender deal: Tourneemanager erhält für die Band 15.000,00 € Garantiegage oder 70 % vom Netto-Kartenerlös ab Break Even, wenn dieser Betrag 15.000,00 € überschreitet. Die Künstlersozialabgabe trägt der Tourneemanager.

Die Ausgabenseite des Veranstalters

Typische Kostenkalkulation (Ausschnitt) bei ausverkauftem Konzert (netto, deutsche Band)

		= Anteil in % von Netto-Ticketing-Erlös (69.579,44 €)
Mietkosten Location inkl. Technik	**10.000,- €**	= > 14,37 %
Hauselektrik / Hausmeister	**500,- €**	= > 0,72 %
Diverse Kosten aus Bühnenanweisung		
Handtücher	240,- €	
Tourbus & Telefonanschlüsse	120,- €	
Garderobeneinrichtung	600,- €	
Catering	200,- €	
Gema	1.600,- €	
Backline – Stellung	1.500,- €	
Veranstaltungshaftpflichtversicherung	150,- €	
	4.410,- €	= > 6,34 %

Auf - / Abbaukosten	**Anzahl**		
Projektleiter	1 P.	500,- €	
Stagehands / in - out	10 P.	1.000,- €	
Catering / Catering Hilfe		500,- €	
Rigger / Fahrtkosten		260,- €	
		2.260,- €	= > 3,25 %
Security			
Security Backstage / Zufahrt	2 P.	360,- €	
Security Dressingroom	2 P.	180,- €	
Security Einlass / Bühne / IR – Zugang	7 P.	1.000,- €	
Einsatzleiter / Aufsicht	1 P.	250,- €	
		1.790,- €	= > 2,57 %
Werbung, Vorverkaufseinrichtungen etc.			
Vorverkaufseinrichtung		250,00 €	
Bürokosten		250,00 €	
Anzeige Tageszeitung		5.000,00 €	
Anzeige Monatsmagazine		600,00 €	
Bahntransportkosten / Tickets / Plakate etc.		150,00 €	
CTS – Gebühren		4.398,00 €	= > 3.665 Tickets a 1,20 €
CTS – Freikarten		9,75 €	= > 75 Tickets a 0,13 €
Plakatdruck		350,00 €	
Allgemeinen Säulenanschlag, Sammelplakat		1.200,00 €	
Stromkastenplakatanschlag		700,00 €	
4 Ganzstellensäulenanschlag in Köln		2.208,00 €	
Handzettelverteilung		500,00 €	
		15.615,75 €	= > 22,44 %
Gesamtausgaben		**34.575,75 €**	

Berechnung aus Sicht des Veranstalters

Zusammenfassend die Werte aus unserem Beispielfall:

= Anteil in % von Netto-Ticketing-Erlös (69.579,44 €)

Bruttoeinnahmen aus Kartenverkauf	74.450,00 €	
Abzgl. 7 % USt.	4.870,56 €	
Nettoeinnahmen	**69.579,44 €**	
Abzgl. Gesamtausgaben	34.575,75 €	
= Vorläufiger Erlös (netto)	**35.003,69 €**	
Abzgl. 70% Künstlerbeteiligung (lt. Vertrag)		
Künstler (zzgl. 7% MWSt.)	**24.502,58 €**	= > 35,22 %
Erlös Local Promoter (Rest)	**10.501,11 €**	=> 15,09 %

Berechnung Ticket-Break-Even (ohne KSA)		Berechnung Netto-Erlös pro Karte:
Kosten lt. Kalkulation	34.575,75 €	$\dfrac{\text{Brutto-Umsatz}}{\text{verkaufbare Karten}}$ = Kartenpreis (brutto)
Zzgl. Künstlergarantie (lt. Vertrag)	15.000,00 €	Verkaufbare Karten hier: 240 (Empore) + 3.500 (Halle) – 75 (Freikarten) = 3.665 Stück
Kalkulierte Kosten:	**49.575,75 €**	
Durchschnittlicher Netto-Erlös pro Ticket	18,98 €	$\dfrac{74.450,00 €}{3.665}$ = 20,31377899 €
		abzüglich 7 % Umsatzsteuer = **18,98484018**

Ticket-Break-Even   **2.612 Tickets**   **(71,27%** verkaufte Plätze)

(**Veranstaltungs-Break-Even / Erlös pro Ticket = Ticket-Break-Even**) (2612 zu verkaufende Karten * 100 / 3665 verkaufbare Karten)

(Verlust bei 2000 Tickets: 2000 x 18,98484018 € - 49.575,75 = 11.606,07 €)

7.5 Typische Kostenposten eines Tournee-Produzenten / Gagen-Break-Even

Wir haben einen Ticket-Break-Even für eine Veranstaltung errechnet. Ein wesentlicher Kostenposten ist dabei die Gagenforderung des Tourneeproduzenten, der in der Regel die Showproduktion finanziert und den Künstler vertritt. Wir wollen nun herausarbeiten, welche typischen Kosten ein Tourneeproduzent hat und wie er die Durchschnitts-Forderungsgage errechnen kann, die er pro Tourneetag erzielen sollte (Gagen-Break-Even). Es entstehen folgende typische Kosten bei der Produktion einer Show:

A. Beispielhafte Kosten vor Tourneestart (Produktionskosten)

Formatentwicklung	Produktionsorganisation	Technische Planung / Umsetzung
- Buch / Storyboard / Programm - Künstlerrecherchen - Teamzusammenstellung (künstlerische, technische, organisatorische Mitarbeiter) - Unterlagenerstellung und –verbreitung - Strategische Verwertung (z.B. Merchandising) - Musik- und Playbackproduktion	- Tourzeiträume, Tourdaten - Casting / Audition - Personaldisposition - Projektplanung und -durchführung - Projektkalkulation - Vorgruppen / Support Acts - Vertragsgestaltung - Tourneeplanung	- Technische Umsetzung der Produktionsanforderungen - Dienstleister für Ton, Licht, Bühne, Projektion, Effekte, Nightlining/Trucking etc. - Bühnenanweisung / Technical Rider - Disposition der Gewerke - Technische Vorbereitung der Gigs - Probenbetreuung
Marketing und Vertrieb	**Proben und Umsetzung**	**Fixe Kosten (Overhead)**
Marketing / Kommunikation - Broschüren und Materialien - Werbeplanung / Pressearbeit - Internet / Promotion / Aktionen Vertrieb (Booking): - Veranstalterauswahl, -ansprache, -akquise - Verhandlung einzelner Konditionen - Vertragsabwicklung - Tourneekalkulation und -vorbereitung	- Probenplanung, Proberäume - Regie / künstlerische Leitung - Choreographie / Bühnencoaching - Kostümbild und –umsetzung - Bühnenbild und Bühnenbau - Requisiten	- Löhne / Gehälter - Betriebskosten Firma - Mieten - Fahrzeuge - Kosten Betriebsbereitschaft

B. Beispielhafte Kosten auf Tournee (Tageskosten)

Künstlergagen, Honorare Produktionsleitung, -begleitung und –hands/-roadies, Tourtechnik inkl. Personal, Fahrzeuge und Verbrauch, Verpflegung und Übernachtung, Rechte und Lizenzen, Sonstige Tageskosten

Um nun die Forderungsgage zu errechnen, die nötig ist, um alle anfallenden Kosten zu decken,

- müssen die Produktionskosten der Tourerstellung sowie die Tageskosten aufaddiert
- und mit der angestrebten Auftrittsanzahl abgeglichen werden

7.5.1   Gagen-Break-Even – Berechung aus Sicht des Tourneeproduzenten

Ziel dieser abschließenden Folge ist es, kurz darzustellen, wie ein Tourneeproduzent die Mindest-Höhe der Gage ermitteln kann, die er beim Veranstalter einfordern muss, um seine Kosten zu decken (Rechnerische Ermittlung des Gagen-Break-Even).

Produktionskosten

Format-entwicklung	Produktions-organisation	Technische Planung	Marketing und Vertrieb	Proben und Umsetzung	Fixe Kosten (Overheads)	Gesamtsumme
6.800,00 €	4.200,00 €	3.400,00 €	12.400,00 €	18.400,00 €	5.400,00 €	**50.600,00 €**

Tageskosten

Künstler-gagen	Produktions-leitung etc.	Tourtechnik	Fahrzeuge und Verbrauch	Verpflegung / Übernachtung	Sonstiges/ Lizenzen/Rechte	Gesamtsumme
3.200,00 €	580,00 €	1.780,00 €	480,00 €	240,00 €	185,00 €	**6.465,00 €**

Geplante Auftrittszahl: 32 Gastspiele

Formel:

$$\frac{\text{Geplante Gastspiele x Tageskosten + Produktionskosten}}{\text{Geplante Gastspiele}} = \text{Nötige Gage pro Auftritt zur Kostendeckung (Gagen-Break-Even)}$$

Berechnung:

$$\frac{32 \times 6.465,00 \text{ € } + 50.600,00 \text{ €}}{32} = \textbf{8.046,25 €}$$

Gewinnaufschlag (20 %):

$$8.046,25 \text{ € } \times 1,2 = \textbf{9.655,50 €} \text{ Forderungs-Gage pro Auftritt (inkl. Gewinn)}$$

Eine weitere AUFGABE zum Thema (Lösung siehe Anhang):

Die Gastspieldirektion Otto Flofner aus Köln kauft als Tourneemanager ein Paket von 20 Auftritten der komplett vorproduzierten Show *„Die Kung-Fu Mönche der tibetischen Shaolin-Ninja"* für 5.000,00 € pro Show aus den Niederlanden ein. An weiteren Kosten inkl. einer Fixkostenumlage entstehen der deutschen Direktion 20.000,00 €. Sie verkauft die 20 Shows für 9.000,00 € pro Gastspiel an 20 Veranstalter in Deutschland weiter. Wie hoch ist der Gewinn der Direktion (in € und %)?

7.6 Kalkulation mit Deckungsbeitragsberechnung

Was bedeutet Deckungsbeitrag?

Der Deckungsbeitrag ist der Betrag, der zur Deckung der fixen Kosten dient

Netto-Umsatz – variable Kosten = Deckungsbeitrag

Welche drei Arten von betriebswirtschaftlichen Kosten kennen sie?

1. Variable Kosten
(Blickwinkel/Perspektiven: projektvariable Kosten, stückvariable Kosten, unternehmensvariable Kosten)

2. + Fixe Kosten
(Blickwinkel/Perspektiven: betriebsfixe Kosten, projektfixe Kosten)

3. = Gesamtkosten
(variable Kosten + fixe Kosten = Gesamtkosten)

Wofür benötigt man die Deckungsbeitragsberechnung?

Man benötigt die Deckungsbeitragsberechnung, um für ein Projekt im Voraus kalkulieren zu können, ob und wie viel Gewinn es machen wird. Mit der Deckungsbeitragsberechnung können Break Even, Gewinn und Verlust im Voraus berechnet werden. Die DB-Berechnung ist eine wichtige kaufmännische Kalkulations- und Entscheidungsgrundlage.

Was ist ein kaufmännischer Break Even?

Der kaufmännische Break Even ist der Punkt, an dem die Gesamtkosten gedeckt sind.

7.6.1 Beispiel-Kalkulation aus Veranstaltersicht: Local Promotion (Örtliche Durchführung)

Gewinnkalkulation Örtliche Durchführung

Sie sind Produktionsleiter bei einem örtlichen Durchführer, der mit einer Musikgruppe, die als GbR organisiert ist, ein kulturelles Gastspiel in einer Location mit 1.250 Sitzplätzen vereinbart hat. Sie haben für die Produktion folgende zu erwartende Kalkulationsdaten zusammengetragen: Marketingkosten 5.000,00 €, Garantiegage (fest) 4.000,00 €, Locationmiete 800,00 €, Miete Veranstaltungstechnik 1.800,00 €, Gema 772,50 €, Personal 600,00 €, Versicherungen 262,80 €. Darüberhinaus haben sie mit der Gruppe pauschal für Hotelkosten 450,00 € und als Verpflegungspauschale 200,00 € vereinbart, die die GbR vereinnahmt. Sie konnten bereits einen Sponsor interessieren, der Ihnen einen Werbekostenzuschuss in Höhe von 1.000,00 € in Aussicht stellt. Die Betriebskosten Ihrer Veranstaltungsagentur beziehen Sie mit einem Pauschalbetrag in Höhe von 2.500,00 € in die Kalkulation ein. Die Künstlersozialabgabe beträgt für diesen Fall 5,1%.

Sie wollen die Tickets für 30,00 € brutto verkaufen. Die Vorverkaufsstelle erhält davon 10 % auf netto, CTS pauschal 1,25 (netto).

1. Mit wie vielen Tickets erreichen Sie auf Grundlage der oben genannten Kalkulationsdaten ihren kaufmännischen Break Even der Produktion?
2. Sie rechnen mit 800 verkauften Eintrittskarten. Wie hoch ist dann Ihr Gewinn?

3. Welches Ergebnis erreichen auf Grundlage der Kalkulationsdaten bei 600 verkauften Karten?

Eventkalkulation: aus Sicht des örtlichen Durchführers (Veranstalterperspektive)

Ergebnis

KALKULATION PROJEKTKOSTEN

Marketingbudget		5.000,00 €	
+ Garantiegage		4.000,00 €	
+ Locationmiete		800,00 €	
+ Veranstaltungstechnik		1.800,00 €	
+ Hotel (pauschal an Künstler)		450,00 €	
+ Gema		772,50 €	
+ Personal		600,00 €	
+ Catering (pauschal an Künstler)		200,00 €	
+ KSK	5,10%auf Gage+NK	237,15 €	Auf Garantiegage, Hotel und Catering
+ Versicherungen		262,80 €	
- Sponsoring (Einnahme)		1.000,00 €	
= Produktionskosten		**13.122,45 €**	
+ Overheadkosten (Fixkosten Betrieb)		**2.500,00 €**	
= Produktionsgesamtkosten		**15.622,45 €**	

Ticketpreis (brutto)	**Einnahme**		**30,00 €**	oder:
Umsatzsteuer (7 Prozent)		28,04 €	1,96 €	1,9626 €
Variable Kosten	(Stückkosten)			
+ Anteil VVK	10%auf Nettoumsatz		2,80 €	2,8037 €
+ CTS			1,25 €	1,25 €
= SUMME Abzüge pro Ticket			**6,01 €**	**6,0163 € (= 6,02 €)**
				(ungerundet)
Erwartete Verkaufszahl			**800 Stück**	

1.DECKUNGSBEITRAGBERECHNUNG (Verkaufserlös abzgl. STÜCKBEZOGENER Tages-Kosten)

Ticketpreis (brutto)	30,00 €	
- Umsatzsteuer (Prozent)	1,96 €	1,9626 €
- Anteil VVK	2,80 €	2,8037 €
- CTS	1,25 €	1,25 €
= Deckungsbeitrag	**23,9900 €**	**23,9837 € (= 23,98)**

2.BREAK-EVEN-BERECHNUNG

Produktionsgesamtkosten	15.622,45 €	
./.Deckungsbeitrag	23,99 €	bei 23,9837 €:: 651,38 Stück
= Break Even	**651,21 Stück, das heißt: 652 (aufrunden!)**	

3.GEWINNKALKULATION BEI ERWARTETEM ABSATZ

Erwartete Verkaufszahl	800 Stück	
* Deckungsbeitrag	23,99 €	
- Produktionsgesamtkosten	15.622,45 €	bei 23,9837€:
= Gewinn bei erwarteter Absatzmenge	**3.569,55 €**	**3.564,51 €**

5.VERLUSTKALKULATION BEI NIEDRIGEREM ABSATZ

Tatsächliche Verkaufszahl	600 Stück	
* Deckungsbeitrag	23,99 €	
- Produktionsgesamtkosten	15.622,45 €	bei 23,9837€:
= Verlust	**-1.228,45 €**	**1.232,23 €**

Break Even- Analyse

Basisdaten :		Stückzahl	variable Stück-Kosten	Produktions-gesamtkosten	Gesamt-kosten	Umsatz	Deckungs-beiträge
Umsatz/Preis je Stück	30,00 €	60	360,60 €	15.622,45 €	15.983,05 €	1.800,00 €	1.439,40 €
Produktionsgesamtkosten	15.622,45 €	100	601,00 €	15.622,45 €	16.223,45 €	3.000,00 €	2.399,00 €
Variable Stück-Kosten	6,01 €	200	1.202,00 €	15.622,45 €	16.824,45 €	6.000,00 €	4.798,00 €
	(inkl. UST)	400	2.404,00 €	15.622,45 €	18.026,45 €	12.000,00 €	9.596,00 €
Ergebnisse :		600	3.606,00 €	15.622,45 €	19.228,45 €	18.000,00 €	14.394,00 €
		800	4.808,00 €	15.622,45 €	20.430,45 €	24.000,00 €	19.192,00 €
Deckungsbeitrag	23,99 €	1000	6.010,00 €	15.622,45 €	21.632,45 €	30.000,00 €	23.990,00 €
Break Even- Punkt	651,21	1200	7.212,00 €	15.622,45 €	22.834,45 €	36.000,00 €	28.788,00 €
	d.h.: 652 Stck.						

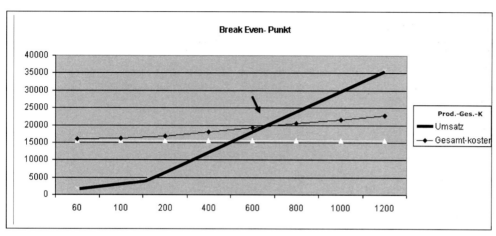

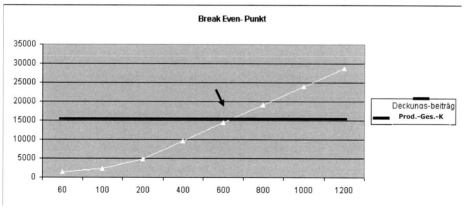

7.6.2   Etat / Budgetierung (Werbebranche)

Etat / Budget: Mittel, die für ein Projekt zur Verfügung stehen
Budgetierung: Planende Festlegung nötiger finanzieller Mittel

Aus Firmensicht:
Top-Down-Planung: Budgets werden aus Zielen abgeleitet oder aus gegebenen Budgetrahmen und auf die einzelnen Fachabteilungen verteilt, die dann damit wirtschaften (Maximalprinzip)
Bottom-up-Planung: Fachabteilungen machen Pläne und kalkulieren die Kosten vor. Controlling prüft und gibt die Budgets frei. Fachbudgets bestimmen die Höhe der Gesamtbudgets.

Aus Agenturensicht:
Agentur kalkuliert Leistungsbereiche (Agentursätze, vor allem: Personalkosten) sowie externe Kostenfaktoren intern und berechnet diese mit Gewinnaufschlag an Kunden weiter.

Möglichkeiten der Agenturvergütung:
Einzelabrechnung auf Honorarbasis (Tages- / Stundensätze)
Pauschale (basierend auf 12-22 % des Budgets / der Etathöhe)
Provisionen (15 % AE-Provision / Anzeigen-Expeditions-Provision)

Inkasso / Zahlungsbedingungen
Mögliches Verfahren:
30 % bei Auftragserteilung
30 % bei/nach Abnahme, evtl. vorher
40 % nach Beendigung / Endabrechnung

7.6.3   Berechnung Lohnnebenkosten (Sozialabgaben 2010)

Bruttolohn: 2.600,00	Prozent satz Beitrag	Gesamtanteil in EUR	AG-Anteil (50%)	AN-Anteil (50%)
Rentenversicherungsbeitrag	**19,9 %**	517,40 EUR	258,70 EUR	258,70 EUR
Krankenversicherungsbeitrag	**14,9 %**	387,40 EUR	(7%) 182,00	(7,9%) 205,40 EUR
Pflegeversicherungsbeitrag	**1,95 %**	50,70 EUR	25,35 EUR	25,35 EUR
Zusatzbeitrag Kinderlosigkeit	**0,25 %**	6,50 EUR		6,50 EUR
Arbeitslosenversicherung	**2,8 %**	72,80 EUR	36,40 EUR	36,40 EUR
	Summe:		**502,45 EUR**	**532,35 EUR**

Der Arbeitnehmer kostet den Arbeitgeber: 2.600,00 € + 502,45 € = 3.102,45 €
Nettolohn des Arbeitnehmers: 2.600,00 € - 532,35 € = 2.067,65 € (- Lohnsteuer/SolZ, ggf. Kirchensteuer)

7.6.4 Vermittlungsprovision / Generalunternehmer-Vertrag (GU-Vertrag)

Typische Arten von Provisionierung im Business-Event-Geschäft (10-30 %):

1. Agentur beauftragt Dienstleister und berechnet Leistungen mit Aufschlag an Auftraggeber	2. Agentur vermittelt Dienstleister an Auftraggeber und berechnet Provision auf Auftragssummen
Vorteil: höhere (und versteckte) Provisionierung möglich Nachteil: Höherer Umsatz (hohe Umsatz- und Einkommenssteuervorauszahlung) Hohes Risiko, da kaufmännische Haftung	Vorteil: Niedriges kaufmännisches Risiko, da zielorientierter Umsatz Haftung begrenzt auf der Verkehrspflichten Nachteil: Hoher Kommunikationsaufwand, Reibungsverluste bei Abstimmungsproblemen

3. Zusätzlich möglich:
Bei Vermittlung eines Dienstleisters an Auftraggeber - Berechnung einer Provision beim Dienstleister

Übersicht aus Agentursicht:

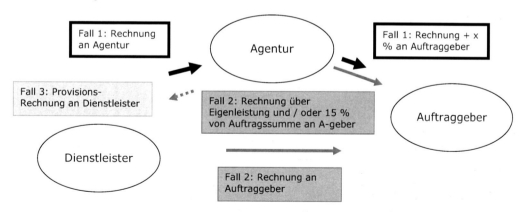

Typische Vertrags-Bestandteile bei Generalunternehmer-Situation (GU-Vertrag):

GU Situation entspricht Fall 1: Agentur übernimmt als Generalunternehmer die Werkvertragsverpflichtung mit allen Risiken.

§ 1	Gegenstand des Vertrages
§ 2	Durchführung
§ 3	Änderung des Leistungsverzeichnisses
§ 4	Pflichten des Generalunternehmers
§ 5	Gewährleistung
§ 6	Haftung
§ 7	Erwerb von Rechten
§ 8	Ansprechpartner
§ 9	Lagerung
§ 10	Vergütung
§ 11	Zahlungsmodalitäten
§ 12	Eigentumsübergang
§ 13	Kündigung
§ 14	Sonstiges

Anlage 1:	Leistungsverzeichnis / Kostenvoranschlag
Anlage 2:	Ansprechpartner Übersicht
Anlage 3:	Bau- Einkaufsbedingungen Auftraggeber
Anlage 4:	Abnahmeprotokoll

Merkmal GU-Vertrag:

- Abrechnung aus einer Hand (für den Auftraggeber nur ein Buchungsbeleg)
- Risiko ist auf die Agentur abgewälzt. Probleme entstehen vor allem bei Leistungsmängeln (vgl. Problemfeld Abnahme / Protokoll).

7.6.5   Rechnungsstellung

Grundlagen

Fakturierung bezeichnet die Rechnungsstellung vom Lieferanten an seinen Kunden.
Die Rechnungslegung sollte möglichst kurzfristig nach der Leistung erfolgen, um einen entsprechend raschen Ausgleich des Forderungsbetrages zu erreichen. Rechnungen sind für die Umsatzsteuer von wesentlicher Bedeutung, da sie als Abrechnungspapier für die an einem Geschäft Beteiligten bestimmte Konsequenzen auslösen. Eine Rechnung muss nicht als solche bezeichnet werden. Als Rechnung wird jede Urkunde angesehen, in der über eine Lieferung oder sonstige Leistung abgerechnet wird.
Für den Leistungsempfänger besteht bei Vorliegen einer Rechnung die Möglichkeit, den Vorsteuerabzug in Anspruch zu nehmen, soweit er die Vorraussetzungen dafür erfüllt. Der leistende Unternehmer schuldet dem Finanzamt mindestens die in der Rechnung ausgewiesene Umsatzsteuer.

7.6.5.1 Inhalt einer Rechnung

Zwei wichtige Voraussetzungen:

Steuernummer oder Umsatzsteuer-ID

Seit dem 1. Januar 2004 (Neufassung von §14 Abs.4 UStG und §31 UStDV) muss auf Rechnungen zwingend entweder die Steuernummer oder die Umsatzsteuer-Identifikationsnummer des leistenden Unternehmers, angegeben werden.

Um Missbrauch vorzubeugen, empfiehlt sich die Angabe der Umsatzsteuer-Identifikationsnummer, weil diese nicht dazu verwendet werden kann, sich unberechtigt Auskünfte beim Finanzamt zu erschleichen.

Die Richtigkeit der Umsatzsteuer-Identifikationsnummer kann beim Bundesamt für Finanzen abgeprüft werden, wo eine solche Nummer auch beantragt werden kann.

Laufende Nummerierung

Weiterhin sind die Rechnungen, so der derzeitige Stand der Information, alle laufend durch zu nummerieren.

Nur wenn beide Voraussetzungen erfüllt sind, gelten die Rechungsangaben als vollständig und nur bei vollständigen Rechnungen ist der Vorsteuerabzug zulässig!

Pflichtbestandteile einer Rechnung sind:

o   der vollständige Name und die vollständige Adresse des Rechungsstellers (leistenden Unternehmers) und des Adressaten (Leistungsempfängers).

o   die dem Rechungssteller (leistenden Unternehmer) vom Finanzamt erteilte Steuernummer oder die ihm vom Bundesamt für Finanzen erteilte Umsatzsteuer-Identifikationsnummer.

o   das Ausstellungsdatum der Rechung.

o   eine fortlaufende Nummer mit einer oder mehreren Zahlenreihen, die zur Identifizierung der Rechung vom Rechungsaussteller einmalig vergeben wird (Rechungsnummer).

o   der Umfang und die Art der Leistung (oder der gelieferten Gegenstände).

o   der Zeitpunkt der Lieferung oder Leistung oder der Vereinnahmung des Entgeltes, sofern dieser Zeitpunkt feststeht und nicht mit dem Ausstellungsdatum der Rechung identisch ist.

o   bei Anzahlungen der Zeitpunkt der Zahlung (sofern der Zeitpunkt feststeht und nicht mit dem Ausstellungsdatum identisch ist.)

o   das nach Steuersätzen und einzelnen Steuerbefreiungen aufgeschlüsselte Entgelt für die Lieferung oder Leistung sowie jede im Voraus vereinbarte Minderung des Entgelts, sofern sie nicht bereits im Entgelt berücksichtigt ist.

o   der anzuwendende Umsatzsteuersatz.

o   der auf das Entgelt entfallende Steuerbetrag.

o   im Fall einer Steuerbefreiung einen Hinweis darauf, dass für die Lieferung oder Leistung eine Steuerbefreiung gilt.

o   bei EU-Innergemeinschaftlichen Lieferungen oder Leistungen die Umsatzsteuer-Identifikationsnummern des Leistungserbringers und des Leistungsempfängers. Kleinunternehmer, die gemäß §19 UStG von der USt befreit sind müssen keine Steuernummer angeben, jedoch in der Rechnung auf die Steuerbefreiung hinweisen.

o   Ausnahme: Bei Rechnungen über Kleinbeträge (unter brutto 100 €) kann auf die Angabe von Leistungsempfänger und Ausweis der Umsatzsteuer verzichtet werden (Bruttobetrag mit Verweis „enthält x % Umsatzsteuer" reicht aus)

7.6.5.2 Aufbewahrungsfristen

Ab dem 1. Januar 2004 ist darüber hinaus ein Doppel jeder ausgestellten Rechnung und jede erhaltene Rechnung zehn Jahre lang aufzubewahren und lesbar zu halten (Achtung bei alten Faxgeräten!)

10 Jahre!

7.6.5.3 Folgen einer fehlerhaften Rechnung

Wenn ab dem 1. Januar 2004 die Steuernummer oder die Umsatzsteuer-Identifikationsnummer auf Rechungen nicht angegeben sind, steht dem Empfänger der Vorsteuerabzug nicht mehr zu.

Kein Vorsteuerabzug!

7.6.5.4 Form einer Rechnung

DIN 5008

Die Form einer Rechnung leitet sich wie für alle Geschäftsbriefe von der DIN-Norm 5008 „Schreib- und Gestaltungsregeln für die Textverarbeitung" ab.

Diese Norm wurde vom Normausschuss Bürowesen, Arbeitsausschuss 1.2 „Regeln für die Textverarbeitung" erarbeitet.

Diese Regeln sind aus bewährten Erfahrungen der Praxis und Erkenntnissen der Rationalisierung entstanden. Sie setzen den Schriftzeichenbestand der Normen für alphanumerische Tastaturen für die Daten- und Textverarbeitung sowie für Schreibmaschinen voraus.

Für die Rechtschreibung und Zeichensetzung gilt „Die amtliche Regelung der deutschen Rechtschreibung". In einzelnen Fällen weichen die „Schreib- und Gestaltungsregeln für die Textverarbeitung" von den Festlegungen für den Schriftsatz ab. Das ist bedingt durch die bei Büromaschinen mit alphanumerischer Tastatur festliegenden Schriftzeichen und deren Anwendung.

Diese Norm legt nicht fest „was" zu schreiben ist, sondern „wie" ein vorgegebener Inhalt dargestellt werden soll.

7.6.5.5 Zahlungsziel (Gültigkeit von Fristen auf Rechnungen)

Generell gilt:

Eine Rechnung muss bis 30 Tage nach Rechnungsdatum bezahlt werden (gesetzliche Frist). Diese Frist gilt dann, wenn keine andere gültige Frist gesetzt wurde.

Es empfiehlt sich jedoch, ein genaues und konkretes Zahlungsziel (z. B. „bis zum 15.05.2006" oder „14 Tage nach Rechnungsdatum") zu setzen. Dieses Datum muss erreichbar für den Debitoren sein, darf aber auch weniger als 30 Tage betragen.

Bei unklaren Zahlungszielangaben (z.B.: „sofort ohne Abzug", „innerhalb von 14 Tagen" etc.) entsteht folgendes Problem:

Da kein gültiges Zahlungsziel gesetzt wurde, gilt auch die gesetzliche Frist nicht mehr.

Das bedeutet: Der Debitor muss nicht zahlen und gerät auch nicht in Zahlungsverzug.

7.6.6   Mahnwesen

Schritte des Mahnwesens:

Zahlungseingang kann innerhalb der gesetzten oder gesetzlichen (30 Tage nach Rechnungszugang) Frist nicht verzeichnet werden
1. Erste schriftlich Mahnung mit Fristsetzung, Kosten und Verzinsung
2. Zweite schriftliche Mahnung mit Fristsetzung, Kosten und Verzinsung
3. (Kostenpflichtiges) Gerichtliches Mahnverfahren Mahnbescheid (Gerichtsvollzieher) und Widerspruchsrecht des Säumigen; evtl. Vollstreckungsbescheid
4. Anschließend nur noch aufwendiges Klageverfahren möglich (Zivilklage lt. BGB)

Alternativ möglich: Inkasso durch (kostenintensives) Inkassounternehmen

7.7 Steuern

- **Umsatzsteuer:** Verkehrssteuer, die den Umsatz von wirtschaftlichen Leistungen belastet. Beträge gehören dem Staat. Endverbraucher müssen sie bezahlen, Wirtschaftsbetriebe müssen sie berechnen und an den Staat abführen (durchlaufender Posten).

  - o **Vorsteuer:** Ausgegebene Mehrwertsteuer
  - o **Umsatzsteuer:** Eingenommene Mehrwertsteuer.
  - o **Möglichkeit zum Vorsteuerabzug:** Umsatzsteuer minus Vorsteuer = Zahlbetrag an das Finanzamt. Umsatzsteuervoranmeldungsverfahren beachten (Vorauszahlung bzw. monatliche, quartalsweise oder jährliche Meldung)

- **Einkommensteuer:** Gewinn = Einnahmen – Ausgaben bzw. Betriebsergebnis (Ertrag – Aufwand) muss jährlich versteuert werden. Gilt für juristische und natürliche Personen, d.h. alle Betriebe, Selbstständige und freiberufliche Gewerbetreibende und Arbeitnehmer (über die Lohnsteuer)

  - **Lohnsteuer:** Arbeitnehmer müssen Lohnzahlung versteuern (über Arbeitgeber) – Form der Einkommenssteuer

  - **Kapitalertragssteuer:** Spezieller Teil der Einkommensteuer (Gewinnversteuerung)

  - **Ausländersteuer:** Spezieller Teil der Einkommensteuer, die sog. beschränkte Einkommenssteuerpflicht (vgl. folgendes Kapitel)

  - **Körperschaftssteuer:** Einkommensteuer der juristischen Personen

- **Gewerbesteuer:** Steuer für Gewerbebetriebe, besteuert Gewinn (Freibetrag 24.500,00 €), gilt nicht für Freiberufler

- **Renn-, Wett- und Lotteriesteuer:** bedürfen der Genehmigung und Mitteilung an das Finanzamt. Steuerpflichtig ist der Veranstalter. Nur öffentliche Lotterien sind steuerpflichtig. Höhe: 20% des Nettopreises sämtlicher Lose.

- **Vergnügungssteuer:** spezielle Verbrauchssteuern der kommunalen Gemeinden, z.B. Tanzveranstaltungen, Miss-Wahlen, Spielclubs/-casinos, Filmveranstaltungen, Kirmes etc. Steuerfrei: Familienfeier, Vereins- und Betriebsfeier, Gewerkschaften/Parteien, Benefiz, kostenfreie Apparate auf Kirmes. Höhe der Vergnügungssteuer: 10-20% des Entgeltes.

7.7.1 Mehrwertsteuer-Regelungen

7.7.1.1 Bei Events 7 oder 19 %?

Betrifft: Theater, Orchester, Chöre, Solisten
§ 12 Abs. 2, Zif. 7a USTG: Ermäßigter Steuersatz in Höhe von 7% kann von „Theatern, Orchestern, Chören" in Anspruch genommen werden.

Bis 2004/2005: Solisten fallen nur dann unter diese Regelung, wenn sie sich selbst vermarkten und als Eigenveranstalter auftreten. Solisten unter einer Konzertdirektion mussten 19% berechnen.

Neue EU-Rechtsprechung: Gleichwertige Leistungen dürfen umsatzsteuerrechtlich nicht unterschiedlich behandelt werden. Anzahl von beteiligten Künstlern und Veranstaltereigenschaft/Fremdvermarktung sind keine Unterscheidungskriterien.

Also:
Auch durch Konzertdirektionen vermarktete Solisten unterliegen ermäßigtem Umsatzsteuersatz (7%)

Die 7%-Regelung findet Anwendung, wenn eine Veranstaltung mit Live-Künstlern erbracht wird. Auch der Produzent (die Direktion) kann 7% veranschlagen.

Aber auch noch gültig ist folgendes:
Ein Rave ist eine Disco- bzw. Tanzveranstaltung und nicht ein steuerbegünstigtes Konzert. Der Regelsteuersatz von 19 % ist hier anzuwenden, wie bei allen Partys auch. Konzerte sind lt. gültiger Rechtsprechung Aufführungen von Musikstücken, bei denen Instrumente oder die menschliche Stimme eingesetzt werden. Bei einem Rave dagegen wird nach Technomusik vorwiegend getanzt (Ober-Finanzgericht Schleswig-Holstein vom 30.7.2001). Das gilt generell auch für DJ´s.

7.7.1.2 Wichtige umsatzsteuerermäßigter Leistungen (7%)

*Taxi (Stadtfahrt), Bücher, Zeitschriften, Grundnahrungsmittel (Brötchen, Milch), Nahrungsmittel zum Mitnehmen, Blumen, Kaffee/Tee/Kakao, Kunstgegenstände, **Künstlergagen und dazugehörige Konzert-/ Veranstaltungstickets***

7.7.1.3 Umsatzsteuerbefreiung von Kleinunternehmern

Kleinunternehmer, deren Umsatz im vergangenen Geschäftsjahr 17.500,00 € (2007) nicht überstiegen hat und im laufenden 50.000,00 € voraussichtlich nicht übersteigt können auf Antrag von der Umsatzsteuerpflicht befreit werden (§ 19 Abs. 1 Satz 1 UStG). Wirtschaftlich nicht sinnvoll, aufwandstechnisch erleichternd.

7.7.1.4 Weitere umsatzsteuerbefreite Unternehmen

Von der Umsatzsteuerpflicht befreit sind generell folgende Unternehmensarten

Unternehmensart	Beispiel
Ämter, öffentliche Institutionen	Kulturamt, Stadtverwaltung, Ministerien, Soziale Organisation (DRK etc.)
Banken und Versicherungen	
Öffentlich-rechtliche Institutionen	Öffentliche Rundfunkanstalten (ARD, ZDF, WDR etc.) Öffentliche Krankenversicherungen (AOK etc.) Berufsgenossenschaften
Häufig: Vereine	e.V. (eingetragene Vereine haben häufig weitere Steuervergünstigungen)

Folge:

Wenn ein Budget einer umsatzsteuerbefreiten Institution verwaltet wird, handelt es sich um ein *Brutto wie Netto-Budget.*

Das bedeutet: Erst muss pauschal die Umsatzsteuer herausgerechnet werden.

Beispiel:

Ihre Eventagentur erhält ein Budget in Höhe von 40.000,00 € vom Kulturamt zur Durchführung eines viertägigen Kleinkunstfestivals. Wie hoch ist der Betrag, den Sie netto ausgeben/veranschlagen können (inkl. 15 % Agenturprovision)?

Lösung:

1. Bruttobudget - 19% Umsatzsteuer = Nettobudget
40.000,00 € - 6.386,55 € = **33.613,45 €**

2. Errechnung von 15% Agenturprovision zzgl. 19 % Umsatzsteuer = Rechnungsbetrag
5.042,02 € + 957,98 € = **6.000,00 €**

Ausgeben/veranschlagen dürfen wir (netto): 33.613,45 € – 5.042,02 € = **28.571,43 €**
Brutto: 28.571,43 € zzgl. 19 % Umsatzsteuer 5.428,57 € = **34.000,00 €**

7.7.2   Ausländersteuer

7.7.2.1 Die Ausländersteuer: Eine pauschale Einkommenssteuer

Jeder Arbeitnehmer, jeder Selbstständige, jeder Freiberufler und jede Firma muss in Deutschland ihr Einkommen versteuern. Das ist normal. Beim Arbeitnehmer läuft das über die Lohnsteuer, die monatlich neben weiteren Lohnabzügen für die Sozialversicherungsträger an das Finanzamt entrichtet wird (das so genannte Lohnabzugsverfahren). Selbstständige, Freiberufler und Betriebe müssen dem Finanzamt in der Regel eine Gewinnermittlung oder Bilanz vorlegen, auf deren Basis dann die an den Staat abzuführende Einkommenssteuer berechnet wird (jährlich, vierteljährlich, monatlich nachträglich oder im Vorauszahlungsverfahren).

Die Einkommensteuer besteuert den Gewinn, der grob so ermittelt wird:

Gewinn = Einnahmen – Ausgaben oder besser: **Gewinn = Ertrag - Aufwand**

Die Ausländersteuer ist nun eine pauschale, vorab erhobene Einkommenssteuer, die gewährleisten soll, dass z.B. die nur vorübergehend in Deutschland auftretenden ausländischen Künstlerinnen und Künstler (Freiberufler) ihr in Deutschland erzieltes Einkommen auch in Deutschland versteuern. Der Staat hat sich dabei gedacht, dass er diese Steuer nur dann auch sicher bekommt, wenn er sie direkt erhebt, denn später sind die Betroffenen wieder ausgereist und evtl. nur schwer greifbar. Und damit es auf jeden Fall klappt, hat man entschieden, die Beträge direkt beim ausländischen Vertragspartner des ausländischen Künstlers einzutreiben, denn dieser arbeitet ja in der Regel in Deutschland und ist besser greifbar.

Seit 2009 ist es so: *Auf die Vertrags-Gage fallen pauschal nun immer 15% Steuern von der vereinbarten Vertragsgage an.*

Die Freigrenze sowie die danach einsetzende Besteuerung gilt pro Künstler und pro Darbietung. Tritt also eine Gruppe auf, kann für jedes Gruppenmitglied diese Regelung in Anspruch genommen werden. Ebenso greift die Regelung pro Auftrittstag. Tritt ein Künstler an einem Auftrittstag bei mehreren Veranstaltern auf, kann er die Regelung täglich mehrfach geltend machen.

Neu ist seit 2009, dass
-    die künstlerbezogenen Nebenkosten nun nur noch zum Teil besteuert werden
-    es zur **Pauschalbesteuerung** eine Alternative gibt: die **Gewinnbesteuerung**.

Bereits seit 2002 gilt, dass die **Umsatzsteuer** nicht mehr in die Bruttobesteuerung einfließt. Das bedeutet: Der Veranstalter muss die Umsatzsteuer nur noch als Steuerschuldner für den ausländischen Künstler abführen. Der vorherigen doppelten Besteuerung der Mehrwertsteuer wurde damit ein Ende gesetzt. Darüber hinaus wurde bereits am 3. April 2002 ein Urteil des Bundesfinanzhofes veröffentlicht, in dem klargestellt wurde, dass ausländische Sportler, die nur vorübergehend in Deutschland auftreten und keine Gewinnerzielungsabsicht verfolgen, die so genannte Ausländersteuer nicht abführen müssen.

Ausländersteuer

- Im Ausland beheimatete und versteuerbare selbstständige Künstler oder Dienstleister, die in Deutschland arbeiten oder auftreten, müssen von der Gage unaufgefordert eine Steuer abführen (vierteljährlich)

- Das ist die sog. „beschränkte Einkommensteuer-pflicht" nach § 50a EStG (Ausländersteuer)

- Formulare zur Anmeldung erhält man beim zuständigen Finanzamt

Normale (unbeschränkte) Steuerpflicht	Beschränkte Steuerpflicht (Ausländersteuer)
- weltweit erzieltes Einkommen wird in Deutschland besteuert	- Nur die in Deutschland erzielten Einkünfte werden besteuert
- progressiver (d.h. gestaffelter) Steuersatz	- Pauschalsteuersatz
- Abzug von Betriebskosten und Sonderausgaben mit Verlustvortragsverrechnung nach Grundfreibetrag	- kein Abzug von Betriebskosten und Sonderausgaben, kein Verlustvortrag, personen- und tagesbezogener Freibetrag

Steuer-Ausländer oder Inländer?

- Wer einen Wohnsitz in Deutschland hat und sich mehr als 183 Tage im Inland aufhält, muss sein weltweit erzieltes Einkommen in Deutschland versteuern.

- Wer im Inland weder einen Wohnsitz noch seinen gewöhnlichen Aufenthalt hat, gilt als nur beschränkt steuerpflichtig.

- Die fällige Ausländersteuer wird über den Vertragspartner eingetrieben, der dem Künstler oder seiner ausländischen Agentur das Honorar schuldet.

Entscheidend für die Einordnung ist neben der o. g. Tagesregelung (183 Tage), dass sich
- der Betriebssitz des leistenden Unternehmers im Ausland
- und der Ort der Leistung im Inland befindet
- der ausländische Unternehmer darüber hinaus keine Steuernummer in Deutschland hat.

Wer muss zahlen?

- Typische Variante 1: Tourneemanager (Direktion) kauft ausländischen Künstler für einen oder mehrere Auftritte ein und vermittelt (="verkauft") ihn an den Veranstalter

- D. h.: Tourneemanager/ Gastspieldirektion zahlt Ausländersteuer (begleicht Steuerschuld des Künstlers als Haftungs-Schuldner)

- Typische Variante 2: Veranstalter kauft ausländischen Künstler für einen Auftritt direkt ein, er macht einen Direktvertrag

- D. h.: Veranstalter zahlt Ausländersteuer (begleicht Steuerschuld des Künstlers als Haftungs-Schuldner)

Der Vergütungsschuldner (d.h. der deutsche Vertragspartner) muss lt. Gesetz:
- Die Höhe der Steuerabgabe berechnen
- Die Steueranmeldung bis zum 10. des Quartalfolgemonats an das Finanzamt abzugeben
- Die Steuer zzgl. Solidaritätszuschlag einbehalten bzw. abzuführen

Befreiungsmöglichkeiten

1. Doppelbesteuerung:

Zwischen EG-Ländern und z. B. den USA bestehen Doppelbesteue-rungsabkommen.

Vorgangsweise:
Freistellung des Künstlers aus dessen Heimatland anfordern, demnach werden Einkünfte in Deutschland nicht mehr besteuert. Diese Freistellung dann dem Finanzamt vorlegen.

2. Sonderfall USA:

Die Steuer wird dem Künstler erstattet, wenn seine Einnahmen einschl. der für ihn übernommenen Kosten $ 20.000 im Jahr nicht übersteigen

3. Kulturaustausch:

Offizieller Verzicht auf Besteuerung wegen offiziellem Kulturaustausch o.ä..

Wird auch angewendet bei öffentlicher Förderung (z.B. Kulturamt übernimmt mindestens 1/3 der anfallenden Veranstaltungskosten)

Steuersätze

- **Seit 2009:**

1. **Freigrenze pro Künstler/Auftritt bis 250 €: keine Steuer**

2. **Ab 250 € (A-brutto): 15 %** zzgl. 5,5% (von 15%) Solidaritätszuschlag

Achtung: Prozent auf Vertrags-Gagen

- Zusätzlich muss der Veranstalter als Steuerschuldner für den Künstler die Umsatzsteuer an das Finanzamt abführen.

- Rechnung lt. aktuellen Formvorschriften zusätzlich zum Vertrag nötig

7.7.2.2   Berechnung der Ausländersteuer

Die folgende eventpruefung.de-Rechentabelle ermöglicht das korrekte Errechnen aller Beträge aus allen Richtungen. Ebenso haben wir weiter unten eine verkürzte Tabelle veröffentlicht, die sowohl in der IHK-Prüfung als auch beim Finanzamt benutzt wird, allerdings bei näherer Betrachtung kleinere Rundungs-Ungenauigkeiten mit sich bringt.

Exklusive eventpruefung.de Rechen-Tabelle:

Brutto-Vereinbarung (Vertragsgage!)
*brutto bedeutet hier = ohne (Steuer-)Abzüge, brutto bedeutet hier **nicht**: inkl. Umsatzsteuer*

Ausländergage in € (Ausländer-Brutto)	Berechnungssatz für die Steuer in % der Brutto-Vergütung	Berechnungssatz für den Solidaritätszuschlag in % des Steuerbetrags	Auszahlung in €
bis 250,00	0,00 %	0,00 %	= Ausländer-Netto (Netto-Auszahlungsbetrag)
ab 250,00	- 15,00 %	- 5,5% Von 15 %	= Ausländer-Netto (Netto-Auszahlungsbetrag)
auf diesen Betrag ist die Umsatzsteuer (7/19 %) aufzurechnen			

Bei Netto-Vereinbarung (Auszahlungsgage!)
*netto bedeutet hier = inkl. Abzüge, netto bedeutet hier **nicht**: exkl. Umsatzsteuer*

Auszahlung in € (Ausländer-Netto)	Berechnungssatz für die Steuer in % der Netto-Vergütung	Berechnungssatz für den Solidaritätszuschlag in % der Netto-Vergütung	Ausländergage in % (Ausländer-Brutto)	zzgl. Umsatzsteuer (Bruttobetrag)
bis 250,00	0,00%	0,00%	= 100 %	107/119 %
ab 250,00	+ 17,82%	+ 5,5% von 17,82%	= 100 %	107/119 %
An den Künstler	An das Finanzamt	An das Finanzamt	Ausländersteuer-Bemessungsgrundlage (= Umsatzsteuer-Netto)	= Umsatzsteuer (brutto)

Verkürzte Version (zur Zeit Grundlage der IHK-Prüfungen) – ohne Umsatzsteuer

Vertrags-Gage	Bruttobetrag	Steuersatz %	Solidaritätszuschlag %	Summe	Nettobetrag	Auszahlungs-Gage	Steuersatz bei Zurückrechnung	Solidaritätszuschlag bei Zurückrechnung %	Summe
X €	100	15 %	0,825	**15,825**	84,175	X €	17,82 %	0,98 %	**18,80**

Anmerkung: 15,825% = 15% + 5,5 von 15%   18,80% = 17,82% + 5,5% von 17,82%

7.7.2.3 Ausländersteuer: Formeln

Für die IHK-Abschluss-Prüfung müssen die Prozentsätze neuerdings auswendig gelernt werden, da sie nicht immer in der Fragestellung oder einer Tabelle stehen. Allerdings musst Du immer das Prinzip verstanden haben.

Folgende generelle Vorgehensweise schlagen wir vor:

1. **Check, ob die Ausländer-Netto- (= Auszahlungs-) oder Ausländer–Brutto- (= Vertrags-) Gage gefragt ist, um den richtigen Prozentsatz anwenden zu können (- 15,825% von A-Brutto/Vertrags-Gage oder + 18,80% von A-Netto-Gage/Auszahlungssumme)**
   Ausländer-Netto ist dabei die Auszahlungssumme an den Künstler!

2. **Ausrechnen der Ausländersteuer (auf Basis der Bemessungsgrundlage) inkl. Ausrechnen des Solidaritätszuschlages**

3. **Check, ob Umsatzsteuer anfällt (die vom deutschen Vertragspartner an das Finanzamt abgeführt werden muss)**
   Achtung: Bezug der Umsatzsteuer immer auf die A-Brutto-Gage!

4. **Den gefragten Betrag errechnen**

(AUSLÄNDER-) NETTOGAGE = AUSZAHLUNGSBETRAG (OHNE UMSATZSTEUER) AN DEN KÜNSTLER

(sog. Auszahlungsgage)
Dann: zuzüglich AST / SolZ (hoher Prozentsatz)

(AUSLÄNDER-) BRUTTOGAGE = vereinbarte GAGE inkl. AUSLÄNDERSTEUER inkl. SOLIDARITÄTZUSCHLAG

(sog. Vertragsgage)
Dann: abzüglich AST / SolZ (niedriger Prozentsatz)

Faustformel: Ausländer-Brutto ist gleich Umsatzsteuer-Netto!

WICHTIG: Die Ausländersteuer inkl. SolZ ist Teil der Bemessungsgrundlage für die Künstlersozialabgabe!

7.7.2.4   Ausländersteuer und Umsatzsteuer / Rechnungsanforderungen

Der deutsche Vertragspartner des ausländischen Dienstleisters ist als Haftungsschuldner dazu verpflichtet, die Umsatzsteuer für den Ausländer an die zuständige deutsche Finanzbehörde abzuführen. ***Umsatzsteuer ist dabei nur auf die Gage, nicht auf die Nebenkosten zu beziehen.*** In der Praxis ist das ein Vorgang, der Beträge nur auf dem Papier auslöst, solange der deutsche Unternehmer vorsteuerabzugsberechtigt ist – und das ist die Regel. Die Umsatzsteuer wird dann zwar ausgerechnet und taucht als Betrag mit einem Hinweis auf die Steuerschuldnerschaft des deutschen Unternehmers auf der Rechnung des Ausländers auf (vgl. die untenstehenden Musterrechnungen in Fall 1 / Fall 3 im Kapitel 4 *Musterlösungen*), wird aber nicht ausbezahlt.

So wird es dann gemacht:

Der ausgewiesene Betrag lt. Rechnung wird später in die Umsatzsteuererklärung eingetragen

- einerseits als abziehbarer Vorsteuerbetrag im Sinne des § 13b Abs 1 UStG
- andererseits als Lieferung/Leistung eines im Ausland ansässigen Unternehmens lt. § 13b Abs. 1 UStG als durch den Steuerschuldner einbehaltene Umsatzsteuer

Die Zahlungsbeträge heben sich dann rechnerisch auf – es handelt sich um einen rein formalen, zahlungsneutralen Vorgang.

Und wer zahlt drauf?

Unangenehm ist die skizzierte Umsatzsteuerregelung allerdings für **umsatzsteuerbefreite Unternehmen** (z.B. umsatzsteuerbefreite Kleinunternehmer, Theater, Vereine etc.).
Diese müssen die für den Ausländer ausgewiesene Umsatzsteuer nämlich an das Finanzamt überweisen, da sie keinen Vorsteuerabzug geltend machen können – die ausländische Dienstleistung wird dann faktisch teurer.

> **Wichtig: Die Umsatzsteuer auf der Rechnung nicht nur ausweisen, sondern zusätzlich als durch den Steuerschuldner einbehaltenen Betrag kennzeichnen.**
> **Fehlt diese Kennzeichnung, wird die Umsatzsteuer Teil der Bemessungsgrundlage für die Ausländersteuer, die sich dadurch erhöht (vgl. Musterrechnungen Kapitel 4).**

> **Praxistipp: Um sicher zu gehen empfiehlt es sich, als deutscher Vertragspartner eine den Anforderungen des Finanzamts entsprechende Rechnung für den ausländischen Dienstleister vorzubereiten und hier die oben skizzierten Regelungen sowie die generellen Anforderungen an Rechnungen zu berücksichtigen (Angabe von Steuernummer/Umsatzsteuer-ID, fortlaufende Nummerierung etc.).**
> Früher war dies nicht unbedingt nötig, da auch ein Vertrag o. ä. als Rechnungsdokument anerkannt wurde. Ob dies heute noch ausreicht, ist zumindest strittig.

eventpruefung.de

Handwritten notes in right margin: "UST netto", "Ausländer brutto = UST netto"

Handwritten notes in table: "Summe (netto) × 3,9 %"

7.7.2.5 Frage: Rechenwege KSK / Ausländersteuer

Beschreiben Sie die unterschiedlichen Rechenwege zur Berechnung von Ausländersteuer/Künstlersozialabgabe

Ausländersteuer		Künstlersozialabgabe
Wenn die Netto-Gage (Auszahlungssumme) bekannt ist		Addition: Alle Zahlungen an Künstler archivieren und am Ende des Jahres zusammenrechnen (netto!), dazu zählen
1. Zahlsumme an das Finanzamt:		
a. A-Netto-Gage		1. UST-Netto-Gagen, Honorare etc.
b. = Bemessungsgrundlage		2. ggfls. Ausländersteuer inkl.
------------------------		Solidaritätszuschlag *(sog. Ausländer-*
c. + Ausländersteuer (17,82% von Bemessungsgrundlage)	oder verkürzt:	*Brutto)*
d. + Sol. Zuschlag (5,5% v. Ausländersteuer 17,82%)	+ 18,80%	3. Nebenkosten, die buchhalterisch direkt an Künstler gingen
2. Berechnung der Künstler-Bruttogage:		Multiplikation der Summe mit gültigem KSK-Abgabesatz / d.h. Künstlersozialabgabe berechnen
e. A-Netto-Gage (Auszahlungssumme)		
f. + Ausländersteuer (17,82% von Netto-Gage)	oder verkürzt:	(2010/2011: 3,9 %)
g. + Sol. Zuschlag (5,5% v. Ausländersteuer 17,82 %)	+ 18,80%	
h. = A-Brutto-Gage		
i. + MWST (abzuführen an das Finanzamt)		
Wenn die Brutto-Gage (Vertrags-Gage) bekannt ist		
2. Auszahlung an Künstler:		
b. A-Brutto-Gage (lt. Vertrag)		
c. - Ausländersteuer davon (15%)	oder verkürzt:	
d. - Sol. Zuschlag (5,5% v. Ausländersteuer15 %)	- 15,825%	
e. = Netto-Gage (Auszahlungssumme)		
f. + MWST *(auf brutto, abzuführen an das Finanzamt)*		

Ausländersteuer	Künstlersozialabgabe
Anmerkung: Steuer muss unaufgefordert quartalsweise an das Finanzamt gezahlt werden	Unaufgefordert: Gezahlt bzw. mit monatlichen Vorauszahlungen, verrechnet wird einmal im Jahr rückwirkend (Stichtag 31.3.)

Zum Lernen:	
Gleich:	Bei beiden werden alle Zahlungen an den Künstler als Bemessungsgrundlage gewertet (inkl. Nebenkosten), bei beiden immer der Betrag ohne Umsatzsteuer (netto)
Anders :	Zur Bemessungsgrundlage der Ausländersteuer sind gegebenenfalls noch die Nettozahlungen (exkl. Vorsteuer) für die so genannten künstlerbezogenen Nebenkosten hinzuzurechnen
Anders:	Das eine ist eine Steuer (Finanzamt), das andere eine Sozialabgabe (Kranken-, Renten- und Pflegeversicherung, vgl. Lohnnebenkosten)
Achtung:	Zur Bemessungsgrundlage KSK gehört auch die Ausländersteuer inkl. Solidaritätszuschlag (Ausländer-Brutto ohne MWST!!!

7.7.2.6 Die neue Nebenkostenregelung

Reise und Übernachtungskosten werden ab 2009 – anders als in den Vorjahren – nicht mehr in die Bemessungsgrundlage einbezogen (müssen also nicht zusätzlich versteuert werden), wenn sie die tatsächlichen Kosten nicht übersteigen. Zahlungen, die über die tatsächlich entstandenen Kosten hinausgehen, müssen allerdings versteuert werden.

Die Ausländersteuer wird ebenfalls nicht auf die pauschale Erstattung von **Verpflegungskosten** im Rahmen der Steuerfreibeträge bezogen, wenn diese dem Künstler erstattet werden.

Nur die Anwendung der folgenden Pauschalen befreit für diese Beträge von der Ausländersteuer:

Reisekostenart	Steuerfreie Pauschale	Bemerkung
Verpflegungsmehraufwand	Abwesenheit vom Betriebsort weniger als - 8 Stunden: 0,00 € - 8 bis 14 Stunden: **6,00 €** - 14 bis 24 Stunden: **12,00 €** - über 24 Stunden (pro Tag): **24,00 €**	
Die Pauschalen gelten pro Person pro Tag!		

Da in der Vertrags- und Gagenpraxis vor allem Verpflegungskosten in weit größerem Kostenumfang als diese Pauschalen erstattet werden bzw. entstehen, fallen diese Beträge weiterhin in die Bemessungsgrundlage und müssen versteuert werden. Dies gilt auch und insbesondere für Beträge, die dem Veranstalter entstehen, um die Künstler zu verpflegen.

Weitere Anmerkung: Die genaue Behandlung der Nebenkostenproblematik in der Praxis stellt sich in den Jahren 2009 und 2010 recht unüberschaubar dar, da die konkreten Erfahrungen aufgrund der gesetzlichen Neuregelungen noch dünn gestreut sind.

7.7.2.7 Alternative zur Pauschalbesteuerung: Gewinnbesteuerung

Alternativ zur oben skizzierten **Pauschalbesteuerung** (die Berechnung betreffend in der Vertrags- bzw. Auszahlungsvariante) kann seit 2009 –auf Antrag des Vergütungsschuldners- eine **Gewinnbesteuerung** gewählt werden, allerdings nur, wenn der betroffene Künstler aus der EU kommt. Diese Variante heißt *Nettobesteuerung* und basiert auf einer vor 2009 bereits möglichen Steuerminderungsvariante, in der die Steuer gemindert werden konnte, wenn die Ausgaben einer Veranstaltung mehr als 50% der Einnahmen betrugen.

Die neue Gewinnbesteuerung funktioniert wie folgt:

	Erzielte Einnahmen
minus	**veranstaltungsbezogene Ausgaben**
gleich	**zu versteuerendes Ergebnis**

Folgende (angepasste) Steuersätze sind anzuwenden.

Nettobesteuerung bei Bruttovereinbarung mit Abzug von Betriebsausgaben			
	Steuersatz	**SolZ**	**Summe**
Natürliche Person	30 %	1,65 %	31,65 %
Körperschaften od. Personenvereinigungen i.S.d. Körperschaftssteuergesetzes	15 %	0,825 %	15,825 %

Es kann sich sicherlich lohnen, diese Variante gegen zu rechnen, um ggf. Steuern zu sparen.

7.7.2.8 Übungsaufgaben Ausländersteuer

WARM UP: Original-Aufgabe IHK (SOMMER 2009)

Der englische Schlager-Sänger James Scott soll für drei Auftritte in Deutschland 15.000,00 € als Auszahlungsgage bekommen. Alle anfallenden Nebenkosten trägt der Künstler selbst. Ermitteln Sie den Betrag, welchen die Universal Event GmbH im Zusammenhang mit dem Engagement von James Scott an das zuständige Finanzamt abzuführen hat (ohne Umsatzsteuer).

Aufgabe 1

Ihre Agentur Universal Event GmbH bucht im Rahmen des Bodensee-Käsefestes auf dem Marktplatz von Konstanz den Schweizer Mundartkünstler Urs Musikli für ein Gastspiel. Urs Musikli hat eine Netto-Gage in Höhe von 1800,00 € vereinbart.

> a.) Wie hoch ist die durch Sie an das Finanzamt abzuführende Umsatzsteuer von Urs Musikli bei einem Prozentsatz von 7%?
> b.) Erstellen Sie die Rechnung, die Urs an die Universal Event GmbH stellt. Führen Sie in dieser Rechnung die einbehaltene und an das Finanzamt abzuführende Ausländersteuer inkl. Solidaritätszuschlag sowie die ebenfalls einbehaltene und an das Finanzamt abzuführende Umsatzsteuer auf.

Aufgabe 2

Wie hoch ist die Umsatzsteuer, wenn die Universal Event GmbH Urs Musikli zum gleichen Honorar über die Agentur Showservice (mit Sitz in Freiburg) bucht, die mit dem Künstler einen Vertrag hat?

Aufgabe 3

Welchen Betrag bekommt Urs Musikli von den 1800,00 € (netto) ausgezahlt, wenn seine Freiburger Agentur, die mit ihm den Vertrag hat, erst 15% Provision (netto ohne Berücksichtigung von etwaigen Umsatzsteuerbeträgen) abzieht und dann weiter rechnet? Urs wird mit 7 % Umsatzsteuer veranschlagt. Erstellen Sie auch hier unter Berücksichtigung der einzuhaltenen Werte die Rechnung, die Urs an die Agentur Showservice stellt.

_____

_____

_____

_____

_____

_____

Aufgabe 4

Für Pat`s German-Punk-Festival auf dem Brocken im Harz werden 8 Künstler (Bands) gebucht.
7 davon sind Bands aus Deutschland. Als Top-Act sind neben den Backstage Girls die Romanas aus den USA verpflichtet worden. Die Auftrittsgage der Romanas beträgt als Auszahlungssumme 44.000,00 €.

Wie hoch ist die Ausländersteuer inklusive Solidaritätszuschlag?
(Verwenden Sie die verkürzte Tabelle der IHK zur Berechnung)

_____

_____

_____

Aufgabe 5

Ein Tourneeveranstalter hat im Jahr 2011 insgesamt netto 20.000,00 € Honorar an den amerikanischen Soulstar Freak Blackmann bar ausgezahlt. Wie viel Künstlersozialabgabe muss das Unternehmen an die KSK zahlen?

Aufgabe 6

Bei seinem ersten Live-Gastspiel in Deutschland hat der englische Comedy-Künstler Monty Thypon mit dem Düsseldorfer Veranstalter *Königsgala* eine Vertrags-Gage in Höhe von 730,00 € vereinbart. Alle anfallenden Nebenkosten trägt lt. Vertragsvereinbarung der englische Künstler.

Wie hoch ist unter Verwendung der Tabelle von eventpruefung.de die

- Ausländersteuer inkl. Solidaritätszuschlag, die *Königsgala* an das zuständige Finanzamt abführen muss?

- Höhe der Umsatzsteuer, die ebenfalls *Königsgala* abführen muss?

- Auszahlungssumme an Monty Thypon?

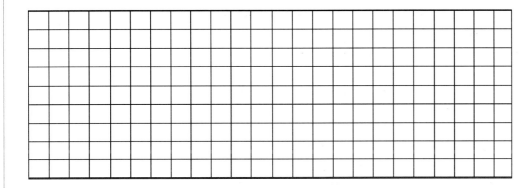

Aufgabe 7

Der englische Comedy-Künstler Monty Thypon bekommt für seinen Auftritt in der Kölner Location Waschsalon 1.080,00 € als Honorargage ausgezahlt.

Wie hoch ist unter Verwendung der Tabelle von eventpruefung.de die Ausländersteuer inkl. Solidaritätszuschlag, die Typhoon Entertainment an das zuständige Finanzamt abführen muss?

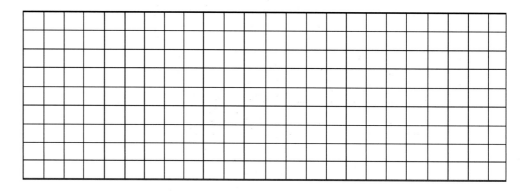

7.8 Versicherungen

Eine **Versicherung** arbeitet nach dem Prinzip der kollektiven Risikoübernahme. Viele Versicherungsnehmer zahlen einen Versicherungsbeitrag in einen Fonds bei einem Versicherer ein, um im Versicherungsfall einen Schadenausgleich aus diesem Fonds zu erhalten.

Überblick über die gängigsten Privat- und gewerblichen Versicherungen.

Schadenstyp	Privatversicherung	Gewerbliche Versicherung (Live-Event)
Haftpflichtschaden	Privathaftpflichtversicherung	Betriebshaftpflichtversicherung inkl. Umweltschäden
	Tierhalterhaftpflicht	
		Veranstalter-Haftpflichtversicherung
	private Kfz-Haftpflicht	Gewerbliche Kfz-Haftpflicht
Diebstahl/ Eigentumsschaden/ Vermögensschaden		Garderobenversicherung
	Wohngebäudeversicherung	Geschäftsgebäudeversicherung
	Hausratversicherung	Geschäftsinhaltsversicherung
		Elektronikversicherung
		Betriebsunterbrechungsversicherung
		Veranstaltungsausfallversicherung
		Break-even-Versicherung
	Gepäckversicherung	Ausstellungs-/Transportversicherung
Personenschäden	Berufsunfähigkeitsversicherung	Berufsunfähigkeitsversicherung
	Lebensversicherung	Lebensversicherung
	gesetzliche Rentenversicherung	private Rentenversicherung
	gesetzliche Krankenversicherung	private/gesetzliche Krankenversicherung
	private Unfallversicherung	gesetzliche Unfallversicherung
Sonstige Schäden	private Rechtsschutzversicherung	gewerbliche Rechtsschutzversicherung
		Gewinnspielversicherung
	Reiserücktrittsversicherung	gesetzliche Reiseveranstalterversicherung

Auf die Veranstaltungs- und Medienbranche spezialisierte Versicherungen wie die Zurich-Versicherung bieten durch ihre Vertreter sowohl einzelne Versicherungen als auch auf den Kundenkreis abgestimmte Paketlösungen an. In den Medienregionen haben sich auch unabhängige Versicherungsbüros auf die Branche spezialisiert.

7.8.1   Veranstalter-Haftpflichtversicherung

Aufgrund der gesetzlichen Gefährdungshaftung (vgl. Lernfeld 5, Abschnitt 5.1.1) muss der Veranstalter gewährleisten, dass jeder die Veranstaltung besuchen kann, ohne Schaden zu nehmen. Daher ist es für Veranstalter sinnvoll, sich mit einer Veranstalterhaftpflichtversicherung gegen die Folgen von Schäden an Gesundheit oder Eigentum Dritter abzusichern. Der Begriff Veranstalter-Haftpflichtversicherung ist etwas irreführend, da sich der Versicherungszeitraum in der Regel nur über den Zeitraum der Veranstaltung (Aufbau, Darbietung, Abbau) erstreckt. Selten nur lohnen sich Jahres-Rahmenverträge, etwa dann, wenn eine ganze Reihe ähnlicher Live-Events in einem Diskothekenbetrieb stattfinden soll.

Die Versicherung deckt das Risiko des Veranstalters ab, im Fall von Personen- oder Sachschäden, die im Rahmen der Veranstaltung unter seiner Verantwortung entstanden sind, finanziell und haftungsrechtlich belangt zu werden. Typische Deckungssummen sind 2 Mio. Euro für Personenschäden, 1 Mio. Euro für Sachschäden, 100.000,00 Euro für Vermögensschäden, 20.000,00 Euro für Leitungs- und Tätigkeitsschäden sowie 1 Mio. Euro für Schäden an gemieteten Gebäuden infolge von Brand oder Explosion.

Die Veranstalterhaftpflichtversicherung tritt beispielsweise im Fall der folgenden Schäden ein:

- Schäden aus Auf- und Abbau von Technik, Dekoration, Bestuhlung etc., im Rahmen der Bewachung der Veranstaltung inklusive der Tätigkeit von Fremddienstleistern;

- Schäden aus der Verletzung von Verkehrssicherungspflichten;

- Schäden aus der Durchführung von Werbemaßnahmen;

- Mietsachschäden (oft nur für Schäden an Gebäuden oder Gebäudeteilen);

- Schäden durch Kraftfahrzeuge oder Arbeitsmaschinen.

Das Haftungsrisiko kann vom Veranstalter nur durch eine im Voraus erteilte, ausdrückliche Freistellung auf einen Partner (etwa die Location oder den Auftraggeber) übertragen werden, um zum Beispiel dessen Versicherung zu bemühen. Bei Schäden an einer Mietsache ist generell zunächst der Mieter haftbar; er kann sich gegebenenfalls im nächsten Zug an den Verursacher wenden, wenn dieser bekannt ist und den Schaden zu vertreten hat.

BEISPIEL: EINSCHALTUNG DER VERANSTALTER-HAFTPFLICHTVERSICHERUNG

Bei einer Incentive-Veranstaltung eines Kosmetikherstellers, die die Juniversal Event- und Veranstaltungsagentur GmbH als Veranstalter für den Kunden organisiert hat, ist es im Foyer der Location zu einem Schadensfall gekommen. Ein Besucher ist gestürzt und hat sich ein Bein gebrochen. Der Schadensfall (Behandlungskosten, Arbeitsausfall) kann über die Veranstalter-Haftpflichtversicherung abgewickelt werden.

7.8.2 Elektronikversicherung

Diese Versicherung empfiehlt sich insbesondere für Dienstleister im Bereich Veranstaltungstechnik, aber auch für alle Unternehmen, die teures elektronisches Material besitzen. Dieses kann gegen folgende Risiken versichert werden (Allgefahrenversicherung): Fahrlässigkeit, unsachgemäße Handhabung, Vorsatz Dritter, Kurzschluss, Überspannung, Induktion, Brand, Blitzschlag, Ex- oder Implosion, Wasserschäden, Einbruchdiebstahl, Diebstahl, Beraubung, Plünderung, Sabotage, höhere Gewalt, Konstruktions-, Material- oder Ausführungsfehler. Auch Mietgeräte können versichert werden. Zu beachten sind in der Regel die Eigenbeteiligung pro Gerät und der Ersatz des Gerätes zum Zeitwert.

7.8.3 Veranstaltungsausfallversicherung

Eine Veranstaltungsausfallversicherung gewährt dem Versicherten Versicherungsschutz
- beim Ausfall einer Veranstaltung, etwa durch Nichterscheinen des Künstlers;

- beim Abbruch einer Veranstaltung, zum Beispiel wegen schlechten Wetters (Achtung: Das allgemeine Wetterrisiko muss in der Regel extra versichert werden);

- bei einer Änderung oder Einschränkung der Durchführungsänderung, zum Beispiel aufgrund eines behördlichen Eingriffs;

- bei einer zeitlichen Verschiebung;

- bei einer örtlichen Verlegung.

Die Versicherung ist eine Eigenschadenversicherung und soll einen Veranstalter so stellen, als sei die Veranstaltung planmäßig abgelaufen. Die Versicherung übernimmt im Schadensfall die angefallenen Kosten und, falls mitversichert, den entgangenen Gewinn. Nicht versichert sind in der Regel Schäden durch höhere Gewalt (zum Beispiel durch Streik, Krieg, Atomunfall, Attentat). Zu beachten ist die Schadensminderungspflicht des Veranstalters, der alles tun muss, um den Schaden zu minimieren.

7.8.4 Break-even-Versicherung

Die Break-even-Versicherung (auch Shortfall-Versicherung genannt) versichert einen festzulegenden finanziellen Schaden, den der Veranstalter dadurch erleiden kann, dass zu wenig Tickets für die Veranstaltung abgesetzt werden. Versichert wird im Höchstfalle der Differenzbetrag zwischen dem festgelegtem Break-even und einem angesetzten Mindestumsatz. Auf der Basis der örtlichen Kosten, der Künstlergage und abzüglich der Sponsoringeinnahmen muss ein Ticketumsatz den Veranstaltungs-Break-even glaubhaft erreichen können. Der Versicherungsbeitrag selbst ist dabei nicht Teil des Break-evens. Als Untergrenze und Selbstbeteiligung des Veranstalters wird eine Mindestverkaufsprognose festgelegt. Die Differenz zwischen dem Veranstaltungs-Break-even und der Mindestverkaufsprognose ist der höchstens durch die Versicherung abzudeckende Schaden.

Beispiel: Short-Fall-Versicherung (sog. Break-Even-Versicherung)

Die Short Fall Versicherung versichert einen festzulegenden finanziellen Schaden, den der Veranstalter dadurch erleiden kann, dass zu wenig Tickets für die Veranstaltung abgesetzt werden. Versichert wird im Höchstfalle der Differenzbetrag zwischen dem festgelegtem Break Even und einem angesetzten Mindestumsatz. Die Versicherungssumme ist dabei nicht Teil des Break-Evens.

Ausverkauft (best case):   100.000,00 €   Umsatz

Break Even: 50.000,00 € Umsatz

Fall 1: Versicherung zahlt die Differenz zwischen Break Even und tatsächlichem Umsatz: 15.000,00 €
Veranstalterverlust Fall 1: 0,00 €

Fall 1 - Tatsächlicher Umsatz: 35.000,00 €

Fall 2: Versicherung zahlt Differenz zwischen Break Even und Mindestumsatz: 25.000,00 €
Veranstalterverlust Fall 2: 10.000,00 €

Mindestumsatz (worst case): 25.000,00 €

Fall 2 - Tatsächlicher Umsatz: 15.000,00 €

7.8.5   Weitere Spezialversicherungen

Bei Incentive-Veranstaltungen und Veranstaltungen mit sportlicher Betätigung der Teilnehmer bietet sich eine kurzfristige Unfall- oder Krankenversicherung für die Teilnehmer an. Bei Risikosportarten ist es ratsam, die Teilnehmer zuvor eine Haftungsausschlussklausel unterzeichnen zu lassen. Eine solche Klausel sollte eine Haftungsbegrenzung beziehungsweise Selbsthaftung der Teilnehmer vorsehen.
Eine Garderobenversicherung (die etwa 7 Cent pro Garderobenschein kostet) bietet sich an, wenn eine bewachte Garderobe angeboten wird.
Eine Lotterieversicherung oder auch eine Versicherung gegen werblichen Übererfolg versichert den oder die Hauptgewinne einer Lotterie oder eines Gewinnspiels. Sie ist mittlerweile bei hohen Gewinnsummen, die im z.B. Rahmen von Fernseh-Gewinnspielen ausgesetzt und nur selten geknackt werden. Die gewonnene Million stammt in solchen Fällen also nicht vom Sender, sondern von der Versicherung.
Achtung: Diese Versicherungsart ist recht teuer!

Weitere Infos und Genaue Tarife unter: www.erpam.com

8 EVENT UND RECHT

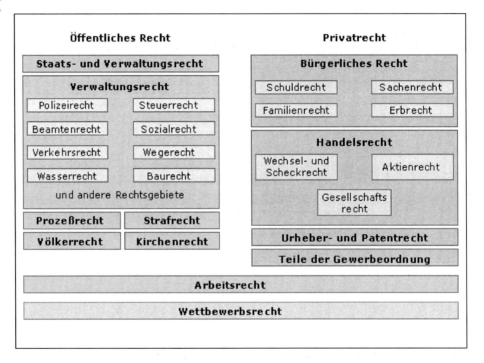

8.1 Event und Recht: Verträge, Vertragsstörungen

8.1.1 Grundbegriffe

Primäre Leistungspflicht
- Ist die Pflicht des Veranstalters die vertraglich festgelegten Leistungen zu erbringen

Sekundäre Leistungspflicht
- Kommt in Frage wenn die Primäre Leistungspflicht nicht erfüllt wird, z.B. Schadensersatz

Haftung
- Tritt ein bei Verletzung der vertraglichen Verpflichtungen seitens des Veranstalters, z.B. Schadensersatzpflicht

Veranstalter
- Führt eigenverantwortlich und im eigenen Namen und auf eigene Rechnung Veranstaltungen durch.

Veranstaltungsarten
- Veranstaltungen im gewerblichen Sinn gemäß §§64 GewO sind:
  Messen, Ausstellungen, Märkte, Konzerte, Theater, Ballettaufführungen, Kongresse oder dergleichen.

Vertragsgemäße Leistung
- Demnach hat der Veranstalter gegenüber seinem Vertragspartner die Pflicht die vereinbarte Leistung am rechten Ort, zur rechten Zeit und in rechter Weise zu bewirken. (§294BGB)

Mängelansprüche
- Ist die bewirkte Leistung seitens des Veranstalters mangelhaft, entstehen laut BGB Mängelansprüche, wie z.B. Nacherfüllung §439 oder Rücktritt vom Vertrag §323 BGB.

Leistungsstörung
- Ist die problemhafte Abwicklung bei einem Vertrag. Diese können sein:
  1. Unmöglichkeit §275 BGB: Ausfall der geschuldeten Leistung
  2. Schuldnerverzug §286 BGB: Zu späte Bewirkung der geschuldeten Leistung seitens des Veranstalters
  3. Gläubigerverzug §293 BGB: Die Nichtannahme der geschuldeten Leistung
  4. Mängelhaftung §437 BGB: Ist die mangelhafte Erbringung der Vertragsleistung seitens des Veranstalters.

5. Schlechterfüllung oder auch positive Vertragsverletzung: Die erbrachte Leistung ist nicht wie geschuldet.
6. Vorvertragliche Haftung §311 BGB: Kann bei Aufnahme von Vertragsverhandlungen entstehen und zwar wenn der Veranstalter eines der so genannten Nebenpflichten, wie z.B. Aufklärungspflicht, verletzt.

Bei Erfüllung dieser Tatbestände können Schadensersatzpflichten aus §§280 ff. entstehen.

Außervertragliche Haftung
- Ist eine Haftung dessen Voraussetzungen sich aus dem Gesetz ergeben und nicht privatautonom gestaltet worden ist.

Schuldprinzip
- Dies setzt für eine Haftung Verschulden voraus, mindestens fahrlässig oder vorsätzlich um eine Schadensersatzpflicht geltend zu machen. Der Schuldner muss die Pflichtverletzung zu vertreten haben.

Vorsatz
- Ist das Handeln mit Wissen und Wollen.

Fahrlässigkeit
- Ist das Außerachtlassen der im Verkehr erforderlichen Sorgfalt.

Haftungsklauseln
- Setzen das Ausmaß der Haftung fest.

Verschuldensunabhängige Haftung
- Sind Haftungen die auch ohne Verschulden des Veranstalters zustande kommen. Daraus resultieren Schadensersatzansprüche.

Gewährleistung / Garantie:

Die Gewährleistung: Mängelhaftung des Verkäufers (nicht des Herstellers) im Rahmen eines Kaufvertrags oder Werkvertrags lt. Richtlinie 1999/44/EG Mindeststandards beim gewerblichen Verkauf an private Endverbraucher: Mindest-Verjährungsfrist von 2 Jahre nach Lieferung, innerhalb der ersten 6 Monate Beweislast beim Verkäufer. Von der gesetzlich vorgeschriebenen Gewährleistung ist die frei gestaltbare Garantie zu unterscheiden; diese ist insofern freiwillig, als dass es keine gesetzliche Verpflichtung zur Abgabe eines Garantieversprechens gibt.

8.1.2 Typische Vertragsarten bei Veranstaltungen

1. **Kaufvertrag**: §§433 ff. BGB
   Regelt Veräußerung von Sachen oder Rechten gegen Entgelt bei gegenseitigen Verträgen, d.h. gemäß §433 I. Ist der Verkäufer verpflichtet dem Käufer das Eigentum und den Besitz der Sache zu verschaffen, im Gegenzug ist der Käufer gemäß §433 II. verpflichtet die Gegenleistung an den Verkäufer zu entrichten und ihm die Sache abzunehmen.

2. **Mietvertrag**: §§535 ff. BGB
   Regelt die zeitweilige Überlassung von Sachen zum Gebrauch gegen Entgelt bei gegenseitigen Verträgen. Der Vermieter verpflichtet sich dem Mieter die Mietsache mangelfrei zu überlassen, für einen bestimmten Zeitraum. Der Mieter seinerseits ist verpflichtet die vereinbarte Miete an den Vermieter zu entrichten.
   (Abgrenzung zum **Leihvertrag**: Überlassung ohne Entgelt
   Abgrenzung zum **Pachtvertrag**: Überlassung gegen Entgelt, Erlös aus Bewirtschaftung bleibt beim Pächter; Beispiele: Landwirtschaft, Tankstelle, Gastwirtschaft)

3. **Dienstvertrag:** §§ 611 ff. BGB.
   Regelt die Erbringung von Tätigkeit gegen Vergütung bei gegenseitigen Verträgen mit wechselseitigen Pflichten. Diese Form von Vertragsart findet man bei **Arbeitsverträgen** wofür charakteristisch ist, dass die ausgeführte Tätigkeit weisungsgebunden und fremdbestimmt ist. Demzufolge wird die Tätigkeit und nicht das Ergebnis (der Erfolg) geschuldet, z.B. bei einem Sachbearbeiter oder einer Sekretärin. *Typisch für Events: Servicepersonal im Catering, Security-Mitarbeiter, Messehostess, Tagungs-Dolmetscherin, Promoter, Hands.*

4. **Werkvertrag:** §§631 ff.
   Regelt die Herstellung eines Leistungsergebnisses gegen Vergütung bei gegenseitigen Verträgen. Der Unternehmer verpflichtet sich zur Herstellung des vereinbarten Werks, der Besteller im Gegenzug verpflichtet sich zur Zahlung der vereinbarten Vergütung. Diese Form von Vertrag ist ergebnisorientiert. Häufigste Vertragsform für unsere Branche. *Typisch für Events: Dekoration, Bühnenbild, Catering, Messestand, Künstlervertrag, Gastspielvertrag, Eintrittskartenkauf.* Als Arbeitsvertragsvariante eher selten (Akkordlohn, Provisionen).

5. **Reisevertrag (z.B. Pauschalreise)**: §§651a ff.
   Regelt die Erbringung einer Gesamtheit von Reiseleistungen gegen Vergütung bei gegenseitigen Verträgen. Der Veranstalter verpflichtet sich zur Erbringung eines Leistungspaketes gegen Entgelt.

8.1.3   Vertragliche Haftungen für Pflichtverletzungen

Diese ergeben sich bei Verletzung einer vertraglich festgelegten Pflicht, wonach Schadensersatzansprüche entstehen. Diese Pflichtverletzungen können folgende sein:

1. Unmöglichkeit:
Kann eine Veranstaltung aus rechtlichen oder tatsächlichen Gründen vom Veranstalter nicht durchgeführt werden, liegt Unmöglichkeit vor.
Gemäß §275 ist er von seiner Leistung befreit, der primäre Leistungsanspruch des Gläubigers erlischt, dieser kann jedoch Sekundär Ansprüche geltend machen, falls der Veranstalter diese Unmöglichkeit zu vertreten hat.

2. Verzug: §290 II BGB
Erbringt der Schuldner nicht rechtzeitig kommt er in Schuldnerverzug. Nimmt der Gläubiger die Leistung nicht rechtzeitig an gerät er in Gläubigerverzug § 293 BGB.

3. Schuldnerverzug
Liegt gemäß § 286 I vor
1. nach Eintritt der Fälligkeit
2. auf eine Mahnung der Gläubigers nicht geleistet wird
3. der Schuldner die Leistung zu vertreten hat.

4. Gläubigerverzug
Die Verspätung einer Leistung kann auch auf das Verhalten des Gläubigers zurückgehen, insbesondere dann wenn er eine ihm Angebotene Leistung nicht entgegennimmt. Weshalb dies geschieht, insbesondere ob dem Gläubiger ein Verschulden trifft oder nicht ist rechtlich ohne Bedeutung.

5.Mängelhaftung: § 280 I BGB
Wer eine mangelhafte Hauptleistung erbringt, begeht eine Pflichtverletzung und muss nach der allgemeinen Haftungsnorm dem Vertragspartner Schadenersatz leisten. Dies gilt für alle Arten von Verträgen.

6. Kaufmängel
Ist die gekaufte Sache mangelhaft, kann der Käufer auf Beseitigung des Mangels oder Lieferung einer mangelfreien Sache.

7. Mietmängel

Bei Mängeln der Mietsache kann der Mieter die Miete mindern. Ist die Gebrauchstauglichkeit ganz aufgehoben, braucht überhaupt keine Miete gezahlt werden. Ferner kann der Mieter Schadensersatz verlangen wenn, der Mietmangel bereits bei Vertragsabschluss vorhanden war.

8. Werkmängel

Ist das Werk mangelhaft, kann der Besteller primär Nacherfüllung verlangen, in einem solchen Fall kann der Unternehmer nach seiner Wahl den Mangel beseitigen oder ein neues werk herstellen.

9. Reisemängel

Bei Pauschalreisen kann der Reisende bei Mangel auf Abhilfe verlangen, Minderung des Preises beanspruchen und bei erheblichen Mängeln kündigen. Schadenersatz kann verlangt werden wenn der Veranstalter den Mangel zu vertreten hat.

8.1.4 Event und Recht: Rechtsbeziehungen

8.1.4.1 Veranstalter und Manager

Manager schließen für die Künstler die Verträge. Managerverträge mit Geschäftsbesorgungscharakter sind Dienstverträge. Managerverträge sind jederzeit ohne Angaben von Gründen kündbar (§ 627 BGB)
ACHTUNG: Wenn Manager Verträge mit Dritten abschließt, wirken diese zwischen Künstler und dem Dritten, da der Manager in Vertretung abschließt (§ 164 BGB). Die Vertretung wird geregelt im Managementvertrag.

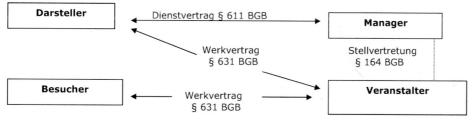

8.1.4.2 Veranstalter und Agenturen

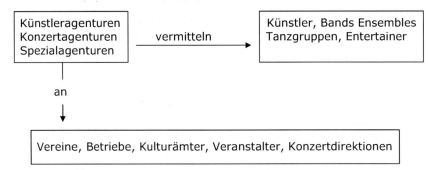

Sollte der beauftragte Vermittler eine Vergütung (Provision) für den erfolgreichen Abschluss einer Vermittlungstätigkeit erhalten, so liegt rechtlich zumeist ein Maklervertrag vor (§ 652 BGB).

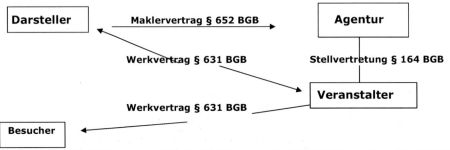

Unterschied Manager / Agentur: Der Manager ist allumfassend und langfristig im Auftrag des Künstlers tätig; die Agentur dagegen vermittelt den Künstler punktuell – die Zusammenarbeit ist auf den einzelnen Vertragsabschluss gerichtet.

Kurzer Exkurs: Kaufmännische Betrachtung

Verbuchen einer Gage durch Management bzw. Agentur und Künstler

Wenn ein Vertrag vorliegt mit der Formulierung *„Der Künstler X,* **vertreten durch** *das Management Y, schließt einen Vertrag mit dem Veranstalter Z…",* entsteht ein Werkvertrag zwischen Künstler und Veranstalter. Der gefühlte Weg ist allerdings anders als der durch die kaufmännische Röntgenbrille betrachtete kaufmännische Weg, z.B. bei der Verbuchung einer Gage.

Der *gefühlte* Weg:

Der Veranstalter kommt lediglich in Kontakt mit dem Management; von dort kommen die Verträge, der komplette Schriftverkehr und die gesamte Kommunikation. Selbst die Gage wird auf ein Treuhand-Konto überwiesen, auf das der Manager Zugriff hat. Der Manager behält seinen Provisions-Anteil ein und überweist den restlichen Betrag an das Konto des Künstlers.

Der *kaufmännische* Weg:

Obwohl die Oberfläche anders aussieht, muss der Künstler die gesamte Gage als Umsatz (z.B. inkl. 7% UST) versteuern. Der Anteil des Managers stellt eine Ausgabe für ihn dar (Provision zzgl. 19% UST). Im Falle von Vertragsproblemen haftet der Künstler. Der Manager arbeitet als Dienstleister für den Künstler und vertritt ihn lediglich als Stellvertreter.

Aufgabe:

Der bekannte Alpenrocker *DJ Fuzzi (Interpret)* wird über seinen Manager *Alpenrock Productions* von der Aachener Diskothek *Scheunenstall* (Veranstalter) gebucht. Die Gage beträgt 10.000,00 € netto.

1. Wer stellt hier – kaufmännisch betrachtet - wem eine Rechnung (wer ist jeweils der Rechnungsabsender)?
2. Was muss DJ Fuzzi als Umsatz versteuern?
3. Wie hoch ist der Betrag (brutto), den der Manager bei einer Provision von 15 % einbehält?

Lösung:

1. Der Künstler *DJ Fuzzi* ist der eine Rechnungsabsender und stellt eine Rechnung an den Veranstalter *Scheunenstall*; der Manager *Alpenrock Productions* ist der andere Rechnungsabsender und stellt eine Rechnung an den Künstler *DJ Fuzzi*.
2. *DJ Fuzzi* stellt eine Rechnung über 10.000,00 € zzgl. 700,00 € UST (= 10.700,00 € brutto). Er muss 10.000,00 € als Einnahme versteuern (Einkommensteuer) und 700,00 € als Umsatzsteuer.
3. Der Manager behält 15% von 10.000,00 zzgl. 19% UST ein, also 1.500,00 € zzgl. 285,00 € (= 1.785,00 € brutto). Er überweist also 10.700,00 € - 1.785,00 € (= 8.915,00 €) an *DJ Fuzzi*. *DJ Fuzzi* kann die 1.500,00 € als Ausgabe in der Einkommensteuererklärung geltend machen sowie die 285,00 € als Vorsteuer gegen die 700,00 € Umsatzsteuer gegen rechnen.

8.1.4.3 Der Produzent (Direktion/Tourneemanager)

Künstler und alle anders gearteten Darsteller schließen Verträge mit Konzertbüros, Konzertdirektionen und Tourneeveranstaltern.

Die Direktionen übernehmen organisatorische, rechtliche und wirtschaftliche Verantwortung sowie das unternehmerische Risiko (Gewinn / Verlust). Es liegt ein Werkvertrag vor, der meist Künstlervertrag genannt wird (er ist kein Arbeitsvertrag, da der Künstler persönlich und weisungsunabhängig bleibt).

<u>Der Künstlervertrag beinhaltet folgende Punkte:</u>

- Den Ort der Aufführung
- Alle damit verbundenen Termine (von... bis genau festgelegt)
- Die vereinbarte Gage
- Das Programm
- Konventionalstrafe/n bei schuldhafter Nichterfüllung
- Salvatorische Klausel

<u>Mögliche Veranstaltungsformen der Direktionen:</u>

- Eigenveranstaltungen (Veranstalter = Direktion)
- Fremdveranstaltungen beauftragen (Veranstalter = Dritter)
- Gemeinschaftsveranstaltungen (Veranstalter= Direktion und Dritter)

8.1.4.4 Die Direktion als Gastspiellieferant (Fremdveranstaltung)

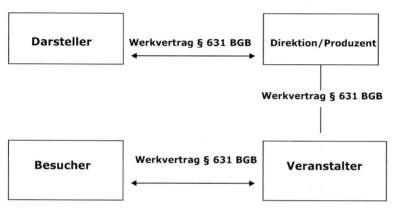

Der zwischen Direktion und Veranstalter abgeschlossene Werkvertrag (häufig Aufführungsvertrag genannt) beinhaltet folgende Punkte:

- Zeit und Dauer der Aufführung
- Inhalt der Aufführung
- Ort der Aufführung
- Besetzung / Honorare und Tantiemen
- Alle vereinbarten oder erwartungsgemäßen Nebenkosten
- Alle Fragen bezüglich Pflichten und Haftung
- Konventionalstrafe
- Salvatorische Klausel

Die Direktion präsentiert in den meisten Fällen den Vertrag (Interessenwahrung der Direktion). Die Direktion haftet nur bei grobem Verschulden.
Krankheit oder höhere Gewalt entbindet den Künstler sowie die Direktion von Pflichten.

8.1.4.5 Übersicht

Aufgrund der teilweisen „Rechtsleere" im Bereich Veranstaltungswesen, sichern sich die beteiligten Personen (Hallenbetreiber, Akteure,...) in der Regel mit umfangreichen privatrechtlichen Vertragswerken ab, in denen ein Großteil von Eventualitäten geregelt ist. (Dienst-, Werk-, Mietvertrag u.a.)

Der Veranstalter steht dabei im Mittelpunkt des Vertrags-, also auch des Haftungsgeflechtes!

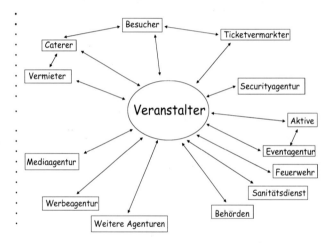

Typische Vertragsbeziehungen bei Einbindung von Agenturen

8.1.5   Zusammenfassung: Typische Verträge inkl. Bühnenanweisung

Hier die Zusammenfassung der typischen Vertragsbeziehungen inkl. einer Übersicht über die
Bezeichnungen der gängigen Vertragsarten:

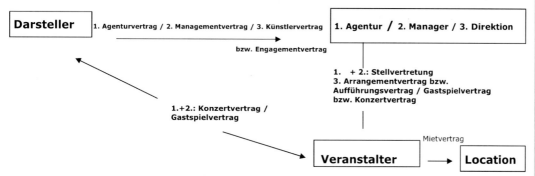

Agenturvertrag:
Maklervertrag zwischen künstlervermittelnder Agentur und Künstler, ca. 10-20% Vermittlungsprovision

Arrangementvertrag (auch Aufführungsvertrag)**:**
Werkvertrag zwischen Direktion und Veranstalter über eine komplette, von der Direktion eingekaufte
und zusammengestellte Produktion

Gastspielvertrag:
Werkvertrag zwischen Künstler und Veranstalter bzw. Direktion und Veranstalter über einen Auftritt

Konzertvertrag:
Werkvertrag zwischen Künstler und Veranstalter bzw. Direktion und Veranstalter über einen Auftritt

Künstlervertrag (auch Engagementvertrag, manchmal auch Starvertrag)**:**
Werkvertrag zwischen Künstler und Direktion über die Mitwirkung an einer Produktion

Managementvertrag:
Dienstvertrag zwischen künstlervertretendem Manager und Künstler, ca. 10-25% Beteiligungsprovision.
Häufig mit Generalvollmacht und Treuhandkonto.

8.1.5.1   Vertragsbestandteile Konzert- bzw. Gastspiel-Vertrag

Vertragspartner, Datum, Uhrzeit, Länge, Gagenhöhe / Abrechnungsbedingungen, Gebietsschutzklausel, technische Anforderungen / Bühnenanweisung, Soundcheckzeiten, Werbemaßnahmen, Gema, Catering, Übernachtung, Vertrags- / Konventionalstrafe, allg. Vertragsklausel (salvatorische Klausel)

8.1.5.2   Bühnenanweisung / Technical Rider

Bestandteil eines Vertrages ist typischerweise die Bühnenanweisung (Technical Rider). Neben Anforderungen zu Technik, Personal, Catering und Equipment enthält die Bühnenanweisung eine Zeichnung der Bühne, den sog. Stageplot. Eine Bühnenanweisung einer erfolgreichen Rockband kann typischerweise folgende Bestandteile enthalten:

Allgemeines
Bühnenanweisung ist Bestandteil des Vertrages
Daten: Datum - Einlass - Beginn / Stadt – Venue - Adresse

Auf-/Abbau und Zeitplan
Allgemein: (z.B. freier Zugang zur Ladezone, Anzahl der Helfer)
Tagesablauf: Ankunft, benötigte verantwortliche Personen, die anwesend sein müssen, Aufbau, Catering, Sanitäre Anlagen, Ankunft Support, Soundcheck, Abendessen, Showtime (Vorband), Showtime (Mainact), wer bzw. was muss wann/wo zur Verfügung stehen

Örtlicher Partner
Partner bzw. Stellvertreter muss ganztägig zur Verfügung stehen, Anforderung Runner

Parkplätze
Wo, wie viel, Anfahrtsplan, Stromversorgung Tourbus (Nightliner), zu jeder Zeit freie Zufahrt zum Gelände

Technik, Ton und Licht
Was ist vorhanden, sind Techniker vor Ort, Anforderungen, Stromanschlüsse, Rauchmelder, Lüftung

Bühne
Größe, Belastbarkeit, wie soll die Bühne ausgestattet sein (z.B. Handläufe an gut beleuchteten Aufgängen), Monitoring, Backline

Soundcheck
Uhrzeit, wer darf anwesend sein

Garderobe/Büros/Backstage

Wieviele Räume werden für welchen Zweck benötigt (z.B. Mainact, Support, Catering, Presseräume, Crewraum,...), Duschen, Sanitäre Anlagen

Bühnenabsperrung (Drängelgitter)
Welche Art von Absperrung, Wellenbrecher, Behindertenplätze, Bühnengraben, wer baut auf/ab

Einlass/Ordner/Security
Wann, was darf mit hinein genommen werden, wie viel Security wo und wann, wer ist weisungsberechtigt, Name und Ansprechpartner der Sicherheitsfirma, Anforderung an freundlichen Umgang mit den Gästen und Besuchern, Einsatzgebiete (z.B. Backstagezugang, Bühnenaufgang etc.)

Catering
Detaillierte Getränke- und Verpflegungsanforderung

Verbot von Ton & Bildaufnahmen
Akkreditierte Fotografen im Graben vor der Bühne benötigen einen Pass (Liste erhält der Tourleiter vor dem Auftritt)

Sanitäter
Rettungswagen, Anzahl der Sanitäter, Telefonnummern von Ärzten (Chiropraktiker, HNO-Arzt)

Merchandising
Vom Veranstalter zur Verfügung gestellter, guter Platz für den Verkauf von T-Shirts, CD´s etc.

Gastronomie
Wenn es einen Getränkeausschank gibt, nur in Papp-, Plastik-, oder Kunststoffbechern. (kein Glas!)

Lizenzen und Gebühren
Benötigte Lizenzen, Nachtfahrgenehmigungen (LKW, Tourbusse etc.), Durchfahrerlaubnisse, Parkscheine, Versicherungen und eventuell anfallende Gebühren (Gema etc.)

Änderungen/Anhang
Bühnenanweisungen kommentiert und unterschrieben zurückzusenden, Änderungen werden als akzeptiert betrachtet

Haftung/Vorschriften
Während der Veranstaltung haftet der örtliche Veranstalter für die Sicherheit und wenn Schäden, Verspätungen, Ausfälle usw. entstehen. Der Veranstalter hat dafür zu sorgen, dass die einschlägigen Vorschriften wie Versammlungsstättenverordnung, Verkehrssicherungspflichten usw. eingehalten werden.

Quelle: Bühnenanweisung der Band „Silbermond

8.1.5.3 Inhalt eines Veranstaltungsvertrages (Mietvertrag)

1. Vertragspartner
2. Name der Veranstaltung
3. Datum
4. Räumlichkeit
5. Anerkennung u. Zugrundelegung der „Allgemeinen Vertragsbedingungen"

    1. Konditionen
    2. Mietpreis für allgemeine u. technische Dienstleistungen
    3. Bewirtungsangebot
    4. Steuerliche Verpflichtung
    5. Aussprüche u. Verjährungen des Veranstalters
    6. Bestimmungen des Vertrags

6. Erfüllungsort u. Gerichtsstand
7. Salvatorische Klausel
8. Unterschrift

Im Anhang: Preislisten

8.1.5.4 Inhalt eines DJ-Vertrages

1. Vertragspartner (Name, Vorname, Anschrift, Telefon, Fax, E-mail)
(Vertragsgegenstand)
1. DJ-Name
2. VA-Ort
3. Datum
4. Uhrzeit
5. Auflistung der Leistungen des Künstlers
    1. Spieldauer
    2. Gestaltung
    3. Steuerrechtliche Verpflichtungen
    4. Vergütungsansprüche

6. Leistungen des Veranstalters
    1. Transferkosten
    2. Vergütung
    3. Bereitstellung von technischen Geräten
    4. Promotion
7. Vertragsstrafe (Konventionalstrafe)
8. Erfüllungsort u. Gerichtsstand
9. Ort, Datum, Unterschrift

8.1.6 AGB – Allgemeine Geschäftsbedingungen

AGB´s sind einseitig vorformulierte Willenserklärungen eines Anbieters (Vertragsangebot).
Sie werden gültig bei Vertragsabschluß, wenn
- darauf hingewiesen wurde
- der Vertragspartner die Möglichkeit zur (ausführlichen) Kenntnisnahme besaß
- der Vertragspartner sie akzeptiert hat

8.1.6.1 Event und Recht für Marketing-Eventagenturen

Vermittlungsverträge zwischen Auftraggeber, Eventagentur und Dienstleistern

Häufig ist eine Eventagentur für den Kunden oder Auftraggeber nur vermittelnd tätig. Dies ist vor allem bei zentral geführten Konzernen der Fall, bei denen jede einzelne Bestellung über die Bücher und den Einkauf laufen muss (zum Beispiel Renault Deutschland). In diesem Falle schließt der Auftraggeber mit jedem einzelnen Dienstleister einen Vertrag ab und nimmt Bestellung, Lieferung und Rechnungsstellung vor. Die Eventagentur ist als Projektleitung für die Führung des gesamten Ablaufs einschließlich der Vermittlung der Dienstleister zuständig. Am Ende des Projekts berechnet die Agentur dem Kunden dann in der Regel einen vorher festgelegten Prozentsatz (meist rund 15 %), der auf das Gesamtbudget für das Projekt bezogen ist. Diese Provision wird auch AE-Provision genannt. Ursprünglich sprach man von Anzeigen-Expeditions-Provision, im modernen Sprachgebrauch steht „AE" auch für Auftragserteilung.

Agenturverträge, in denen Agenturen für ein Projekt Dienstleistungen vermitteln und für diese Tätigkeit eine Provision beim Auftraggeber berechnen, sind in der Regel Dienstverträge.

Wenn Agenturen Verträge zwischen einem Dienstleister und einem Kunden vermitteln, werden diese zwischen dem Dienstleister und dem Kunden geschlossen. Die Agentur fungiert auch hier nur stellvertretend nach § 164 BGB. Die Vertretung wird im Agenturvertrag geregelt. Zudem können gegenüber dem Kunden zusätzlich diejenigen Dienstleistungen extra abgerechnet werden, die über die Vermittlung und Führung des Projektes hinausgehen und direkt von der Eventagentur erbracht wurden.

BEISPIEL: BUCHUNG EINES CATERINGS FÜR EINE FIRMENGALA ÜBER EINE EVENTAGENTUR
Ein Kunde bucht aufgrund der Vermittlung einer von ihm beauftragten Eventagentur neben anderen Leistungen (Locationsuche, Programmgestaltung, Einladungsszenario) ein Cateringbuffet. Der Kunde als Veranstalter schließt hierbei einen Vertrag mit dem Dienstleister und wickelt diesen auch kaufmännisch direkt mit diesem ab. Die Aushandlung und Abfassung des Vertrags sowie die damit verbundene Kommunikation mit dem Dienstleister liegt in den Händen der Agentur.

eventpruefung.de

Produktions- oder Generalunternehmerverträge zwischen Auftraggeber, Eventagentur und Dienstleistern

Mindestens genauso häufig oder noch häufiger wie die oben beschriebene Variante ist der Fall, dass eine Eventagentur ein Business-Event für einen Auftraggeber komplett zusammenstellt, das heißt, alle Dienstleistungen einkauft, daraus die Leistung zusammenstellt und das gesamte Leistungspaket dem Kunden in Rechnung stellt. Vor allem Konzerne, die nur einen Adressaten haben wollen und nur eine Ausgabenrechnung verbuchen möchten (zum Beispiel vodafone Deutschland), bevorzugen dieses Modell. Dabei schließen sie nur mit der Eventagentur als Dienstleister Verträge ab. Die Eventagentur kalkuliert ihre Gewinnaufschläge auf die Eigenleistungen und die eingekauften Fremdleistungen intern und berechnet dem Kunden einen Gesamtpreis.

Agenturverträge, in denen Agenturen eine kombinierte Leistung meist als neues Werk anbieten, sind in der Regel Werkverträge. Einen komplexen Werkvertrag, der auch andere Vertragsarten beinhaltet, nennt man Generalunternehmervertrag.

Agenturen kaufen die Leistungen ein und verkaufen sie im neuen Ensemble weiter. Die Lieferanten sind zum Teil als Subunternehmer für die Agentur tätig. Verträge zwischen Dienstleistern und der Agentur sowie zwischen der Agentur und dem Kunden sind jeweils eigenständig. Dienstleister wie Eventagentur arbeiten eigenständig auf Gewinn.

BEISPIEL: BUCHUNG EINES MESSEAUFTRITTS DURCH EINE EVENTAGENTUR

Ein Kunde bucht eine komplette Messeinszenierung (inklusive Konzeption, Messebau, Messeshow, Promotionaktionen, ein Mitarbeiter- und ein Vertriebspartnerevent) bei einer Eventagentur. Der Kunde als Veranstalter schließt hierbei einen Vertrag mit der Eventagentur ab, die wiederum Einzelverträge mit den einzelnen Dienstleistern abschließt. Alle Beteiligten wickeln ihre Prozesse kaufmännisch direkt untereinander ab (siehe auch Schaubild 5.11).

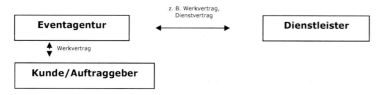

8.1.7   Gewerbeordnung

Die Gewerbeordnung: Definition „Gewerbe":

§ 15 EStG: „Auf Dauer angelegte, selbstständige Tätigkeit, die auf Gewinnerzielung angelegt ist und sich am allgemeinen wirtschaftlichen Verkehr beteiligt."

§ 6 GewO: „Dieses Gesetz findet keine Anwendung auf Fischerei, Land- u. Fortwirtschaft...etc." (auch: Freiberufliche Architekten, Anwälte, Künstler, Marktforschungsinstitute)

Gesetzgebung:

Art. 12 GG regelt die Gewerbefreiheit für alle Deutschen.

Die Gewerbeordnung ist ein bundesweite Regelung mit Gesetzescharakter, das den Ländern aber aufgrund der konkurrierenden Gesetzgebung (Föderalismus) Regulierungsrechte einräumt. Laut § 1 GewO gilt der Grundsatz der Gewerbefreiheit für jedermann, also auch für Ausländer!

Entstehung und Sinn:

Entwickelte sich im Zuge der Liberalisierung unter Beseitigung der alten Zunftzwänge (Zwangs- u. Bannrechte, Kaufzwang, Konzessionsrecht, Abgaberecht) zunächst in Frankreich (1791). In Deutschland aus dem Polizeirecht entwickelt, seit 1869 als Gewerbeordnung eingeführt. Sie geht vom Grundsatz der Gewerbefreiheit aus und fixiert deren Beschränkungen zur Gewährleistung der öffentlichen Sicherheit, des Arbeitsschutzes und des Verbrauchers.

Gewerbearten

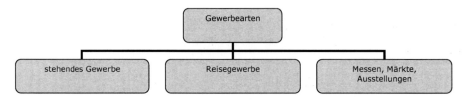

Stehendes Gewerbe
     = eine feste Niederlassung (d. h. Räume), Ausübung auf Bestellung

unterliegt kaum rechtlichen Beschränkungen, insbesondere nicht
- Überprüfung der Sachkunde (fachliche Qualifikation, wie z. B. beim Handwerk)
- finanzielle Leistungsfähigkeit
- Marktanalyse (Bedarfsfeststellung)

d. h.: Erfolg oder Misserfolg regelt der Markt!!

ist genehmigungsfrei $\Longrightarrow$ nur anzeigepflichtig = „Erlaubnis mit Verbotsvorbehalt"
                                                    (Verbotsgründe regelt § 35 GewO)

Ausnahmen: einige Gewerbe sind genehmigungspflichtig (§§30 ff)

genehmigungspflichtig $\Longrightarrow$ fachliche u. sachliche Voraussetzungen erfüllen
                                                    = „Verbot mit Erlaubnisvorbehalt"

Reisegewerbe
     = ohne oder außerhalb einer Niederlassung, ohne Bestellung selbständig

Reisegewerbekarte (§55a) erforderlich; Überprüfung der Zuverlässigkeit (wg. up-and-away) zum Schutz der Kunden = vorbeugende Gefahrenkontrolle

Messe-, Ausstellungs- u. Marktgewerbe (§§64 – 68)

     $\sqsupset\!\!\!>$ = Marktcharakter, für Fachbesucher, wesentliches Angebot

                    $\Longrightarrow$ = für allgemeines Publikum (Endverbraucher), repräsentatives
                                Angebot, Information u. Verkaufsförderung

8.1.7.1 Freiberufler und Selbstständige

Selbstständige sind Gewerbetreibende mit Gewerbeschein (Gewerbeanmeldung), Freiberufler Gewerbetreibende ohne Gewerbeschein.

Immer mehr Journalisten, Fotografen und Mediendienstleister werden Freiberufler. In vielen Redaktionen und Verlagshäusern werden feste Stellen eingespart und die Arbeit wird auf freie Mitarbeiter verlagert. Auch für Musiker gibt es vielfach keine Festanstellung, sondern Aufträge und Projekte bei wechselnden Arbeitgebern. Rund 215.000 Kulturschaffende sind in Deutschland freiberuflich tätig: Unter den freien Berufen bilden sie die größte und bunteste Gruppe. In einer eigenen Praxis arbeiten rund 126.250 Ärzte und 94.400 Rechtsanwälte (Quelle: Institut für freie Berufe).

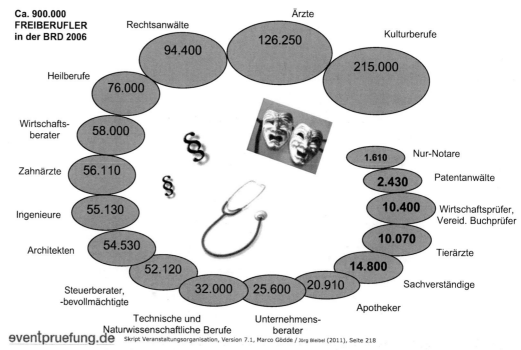

Ca. 900.000 FREIBERUFLER in der BRD 2006

- Rechtsanwälte — 94.400
- Ärzte — 126.250
- Kulturberufe — 215.000
- Heilberufe — 76.000
- Wirtschaftsberater — 58.000
- Zahnärzte — 56.110
- Ingenieure — 55.130
- Architekten — 54.530
- Steuerberater, -bevollmächtigte — 52.120
- Technische und Naturwissenschaftliche Berufe — 32.000
- Unternehmensberater — 25.600
- Apotheker — 20.910
- Sachverständige — 14.800
- Tierärzte — 10.070
- Wirtschaftsprüfer, Vereid. Buchprüfer — 10.400
- Patentanwälte — 2.430
- Nur-Notare — 1.610

eventpruefung.de

8.1.7.2 Beispiel Messe

Beteiligte am Messegeschehen:

- Messegesellschaften (Unternehmen)
- Messeveranstalter
- Aussteller
- Dienstleister
- Besucher / Messepublikum

Der / die Messeveranstalter:

Genehmigungspflicht = „Festsetzung" (§69)

enthält
- Gegenstand der Veranstaltung = Typenzwang
- Dauer und Öffnungszeiten
- Ort und Platz

erteilt
- Behörde am Durchführungsort (durch Ländergesetze bestimmbar)

keine
- Durchführungspflicht (im Gegensatz zu Wochen- od. Jahrmärkten)
- aber: Absage muss der Behörde mitgeteilt werden

Ablehnung
- nur Gründe nach §69a, das sind
  - Verstoß gegen Typenzwang
  - Unzuverlässigkeit des Antragstellers (Veranstalter)
  - Verstöße gegen öffentliche Interessen

Der / die Aussteller

genießen „Marktprivilegien" (Erleichterungen)

- keine Anzeige- od. Genehmigungspflicht (weder Verordnung über stehendes noch über Reisegewerbe anwendbar!)
- Verbot nur möglich bei begründetem Zweifel an der Zuverlässigkeit des Ausstellers
- Ladenschlussgesetz gilt nicht (sondern die genehmigten Öffnungszeiten)
- Sonn- u. Feiertagsbeschäftigungsverbot gilt nicht
- Arbeitszeitgesetz gilt nicht
- Jugendarbeitsschutzgesetz gilt nicht

Diese Privilegien gelten auch für Auf- und Abbau!!

ausländische Aussteller:

- das generelle Arbeitsverbot für Ausländer ohne behördliche Genehmigung gilt nur eingeschränkt

„Marktfreiheit" (§§ 70, 70a)

- = Teilnahmeanspruch, wenn dem Teilnehmerkreis zugehörig (nach Typenzwang)

Der Teilnahmeanspruch wird eingeschränkt durch einzelne sachliche Gründe, die der Aussteller zu verantworten hat und durch den Grund des Platzmangels.

Sachliche Gründe für den Ausschluss können sein:

- das Angebot des Ausstellers (Waren, Dienstleistungen) entspricht nicht dem Veranstaltungstyp
- mangelnde Attraktivität des Angebotes (relevantes Angebot einer Branche)
- Verstöße gegen Teilnahmebedingungen bei früheren Veranstaltungen
- offene Forderungen aus früheren Veranstaltungen

Platzmangel als Ausschlussgrund:

Auch wenn in den letzten Jahren die insgesamt gebuchte Ausstellungsfläche auf den deutschen Messen rückläufig ist, so gibt es doch häufig – besonders bei den großen Leitmessen – eine das Flächenangebot

deutlich übersteigende Nachfrage. Das zwingt den Veranstalter, bei den Buchungswünschen der Aussteller sowohl deren Zahl als auch die Größe der einzelnen Stände zu reduzieren.
Der Platzmangel als solcher gilt bereits als sachlicher Grund für einen Ausschluss, jedoch trifft er als solcher prinzipiell auf alle potenziellen Aussteller zu. Die notwendige Auswahl darf also auch hier nicht willkürlich sein, da jeder Teilnehmer das Recht der „Marktfreiheit" genießt.

Hierbei sind insbesondere die Bestimmungen des „Gesetz gegen Wettbewerbsbeschränkung" (GWB) zu beachten!

Auswahlkriterien können sein:
- der Bewerber ist bewährt und bekannt (d. h. hat durch Qualität einen guten Namen)
- zeitliche Priorität (Berücksichtigung in der Reihenfolge der Anmeldung)
- rollierendes System (nach einer Teilnahme Ausschluss für eine bestimmte Zeit)
- Attraktivität des Angebotes (Charakter der Messe)
- Ortsansässigkeit
- besonders innovatives Unternehmen (Zukunftspotenzial der Branche)

Zu guter Letzt hilft aber oft nur das Losverfahren, um sich vor eventuellen Regressansprüchen abgelehnter Bewerber zu schützen!

Die Dienstleister

Mit Ausnahme der freiberuflich Tätigen sind die Dienstleister im Messemarkt im allgemeinen Gewerbetreibende, die der Gewerbeordnung unterliegen, jedoch als meist „stehendes Gewerbe" lediglich der Anzeigepflicht und keiner Genehmigungspflicht unterliegen.

Die Besucher / das Messepublikum

Fachpublikum = gewerbliche Käufer und Wiederverkäufer = in Ausübung ihrer gewerblichen Tätigkeit
Unternehmer nach §14 BGB

Privatpublikum = Verbraucher im Sinne von §13 BGB

Die Art der Veranstaltung hat somit auch Auswirkungen auf die Rechtsbeziehung zwischen Veranstalter und Aussteller! (§§305 ff und § 310 I BGB)

8.2 Spezial-Verordnungen der Branche

8.2.1   Übersicht über wichtige Spezial-Vorschriften für Veranstaltungskaufleute

Abkürzung	Bezeichnung	Anwendungsbereich	Bemerkung
MVStättV Muster-Versammlungsstätten-verordnung	Musterverordnung über den Bau und Betrieb von Versammlungsstätten	Vorlage für ländereigene Versammlungsstätten-Verordnungen	Neu seit Mai 2002, Vereinheitlichung und Modernisierung der bestehenden VO, geändert Juni 2005, nach und nach Umsetzung durch die Bundesländer
VStättVO (z.B. NRW) Versammlungsstätten-verordnung (NRW) Seit 2010 in NRW: Sonderbauverordnung (SBauVO)	Verordnung über den Bau und Betrieb von Versammlungsstätten und Beherbergungsstätten	Gültig für alle Versammlungsstätten ab 200 Personen Fassungsvermögen (Besucherplätze), inkl. Gaststätten bereits ab 100 Personen Fassungsvermögen	Neu seit 20.09.2002, aktuelle Fassung vom 14.11.2006 Anwendung der MVStättVO auf NRW, inkl. Regelungen zu Gastspielprüfbuch, Verantwortliche für Veranstaltungstechnik etc.
BGV A1 Grundsätze der Prävention	Berufsgenossenschaftliche Vorschrift für Sicherheit und Gesundheit bei der Arbeit Unfallverhütungsvorschrift Grundsätze der Prävention	Gültig für alle Mitgliedsunternehmen	Fassung vom 1.01.2004
BGV A3 (am 01.01.2005 von A2 nach A3 geändert!!!) Elektrische Anlagen und Betriebsmittel	Berufsgenossenschaftliche Vorschrift für Sicherheit und Gesundheit bei der Arbeit Unfallverhütungsvorschrift Elektrische Anlagen und Betriebsmittel	Gültig für alle Mitgliedsunternehmen	Fassung vom 01.01.1997 Grundvorschrift

eventpruefung.de

Abkürzung	Bezeichnung	Anwendungsbereich	Bemerkung
BGV C1 (vormals VBG 70) Veranstaltungs- und Produktionsstätten für szenische Darstellung	Berufsgenossenschaftliche Vorschrift für Sicherheit und Gesundheit bei der Arbeit in Veranstaltungs- und Produktionsstätten für szenische Darstellung	Versammlungsstätten, Medienproduktionsstätten (Film, TV, Hörfunk, Studios, Ateliers...)	Fassung vom 1. April 1998 Branchenspezifische Unfallverhütungsvorschrift
BGV C2 (vormals VBG 72) UVV Schausteller- und Zirkusunternehmen	Unfallverhütungsvorschrift Schausteller- und Zirkusunternehmen	Zirkus-, Kirmesbetriebe, Artisten	Fassung von 1985/1993 Branchenspezifische Unfallverhütungsvorschrift
LImschG	Landesimmissions-schutzgesetz	Verwaltungsvorschriften zum Landesimmissionsschutz-gesetz	Fassung vom 17. Januar 1994
FlBauR Fliegende Bauten **FlBauVV** Fliegende Bauten	Richtlinie über den Bau und Betrieb Fliegender Bauten; Verwaltungs-vorschrift über Ausführungsgenehmi-gungen für Fliegende Bauten und deren Gebrauchsabnahmen	Zelte, wiederholt aufgestellte zerlegbare Bauten (nicht fest an Grundstück gebunden) Kirmesfahrgeschäfte	Separate Vorschriften, da nicht in der VStättVO geregelt

Ebenfalls interessant:
VBG 73 - Zelte- und Tragluftbauten
§34a Gewerbeordnung – Unterrichtung im Bewachungsgewerbe
VBG SP 25.1/4 Pyrotechnik in Veranstaltungs- und Produktionsstätten für szenische Darstellung
FPersV – Fahrpersonalverordnung
EG-Verordnung VO (EG) 561/2006 – Lenk- und Ruhezeiten im Straßenverkehr
ArbZG - Arbeitszeitgesetz
BGV A8 – UVV Sicherheits- und Gesundheitsschutzkennzeichnung am Arbeitsplatz

8.2.2 MVSTÄTTV / VStättVO Essentials

WICHTIG: Anwendungsbereich

Räume > 200 Besucher Fassungsvermögen (unabhängig davon ob Szenenfläche vorhanden)
Outdoor > 1000 Besucher Fassungsvermögen, Szenenflächen haben und der Besucherbereich
ganz/teilweise aus bauliche Anlagen besteht (Abschrankung im Besucherbereich genügt bereits)
Sportstadien > 5000 Besuchern Fassungsvermögen
gilt nicht für:

- Kirchen
- Museen/Ausstellungshallen
- Schulen
- Fliegende Bauten

Die VSTÄTTVO gilt auch für Gaststätten, hier schon ab 100 Besucher Fassungsvermögen

WICHTIG: Bemessungsformel

Sitzplätze an Tischen	1 Besucher/in je qm Grundfläche des Versammlungsraumes
Sitzplätze in Reihen und für Stehplätze	2 Besucher/in je qm Grundfläche des Versammlungsraumes
Stehplätze auf Stufenreihen	2 Besucher/in je laufendem Meter Stufenreihe

Für Besucher nicht zugängliche Bereiche (z.B. Backstagebereiche, FOH-Platz etc.) werden nicht in die Berechnung miteinbezogen

Ausstellungsräume	1 Besucher/in je qm Grundfläche des Ausstellungsraumes

Für Besucher nicht zugängliche Bereiche werden in die Berechnung miteinbezogen

BEISPIEL

Eine Veranstaltungslocation soll für ein Business-Event genutzt werden. Sie hat eine Gesamtfläche im Haupt-Versammlungsraum von 1500 m². Die Szenenfläche plus des zugehörigen Backstagebereichs hat 340 m². Für den FOH-Platz (Ton-, Licht- und AV-Regie) sind 12 m² vorgesehen. Der für Buffet und Servicekräfte vorgesehene Platz beträgt 60 m².

Gesamtfläche:

Der Versammlungsraum hat:	Berechnung zugängliche Fläche:
eine Gesamtfläche von 1500 m²	1500 m²
Szenenfläche plus Backstagebereich 340 m²	- 340 m²
FOH-Platz 12 m²	- 12 m²
Fläche für Buffet und Servicekräfte 60 m²	- 60 m²
für Besucher zugängliche Fläche = 1088 m²	

Nun wenden wir die Angaben aus der Tabelle „Bemessung der zulässigen Besucherzahl" entsprechend an. Bei Sitzplätzen an Tischen (1 Besucher/in je m² Grundfläche des Versammlungsraumes) ergäbe dies z.B. eine maximale Anzahl von 1088 Besuchern.

ÜBUNG

Einem Tagungshotel ist seit etwa zwei Jahren die örtliche Stadthalle angegliedert worden. Der Hauptversammlungsraum hat die Maße 30m x 60m (ohne Szenenflächen und andere für die Besucher nicht zugängliche Bereiche). Wie viele Besucher sind bei folgenden Beispielen maximal zugelassen?

Bei parlamentarischer Bestuhlung	
Bei Reihenbestuhlung	
Bei Benutzung von Stehplatztribünen (10 Reihen je 22 m)	
Bei Nutzung als Ausstellungsfläche für eine örtliche Messe	

Lösung

Gesamtfläche: 30 x 60 m = 1.800 qm

Bei parlamentarischer Bestuhlung	1.800 PAX (Abk. für Personen)
Bei Reihenbestuhlung	3.600 PAX
Bei Benutzung von Stehplatztribünen (10 Reihen je 22 m)	440 PAX
Bei Nutzung als Ausstellungsfläche für eine örtliche Messe	1.800 PAX

Die pauschal ermittelte Besucherzahl ist maßgebend für das Rettungswegekonzept

Toiletten

Toilettenräume für Damen und Herren
Damen

- bis 1000 Besucher je 100 Besucher 1,2 Toilettenbecken
- über 1.000 Besucher je weitere 100 Besucher 0,8 Toilettenbecken
- über 20.000 Besucher je weitere 100 Besucher 0,4 Toilettenbecken

Herren

- bis 1000 Besucher je 100 Besucher 0,8 Toilettenbecken und 1.2 Urinalbecken
- über 1.000 Besucher je weitere 100 Besucher 0,4 Toilettenbecken und 0,6 Urinalbecken
- über 20.000 Besucher je weitere 100 Besucher 0,3 Toilettenbecken und 0,6 Urinalbecken

Jeder Toilettenraum muss einen Vorraum mit Waschbecken haben

Für Rollstuhlbenutzer muss eine ausreichende Zahl geeigneter, stufenlos erreichbarer Toiletten, mindestens jedoch je 10 Plätzen für Rollstuhlbenutzer eine Toilette, vorhanden sein.

Die Toiletten für die Mitarbeiter sind immer unabhängig von den Publikumstoiletten zu betrachten.

eventpruefung.de

WICHTIG: Rettungswege

- Rettungswege müssen ins Freie zu öffentlichen Verkehrsflächen führen und ständig frei bleiben.
- Ausgänge, Gänge, Stufengänge, Flure und Treppen etc.
- in jedem Geschoss mindestens zwei voneinander unabhängige bauliche Rettungswege
- VStättVO/Räume mit mehr als 100 m² Grundfläche müssen jeweils mindestens zwei möglichst weit auseinander / entgegengesetzt liegende Ausgänge ins Freie / zu Rettungswegen haben
- Kennzeichnung dauerhaft und gut sichtbar (Fluchtwegpiktogramme)
- für Geschosse mit jeweils mehr als 800 Besucherplätzen nur diesen Geschossen zugeordnete Rettungswege
- Entfernung von jedem Besucherplatz bis zum nächsten Ausgang nicht länger als 30 m (bis Höhe 5 m / ab 5 m je 2,5 m mehr weitere 5 m Fluchtweglänge) insgesamt nicht länger als 60 m
- Entfernung von jeder Stelle einer Bühne bis zum nächsten Ausgang darf nicht länger als 30 m sein
- Die lichte Breite eines jeden Teiles von Rettungswegen muss mindestens 1,20 m betragen
  - o Im Freien und Sportstadien je 600 Besucher
  - o Bei allen anderen Versammlungsstätten je 200 Besucher
  - o Staffelungen sind nur in 0,60 m zulässig.

Wie breit muss ein Rettungsweg sein?

- Damit ein Versammlungsraum schnell evakuiert werden kann, müssen die Rettungswege an jeder Stelle (also nicht nur an den Ausgängen) **mindestens 1,20 m breit** sein.
- Grundlage dieser Bemessung ist die Notwendigkeit, dass zwei Personen gleichzeitig nebeneinander den Rettungsweg passieren können. Man rechnet pro Person 0,60 m Platzbedarf.

8.2.3   Verhältnis Besucherzahl und Rettungswegbreite

- Im Freien und Sportstadien 1,20 m Rettungswegbreite je 600 Besucher

- Bei allen anderen Versammlungsstätten 1,20 m Rettungswegbreite je 200 Besucher (100 pro 60 cm)

- Staffelungen sind nur in 0,60 m zulässig.

Beispiel:

Dieser Ausgang im Borussia-Park in Mönchengladbach (Bundesliga-Stadion) hat eine Breite von 2,40 m.

Im Freien und Sportstadien gilt: 1,20 m Rettungswegbreite je 600 Besucher.

2,40 m Rettungswegbreite entspricht 2x600 Besucher = 1200 Besucher

Es dürfen diesem Ausgang maximal 1200 Besucher zugeordnet sein.

Treppen

- lichte Breite notwendiger Treppen darf nicht mehr als 2,40 m betragen
- geschlossene und feste Stufen
- auf beiden Seiten feste und griffsichere Handläufe ohne freie Enden
- Handläufe sind über Treppenabsätze fortzuführen
- keine Wendeltreppen
- Treppen müssen feuerbeständig sein

Türen und Tore

- feuerhemmend, rauchdicht und selbstschließend

- Türen in Rettungswegen müssen in Fluchtrichtung aufschlagen
- keine Schwellen
- jederzeit von innen leicht und in voller Breite zu öffnen
- keine Schiebetüren (nur automatisch) oder Drehkreuze etc.
- Selbstschließende Türen müssen auch von Hand schließbar sein

WICHTIG: Bestuhlung, Gänge und Stufengänge

- Stuhlreihen müssen unverrückbar befestigt sein. Vorübergehende Stuhlreihen sind zu verbinden.
- Tribünen > 5000 Plätzen unverrückbar befestigte Einzelsitze.
- Sitzplätze müssen mindestens 0,50 m breit sein, eine Sitzplatztiefe von 0,45 m haben und zwischen den Reihen eine lichte Durchgangsbreite von 0,40 m haben.
- Blöcke für Sitzplätze maximal 30 Reihen.
- für Rollstuhlbenutzer mindestens 1 Prozent der Besucherplätze, mindestens 2 Plätze auf ebenen Standflächen (1,5 m x 1,5 m). Den Plätzen sind Besucherplätze für Begleitpersonen zuzuordnen. Plätze und Wege dorthin gut kennzeichnen. Rampen dürfen nicht mehr als 6 % geneigt sein u. müssen mind. 1,2 m breit sein.
- keine Überschreitung der Besucherzahlen laut Bestuhlungs- / Rettungswegeplan - keine Änderung des Plans
- Rettungswegeplan/Bestuhlungsplan ist in der Nähe des Haupteinganges gut sichtbar anzubringen.
- Stufengänge müssen eine Steigung von mindestens 0,10 m und höchstens 0,19 m und einen Auftritt von mindestens 0,26 m haben. Die Mindestbreite vom Stufenreihen beträgt 0,85 m.
- Gleiche Höhe des Fußbodens zwischen Stufenreihen und Stufengängen.
- Farbliche Kennzeichnung der Stufengänge bei Hallen > 5000 Besuchern.

Abschrankungen und Schutzvorrichtungen

- Begehbare Flächen, die an tiefer liegende Flächen grenzen sind zu umwehren.
  Ausnahme:
    - den Besuchern zugewandte Seite der Szenenfläche/Bühne
    - Stufenreihen < 0,50 m über Fußboden
    - Stufenreihen wenn Rückenlehnen der vorderen Reihe mindestens 0,65 m hoch sind
- Abschrankungen, wie Umwehrungen, Geländer, Wellenbrecher, Zäune, Absperrgitter oder Glaswände, müssen vor begehbaren Flächen mindestens 1,10 m hoch sein.

- Abschrankungen müssen so bemessen sein, dass sie dem Druck einer Personengruppe standhalten (2 KN/m).
- Vor Sitzplatzreihen genügen Umwehrungen von 0,90 m

WICHTIG: Brandschutz / Brandschutzklassen

- Vorhänge von Bühnen und Szenenflächen müssen aus mindestens schwerentflammbarem Material bestehen.
- Requisiten müssen aus mindestens normalentflammbarem Material bestehen.
- Ausschmückungen müssen aus mindestens schwerentflammbarem Material bestehen (Treppenhäuser u. Fluren : nicht brennbaren Materialien)

> DIN 4102:
> Nicht brennbare Stoffe:
> - A1 ohne brennbare Bestandteile (z.B. Sand oder Glas)
> - A2 mit brennbaren Bestandteilen (z.B. Gipskarton)
> Brennbare Stoffe
> - B1 Schwerentflammbare Stoffe (z.B. Leichtbauplatten oder imprägnierter Molton)
> - B2 Normal entflammbare Stoffe (z.B. Hölzer)
> - B3 Leichtentflammbare Stoffe

Sicherheitsstromversorgungsanlagen, Elektrische Anlagen

- Versammlungsstätten müssen eine Sicherheitsstromversorgungsanlage haben für die Absicherung von:
  - Sicherheitsbeleuchtung
  - automatischen Feuerlöschanlagen und Druckerhöhungsanlagen für die Löschwasserversorgung
  - Rauchabzugsanlagen
  - Brandmeldeanlagen
  - Alarmierungsanlagen

- Elektrische Schaltanlagen dürfen für Besucher nicht zugänglich sein

Sicherheitsbeleuchtung

In Versammlungsstätten muss eine Sicherheitsbeleuchtung mit getrenntem Stromkreis vorhanden sein (z.B. Treppenhäuser, Stufenbeleuchtung, Rettungswegeschilder etc.)

Rauchableitung

Versammlungsräume und sonstige Aufenthaltsräume mit mehr als 200 m^2 Grundfläche sowie Bühnen müssen Rauchabzugs- und Lüftungsanlagen haben (raucharme Luftschicht von 2,50 m für alle zu begehenden Ebenen, also auch für Empore

WICHTIG: Großbühnen (Bühnenhaus)

- Ab 200 qm Szenefläche (Bühnengröße)
- Alle für den Bühnenbetrieb notwendigen Räume und Einrichtungen sind in einem eigenen, von dem Zuschauerhaus getrennten Bühnenhaus unterzubringen.
- Eine feuerbeständige selbstständig innerhalb von 30 Sekunds schließende Trennwand (Eiserner Vorhang) wird benötigt. Beim Schließen muss ein Warnsignal zu hören sein.
- Täglich vor Beginn der ersten Vorstellung muss der Schutzvorhang auf Betriebsbereitschaft geprüft werden.
- Eine automatische Sprühwasserlöschanlage, Wandhydranten sowie Brandmelder.
- Auf jeder Seite der Bühnenöffnung muss für die Brandsicherheitswache ein Platz von mindestens 1x1 Meter vorhanden sein (2,20 m hoch). Bühne muss einzusehen sein.

WICHTIG: Versammlungsstätten mit mehr als 5.000 Besucherplätzen

- Lautsprecherzentrale von dem aus die Besucherbereiche und der Innenbereich überblickt und Polizei, Feuerwehr und Rettungsdienste benachrichtigt werden können.
- Einsatzleitung der Polizei mit einer räumlichen Verbindung zur Lautsprecherzentrale und Videoanlage zur Überwachung der Besucherbereiche.
- Ausreichend großer Raum für den Sanitäts- und Rettungsdienst.
- Bei großen temporären Open-Air-Anlagen ist die Einkopplung der Polizei für Notfalldurchsagen in das Beschallungssystem der Veranstaltung als Lenkungsinstrument gut anwendbar.

Abschrankung und Blockbildung in Sportstadien > 10.000 Besucherplätzen

- Stehplatzblöcke mit Kapazität von max. 2500 Besuchern.(Nationale Richtlinien des DFB)
- Besucherplätze müssen vom Innenbereich durch Abschrankungen abgetrennt sein (mim. 2,20 m hoch)

Wellenbrecher

- Werden mehr als 5 Stufen von Stehplatzreihen hintereinander angeordnet, so ist vor der vordersten Stufe eine durchgehende Schranke von 1,10 m Höhe anzuordnen
- Nach jeweils fünf weiteren Stufen sind Schranken gleicher Höhe (Wellenbrecher) anzubringen, die einzeln mindestens 3 m und höchstens 5,50 m lang sind.
- Die seitlichen Abstände zwischen den Wellenbrechern dürfen nicht mehr als 5 m betragen.
- Die Abstände sind nach höchstens 5 Stehplatzreihen durch versetzt angeordnete Wellenbrecher zu überdecken, die auf beiden Seiten mindestens 0,25 m länger sein müssen als die seitlichen Abstände zwischen den Wellenbrechern.

Abschrankung von Stehplätzen vor Szenenflächen

- Zwischen Szenenfläche und Stehplätzen muss ein Gang von mindestens 2 Metern Breite abgeschrankt sein.
- Mindestens 2 seitlich zugängliche Bereiche sind zu bilden (Seite min. 5 m Mitte min. 10 m Abstand / jeweils max. 1000 Besucher)

Einfriedungen und Eingänge

- Einfriedungen um Stadionanlagen von mindestens 2,20 Meter Höhe.
- Besondere Zufahrten für Polizei, Rettungskräfte etc. mind. 3 m breit und 3,50 m hoch bei gradliniger Wegführung. (DIN 14090)
- Einzelkontrollen sind zu ermöglichen

WICHTIG: Besucherplätze nach dem Bestuhlungs- und Rettungswegeplan

- Die Zahl der im Bestuhlungs- und Rettungswegeplan genehmigten Besucherplätze darf nicht überschritten und die genehmigte Anordnung der Besucherplätze darf nicht geändert werden.
- Eine Ausfertigung des für die jeweilige Nutzung genehmigten Planes ist in der Nähe des Haupteinganges und am Eingang eines jeden Versammlungsraumes gut sichtbar anzubringen.

Rauchen, Verwendung von offenem Feuer und pyrotechnischen Gegenständen

- Rauchen und offenes Feuer ist nur dann erlaubt, soweit das Rauchen in der Art der Veranstaltung begründet ist (Feuerwehr/Brandwache Informieren).
- Das Gleiche gilt für brennbare Flüssigkeiten, Gase, Pyrotechnik und explosionsgefährliche Stoffe.
- Brandschutzmaßnahmen müssen im Einzelnen mit der Feuerwehr abgesprochen werden. Absprechen/-stimmen: Zustimmen der Feuerwehr !!!

Laseranlagen

- Bevor Showlaseranlagen mit Quelllasern der Klasse 3 u. 4 in Betrieb genommen werden, sind zwei Dinge zu erledigen:
    - Der Betrieb muss der Arbeitsschutzbehörde angezeigt werden und
    - Es ist eine Sachverständigenprüfung vorzunehmen.

Dies gilt ohne Einschränkung bei der Inbetriebnahme eines solchen Lasers an jedem neuen Spielort der Tournee. Beim Betrieb dieser Laser MUSS ein Laserschutzbeauftragter (BGV B2) anwesend sein. Laserschutzbereiche sind zu kennzeichnen.

WICHTIG: Pflichten der Betreiber, Veranstalter und Beauftragten

- Der Betreiber ist für die Sicherheit der Veranstaltung und die Einhaltung der Vorschriften verantwortlich (MVStättV u. die Grundsätze des allgemeinen Ordnungsrechts).
- Während der Veranstaltung muss der Betreiber/Veranstaltungsleiter ständig anwesend sein.
- Der Betreiber ist zur Zusammenarbeit mit Sanitätswache, Polizei, Feuerwehr und Ordnungspersonal verpflichtet.
- Bei nicht betriebsfähigen Anlagen oder Einrichtungen ist der B. zur Einstellung des Betriebs verpflichtet.
- Der Betreiber kann seine Pflichten durch schriftliche Vereinbarung an den Veranstalter übertragen, nicht aber die Haftung.
- Auch der Veranstalter kann sich der Haftungsverpflichtung nicht entziehen (Prinzip der doppelten Haftung)

WICHTIG: Verantwortlicher für Veranstaltungstechnik

Die VStättVO ersetzt hier die bisherige Fachkräfteregelung (TFaVO). An die Stelle der „Technischen Fachkraft" tritt die Bezeichnung „Verantwortlicher für Veranstaltungstechnik".
Hinsichtlich der geforderten Qualifikation knüpft die VStättVO an die in der Verordnung über die Prüfung zum Abschluss „Geprüfter Meister für Veranstaltungstechnik" in den Fachrichtungen Bühne/Studio, Beleuchtung und Halle anerkannten Abschlüsse an.

Verantwortliche für Veranstaltungstechnik sind:
- die Geprüften Meister für Veranstaltungstechnik
- technische Fachkräfte mit bestandenem fachrichtungsspezifischen Teil der Prüfung
- Diplomingenieure der Fachrichtung Theater- und Veranstaltungstechnik mit mind. 1 Jahr Berufserfahrung

Aufgaben und Pflichten:
- Technische Probe (Großbühnen sowie bei Szenenflächen > 200 m² u. eigenen Szenenaufbau, muss vor der ersten Veranstaltung eine nichtöffentliche technische Probe mit vollem

Szenenaufbau u. Beleuchtung stattfinden. Diese technische Probe ist der Bauaufsichtsbehörde mindestens 24 Stunden vorher anzuzeigen!!! Ebenso wesentliche Änderungen im Szenenaufbau.

- Bei Auf-/Abbau von Großbühnen, sowie Proben muss ein Verantwortlicher für Veranstaltungstechnik ständig anwesend sein.
- Bei Szenenflächen von 50-200 qm reicht eine Fachkraft für Veranstaltungstechnik mit dreijähriger Berufserfahrung.

WICHTIG: Brandsicherheitswache, Sanitäts- und Rettungsdienst

- Bei Veranstaltungen mit erhöhten Brandgefahren hat der Betreiber eine Brandsicherheitswache einzurichten. Die Verpflichtung, eine Brandsicherheitswache einzurichten, ist eine Betreiberpflicht
- Veranstaltungen mit voraussichtlich mehr als 5.000 Besuchern sind der für den Sanitäts- und Rettungsdienst zuständigen Behörde rechtzeitig anzuzeigen.

WICHTIG: Sicherheitskonzept, Ordnungsdienst

- Erfordert es die Art der Veranstaltung, hat der Betreiber ein Sicherheitskonzept aufzustellen und einen Ordnungsdienst einzurichten. Die Forderung, ein Sicherheitskonzept aufzustellen u. Ordnungsdienste einzurichten, stützt sich auf § 3 MBO. Daher ist die Aufstellung des Sicherheitskonzepts für die Betriebsbedingung jeder Versammlungsstätte notwendig.
- Bei mehr als 5.000 Besuchern in Zusammenarbeit u. *Einvernehmen* mit den Ordnungsbehörden. *Einvernehmen* heißt: Zustimmung der beteiligten Behörden.

WICHTIG: Gastspielprüfbuch

- Für den eigenen, gleichbleibenden Szenenaufbau von wiederkehrenden Gastspielveranstaltungen kann auf schriftlichen Antrag ein Gastspielprüfbuch erteilt werden. Vor der Erteilung ist eine technische Probe durchzuführen.
- Der Veranstalter ist durch das Gastspielprüfbuch von der Verpflichtung entbunden, an jedem Gastspielort die Sicherheit des Szenenaufbaues und der dazu gehörenden technischen Einrichtungen erneut nachzuweisen.
- Das Gastspielprüfbuch ist der für den Gastspielort zuständigen Bauaufsichtsbehörde rechtzeitig vor der ersten Veranstaltung am Gastspielort vorzulegen.
- Werden für die Gastspielveranstaltung Fliegende Bauten genutzt, ist das Gastspielprüfbuch mit der Anzeige der Aufstellung der Fliegenden Bauten vorzulegen.
- Die Geltungsdauer ist auf die Dauer der Tournee befristet und kann auf schriftlichen Antrag verlängert werden.

8.2.4   Mini-Exkurs: BGV C1

Vorschrift für Veranstaltungs- und Produktionsstätten für szenische Darstellung

8.2.4.1 Geltungsbereich

gültig für:
* den bühnentechnischen und darstellerischen Bereich von Veranstaltungsstätten
* den produktionstechnischen und darstellerischen Bereich von Produktionsstätten für Film, Fernsehen, Hörfunk und Fotografie

nicht für:
* Filmtheater ohne Szenenfläche
* Schausteller- und Zirkusunternehmen

8.3 Urheberrecht / Markenrecht / Wettbewerbsrecht

Das Urheberrecht ist grundrechtsähnlich und schützt die Schöpfer eines Werkes (z.B. Buch, Musik, Bild, Foto, Zeichnung, Software, Wissenschaft). Zentrales Recht ist das Recht auf Veröffentlichung und angemessene Vergütung bei Nutzung. Neben Urhebern genießen noch Interpreten (ausübende Künstler, Regisseure, Dirigenten, Schauspieler und Tonträgerhersteller) sog. Verwandte Schutzrechte (Leistungsschutzrechte). Ideen sind nicht geschützt, ein Werk muss ausgearbeitet sein. Interpreten haben diese bis 50 nach Veröffentlichung, Urheber bis 70 Jahre nach ihrem Tod, vertreten werden sie dann vom Erben.
Wahrgenommen werden diese Rechte von sog. Verwertungsgesellschaften (lt. Urheberrechtswahrnehmungsgesetz), die bekannteste ist die GEMA für Komponisten, Textdichter und Musikverlage.

Urheberrechtsgesetz (Übersicht – Beispiel Musik)
RECHT AUF VERGÜTUNG/BETEILIGUNG!

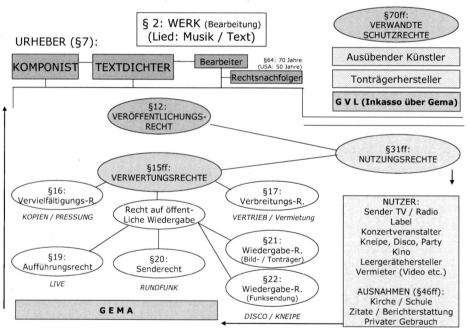

Musiktantiemen: Wer zahlt an wen?

Prinzip: Nutzer zahlt über Verwertungsgesellschaft an Rechteinhaber

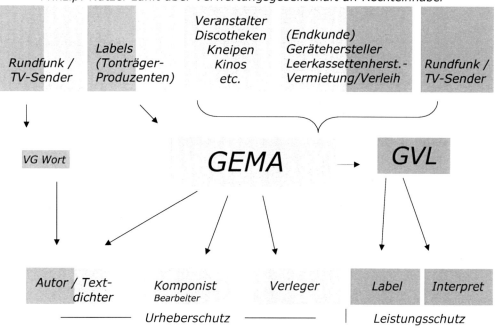

8.3.1   Markenrecht

Grundlage: Markengesetz (MarkenG) vom 24.10.1994
Folgende Rechtsgebiete sind angeschlossen: Patentrecht, Gebrauchs- und Geschmacksmusterrecht

Namen sind schutzfähig und müssen unterscheidbar und funktional sein sowie eine Wortzeichen sein.
Bürgerliche Namen sind laut Gesetz geschützt, Wahlnahmen durch Aufnahme der Benutzung.
Marken sind geschäftliche Bezeichnungen (Unternehmenskennzeichen, Werktitel) und geographische
Herkunftsangaben. Die Marke muss nach der Idee als Format oder Konzept verwirklicht sein.

8.3.1.1 Markenschutz / Patentschutz

Ein Patent schützt eine technische oder erfinderische Konstruktion bzw. Lösung. Ein Patent muss
beantragt, bezeichnet, beansprucht und beschrieben werden. Ein Patenschutz dauert maximal 20 Jahre
(Gebrauchsmuster 10 Jahre).

Das Patentamt übernimmt auch die Registrierung von Marken und Warenzeichen. Geschützt sind Namen,
Logos und Unternehmenskennzeichen.
Voraussetzungen und rechtliche Bestimmungen

§§ 3, 4 und 5 Markengesetz (mit den Änderungen vom 28. Oktober 1996):
§ 3 Als Marke schutzfähige Zeichen

(1) Als Marke können alle Zeichen, insbesondere Wörter einschließlich Personennamen, Abbildungen,
Buchstaben, Zahlen, Hörzeichen, dreidimensionale Gestaltungen einschließlich der Form einer Ware oder
ihrer Verpackung sowie sonstige Aufmachungen einschließlich Farben und Farbzusammenstellungen
geschützt werden, die geeignet sind, Waren oder Dienstleistungen eines Unternehmens von denjenigen
anderer Unternehmen zu unterscheiden.

(2) Dem Schutz als Marke nicht zugänglich sind Zeichen, die ausschließlich aus einer Form bestehen,
die durch die Art der Ware selbst bedingt ist,
die zur Erreichung einer technischen Wirkung erforderlich ist oder
die der Ware einen wesentlichen Wert verleiht.

§ 4 Entstehung des Markenschutzes
Der Markenschutz entsteht
- durch die Eintragung eines Zeichens als Marke in das vom Patentamt geführte Register,
- durch die Benutzung eines Zeichens im geschäftlichen Verkehr, soweit das Zeichen innerhalb beteiligter
Verkehrskreise als Marke Verkehrsgeltung erworben hat, oder

- durch die im Sinne des Artikels 6 der Pariser Verbandsübereinkunft zum Schutz des gewerblichen Eigentums (Pariser Verbandsübereinkunft) - notorische Bekanntheit einer Marke.

§ 5 Geschäftliche Bezeichnungen

(1) Als geschäftliche Bezeichnungen werden Unternehmenskennzeichen und Werktitel geschützt.

(2) Unternehmenskennzeichen sind Zeichen, die im geschäftlichen Verkehr als Name, als Firma oder als besondere Bezeichnung eines Geschäftsbetriebs oder eines Unternehmens benutzt werden. Der besonderen Bezeichnung eines Geschäftsbetriebs stehen solche Geschäftsabzeichen und sonstige zur Unterscheidung des Geschäftsbetriebs von anderen Geschäftsbetrieben bestimmte Zeichen gleich, die innerhalb beteiligter Verkehrskreise als Kennzeichen des Geschäftsbetriebs gelten.

(3) Werktitel sind die Namen oder besonderen Bezeichnungen von Druckschriften, Filmwerken, Tonwerken, Bühnenwerken oder sonstigen vergleichbaren Werken.

Wieviel kostet eine Markenanmeldung?

Eine nationale Marke ist in Deutschland beim Deutschen Patent- und Markenamt (DPMA) in München anzumelden. Die amtlichen Anmeldegebühren betragen 300,- EUR für die Eintragung in bis zu drei der insgesamt 45 Waren- oder Dienstleistungsklassen.

Für die Europäischen Gemeinschaftsmarken ist das Harmonisierungsamt für den Binnenmarkt (HABM) in Alicante, Spanien zuständig. Die Gebühren splitten sich in Anmelde- und Eintragungsgebühren und betragen in der Summe für drei Klassen 2.075,- EUR.

Die Gebühren für die Internationale Registrierung richten sich nach der Auswahl der beanspruchten Staaten und Klassen, betragen aber mindestens 726,- Schweizer Franken.

Vor der Markenanmeldung sollte in jedem Fall eine professionelle Ähnlichkeitsrecherche durchgeführt werden. Für die Analyse des Rechercheberichts, die Durchführung der Anmeldung ist die Einschaltung einer Rechtsanwaltskanzlei empfehlenswert, die sich auf Markenrecht spezialisiert hat.

8.3.1.2   Titelschutz

Allgemeine Informationen zum Thema Titelschutz

Voraussetzung für einen Titelschutz ist das Vorliegen eines Werkes bzw. die konkrete Absicht, ein Werk zu schaffen. Der wettbewerbsrechtliche Titelschutz knüpft an die Kennzeichnungsfunktion des Titels an und dient der Individualisierung. Der Schutz eines Titels setzt aber nicht voraus, daß er selbst eine eigentümlich geistige Schöpfung ist (urheberrechtlicher Schutz). Voraussetzung für den Titelschutz ist also die Unterscheidungskraft. Durch eine vom gewöhnlichen Sprachgebrauch abweichende Benutzung kann auch ein Wort der Umgangssprache Unterscheidungskraft erlangen.

Das im Fachverband eingerichtete Titelregister hat den Zweck, dem Einreicher eines Titels einen Prioritätsschutz zu gewähren, d.h., maßgeblich ist der Eingang des Antrages beim Fachverband. Es bietet eine Beweisunterlage für das Vorliegen der Priorität. Nach Eintragung des Titels wird dieser auf der Homepage veröffentlicht. Es ist aber wichtig zu wissen, dass die tatsächliche frühere Ingebrauchnahme und Veröffentlichung eines schutzfähigen Titels das entscheidenden Kriterium für das Bestehen und die Priorität des Schutzes maßgeblich bleibt. Es kann also z.B. ein Filmtitel gegenüber einem früher in das Titelregister eingetragenen Filmtitel trotzdem Schutz beanspruchen, wenn er nachweisbar vor dem eingetragenen Titel in der Öffentlichkeit in Gebrauch genommen worden ist. Dem Titelregister kommt somit nur eine bestimmte Vermutung über die tatsächliche Priorität des früher eingetragenen Titels zu. Sollte innerhalb von zwei Jahren ab Eintragung das Filmwerk nicht erschienen sein, entfällt der Titelschutz, es sei denn, es wird eine Verlängerung beantragt.

Wann ensteht Titelschutz und was bringt mir eine Titelschutzanzeige?

Der Werktitelschutz beginnt mit der Benutzung des Titels, d.h. wenn ein Printmedium erscheint, ein Filmwerk gezeigt oder ein Tonwerk hörbar gemacht wird.

Mit einer Titelschutzanzeige kann der Werktitelschutz vorverlagert werden. So kann der rechtliche Schutz schon in die Produktionsphase vorgezogen werden. Die Titelschutzanzeige selbst stellt noch keine Benutzung dar, sie sichert lediglich den Zeitrang durch eine Veröffentlichung.

Eine öffentliche Ankündigung (im Sinne von Werbeaktionen für das geplante Produkt, Pressemitteilungen etc.) allein reicht allerdings nicht aus. Die Titelschutzanzeige sollte, um wirksam zu sein, branchenüblich veröffentlicht werden, um die Möglichkeit einer breiten Kenntnisnahme durch die Fachöffentlichkeit bzw. die interessierten Konkurrenten zu sichern. Diesen strengen Anforderungen – nämlich der zuverlässigen Unterrichtung der Verkehrskreise – entspricht der TITELSCHUTZ ANZEIGER.

Wie lange "hält" eine Titelschutzanzeige?

Das geplante Werk sollte innerhalb einer "angemessenen Frist" auf den Markt kommen. Sonst verfällt der vorgezogene Werktitelschutz. Welche Frist angemessen ist, richtet sich nach der Art des Werkes. So werden etwa sechs Monate bis zum Erscheinen eines Titels im Printbereich für ausreichend erachtet.

8.4 Wettbewerbsrecht

Das Wettbewerbsrecht ist ein schwieriges und differenziertes Rechtsgebiet. Es gilt einerseits generell der Grundsatz der Nachahmungsfreiheit, andererseits der Verwechslungsgefahr. Nachahmung ist im Interesse des wirtschaftlichen Fortschrittes zwar erlaubt, eine wirtschaftliche Betätigung darf aber für den Kunden nicht verwechselbar sein. **TYPISCH:** Bei Verstoß oder Problemen Ansprüche auf Unterlassung (Achtung: hohe Rechtsanwaltskosten) oder einstweilige Verfügungen.

eventpruefung.de

8.5 Merchandising / Licensing

§ 30 MarkenG: begründet das Recht, dass Eintragung, Benutzung oder die Bekanntheit der Marke „für alle oder für einen Teil der Waren oder Dienstleistung, für die die Marke Schutz genießt, Gegenstand von ausschließlichen und nicht ausschließlichen Lizenzen für das Gebiet der Bundesrepublik Deutschland insgesamt oder einen Teil des Gebiets" sein kann. Eine Lizenz kann räumlich, zeitlich, örtlich und inhaltlich begrenzt oder unbegrenzt vergeben werden.

LICENSING

Karin Böll 1999:

Licensing als „die kommerzielle und damit gewinnorientierte Nutzung einer Popularität auf Basis einer Lizenzvergabe mit dem Ziel, Produkte, Firmen und/oder Marken emotional zu positionieren und dadurch den Absatz zu erhöhen."

ZWECK

- Begleitendes Marketing
- Gewinnschöpfung durch Umsatzerlöse
- Fanbindung

VORAUSSETZUNGEN

- Popularität
- Rechtevergabe durch Rechteinhaber

GEBIETE

SPORT / MUSIK / KUNST / KULTUR / CARTOON / TV

Übertragung der Popularität auf Konsumgüter = Identifikation

Z.B. Pumuckl

Hurra, hurra, der Pumuckl ist da!

Rechteinhaberin: Ellis Kaut

M-Rechte (exklusiv)

Merchandising München

Vertrag / Beteiligung

Rechte (nicht exklusiv)

Zweite Designlinie
2002-2003

Vertrag / Beteiligung

KUNDE

Verkauf

Vertragsinhalte

-Lizenzprodukt

-Lizenzthema

-Lizenzgebiet

-Laufzeit

-Lizenzgebühr (Umsatzbeteiligung pro Stück)

-Vorschuss (verrechenbar)

-Abrechnungszeitraum

-Beginn der Auswertung

-Allg. Vertragsklausel (salvatorische Klausel)

Typische Waren für Merchandising-Produkte einer Popband: CD´s, Gebrandete Kleidung (Shirts, Pullis etc.), Kappen/Mützen, Badges/Sticker, Taschen, Schlüsselanhänger (Lanyards), Wäsche, Geschirr, Accessoires, Sportartikel, Fahnen, andere Gebrauchsprodukte, Convenience-Food

8.6 Gema

GEMA – Gesellschaft für musikalische Aufführungs- und mechanische Vervielfältigungsrechte

Urheberrechtliche Verwertungsgesellschaft der Komponisten, Textdichter und Verlage – Berlin/München, www.gema.de.

Die Gema ist ein wirtschaftlicher Verein, der keine Überschüsse erwirtschaften darf und die Inkasso-Erlöse an die Mitglieder verteilen muss. Mitglieder sind Komponisten, Textdichter und Musikverlage (als deren Vertreter).

Die Gema hat eine wichtige Bedeutung für alle, die Musik aufführen, z.B. bei Live-Auftritten, im Rundfunk, im Fernsehen oder auf Tonträger (CD/download). Sie schützt und fördert die Urheber von Musik und vertritt die Interessen der Komponisten, Textdichter und ihrer Verleger.

Aus diesem Grund ist jeder, der Musik öffentlich abspielt, dazu verpflichtet, an die Gema Nutzungsgebühren zu zahlen.

Hierzu zählen in unserer Branche:

- Veranstaltungen mit Live-Musik (indoor und open air)
- Veranstaltungen mit Tonträger-Wiedergabe
- Musikautomaten
- Wiedergabe von Video, Radio und TV

Typischerweise bezahlt der Veranstalter die Kosten der Gema!

Die Veranstaltung muss bei der Gema angemeldet werden. Die Tarife finden sich unter www.gema.de.

Eine Nichtanmeldung führt zu einer nachträglichen doppelten Vergütung.

Man benötigt keine förmliche Einwilligung; Gema erteilt Einwilligung durch Annahme der Meldung und Rechnungsstellung!

Berechnung der Vergütung erfolgt nach Raumgröße, Eintrittspreis, Dauer und Art der verwendeten Musik (Live/Playback, U oder E-Musik).

Es besteht eine Verpflichtung zur Auflistung der Werke bei Livemusik (Musikfolge) und bei Rundfunk (Sendeliste).

Folgende Angaben sind für die Formularbearbeitung nötig (W-Fragen):

- Name des Veranstalters
- Name der Location
- Höhe des Eintrittsgeldes
- Größe des Raumes / der bespielten Fläche
- Art der Veranstaltung / Musikdarbietung
- Länge der Veranstaltung / Darbietung
- Auflistung der gespielten Gema-Werke (Musikfolge, playlist)

Pauschal- und Rahmenverträge können die Gebühr reduzieren (vgl. Verbände).

Bei Marketing-Events, bei denen in der Regel kein Eintritt genommen wird, wird von der Gema der Wert der dargebotenen Leistungen als Berechnungsgrundlage genommen (Wert durch Besucherzahl = angenommener Eintrittspreis = Höhe des Eintrittsgeldes).

Die fünf Kontakt-Schritte:	
	1. Erstkontakt zur Gema-Bezirksdirektion: Info über geplante Veranstaltung
	2. Ausfüllen und Absenden Anmeldebogen
	3. Gema versendet Lizenzberechtigung / -genehmigung und Rechnung
	4. Veranstalter zahlt die Gema-Rechnung
	5. Versand der ausgefüllten Musikfolge an die Gema

Die drei typischen Formulare:	
	1. Tarifübersicht für Veranstaltungen mit Live-Musik
	2. Antrag auf Musiknutzung bei Veranstaltungen
	3. Musikfolge für eine Einzelveranstaltung (Live-Musik)

AKTUELLE ÄNDERUNGEN FÜR 2011:

- Konzerte der Unterhaltungsmusik werden ab 2011/2012 nach dem Tarif U-K ticketverkaufsorientiert abgerechnet (Raumgröße nicht mehr entscheidend!):
  „Die Vergütung beträgt für Veranstaltungen bis zu 2.000 Besuchern 5,0 %, für Veranstaltungen mit über 2.000 und bis zu 15.000 Besucher 7,2 % und für Veranstaltungen mit über 15.000 Besuchern 7,65 % der jeweiligen Bruttoeinnahmen."

- Für Wortkabarettveranstaltungen mit anteiliger Musik gilt ein reduzierter Tarif. Allerdings muss hier die jeweilige Produktion im Vorfeld z.B. einer Tournee von der Gema anerkannt werden.

8.6.1 Beispielberechnung Gema – was kostet ein Konzert?

Konzert der
Backstage Girls im
Palladium Köln 2007

Haupthalle 1.650m²,
Galerie 384m²,
insgesamt 2.034m²

Ticketpreis: 21,50 €

Berechnung laut
Tarifübersicht

1.245,90 €
+ 124,59 € =
1.370,49 €

+ 10% Pausenmusik
(137,05 €)

= 1.507,54 €

+ 7% Umsatzsteuer
(105,53 €)

= 1.613,07 €

Tarifauszug für Veranstaltungen mit Unterhaltungs- und Tanzmusik
Vergütung je Veranstaltung mit Live-Musik*

Größe des Veranstaltungs-raumes in qm		Eintrittsgeld oder sonstiges Entgelt							
		ohne oder bis zu 1,00 €	bis zu 1,50 €	bis zu 2,50 €	bis zu 4,00 €	bis zu 6,00 €	bis zu 10,00 €	bis zu 20,00 €	je weitere 10,00 €
bis	100 qm	20,70	28,80	45,00	60,60	76,20	82,10	97,10	9,71
	133 qm	23,70	45,00	67,30	90,30	111,80	122,90	147,20	14,72
	200 qm	33,20	61,30	94,00	120,70	148,70	165,70	195,30	19,53
	266 qm	48,10	78,40	119,10	152,40	182,80	211,60	243,50	24,35
	333 qm	61,30	94,70	143,40	182,80	220,40	257,50	292,40	29,24
	400 qm	76,20	110,90	167,90	215,20	256,70	301,80	341,10	34,11
	533 qm	94,00	130,20	198,20	253,70	306,20	356,50	406,20	40,62
	666 qm	110,90	150,30	226,50	289,90	355,80	409,90	469,80	46,98
	1.332 qm	180,60	230,10	341,10	452,10	553,50	634,00	730,20	73,02
	2.000 qm	247,90	311,50	457,20	614,80	747,90	859,00	995,70	99,57
	2.500 qm	310,70	390,00	571,90	768,70	934,50	1.074,40	1.245,90	124,59
	3.000 qm	373,60	467,70	687,20	921,10	1.122,40	1.288,00	1.494,30	149,43
je weitere bis	500 qm 10.000 qm	62,10	78,40	116,10	153,10	187,10	215,20	249,40	24,94
je weitere über	500 qm 10.000 qm	62,10	151,00	241,10	329,90	418,80	508,20	597,10	59,71

8.7 Arbeitszeit

Jugendarbeitschutzgesetz (Aushangpflicht)

Ziel	Gesundheit, Arbeitskraft + Leistungsfähigkeit Jugendlicher schützen (15-17 Jahre)
Arbeitszeit	Dauer nicht mehr als 8 Stunden täglich und 40 Stunden wöchentlich
Beschäftigungsverbot	- Berufsschulunterricht vor 9 h (Gilt auch für über 18jährige Berufschulpflichtige. NRW: Azubis, die bei Beginn der Ausbildung noch nicht 21 sind) - An Berufsschultag mit mehr als 5 Unterrichtsstunden - Bei Blockunterricht von mind. 25 Std./Woche
Anrechnung Berufsschulzeiten	Berufsschultag mit 8 Stunden, Berufsschulwoche mit 40 Stunden
Freistellungsverpflichtung	für den Tag vor der Abschlussprüfung und die Prüfungstage
Ruhepausenregelung	- Pause mindestens 15 Minuten. - Mind. 1 Stunde nach Arbeitsbeginn oder vor Arbeitsende Pause - Bei 4,5-6 Std. Arbeitszeit: 30 Minuten Pause - Bei mehr als 6 Std. Arbeitszeit: 1 Stunde Pause - Längste Arbeitszeit ohne Pause: 4,5 Std.
Schichtzeit	Arbeitszeit + Pausen: Höchst. 10 Stunden(Bergbau 8, Landwirtschaft, Gaststätten/Bau: 11)
Freizeit	Tägliche Zeit zwischen Schichten: Mindestens 12 Stunden
Nachtarbeit	Verboten zwischen 20-6 Uhr (Ausnahme: Schausteller, Gaststätten, Bäckereien)
Samstags	Arbeitsverbot (Ausnahmen: Krankenhaus, Verkauf, Theater, Sport etc.)
Sonntags	Verboten

Arbeitszeitrechtsgesetz (Aushangpflicht)

Gültig für	Alle Arbeitnehmer ab 18 Jahre
Arbeitszeitgesetz	Ist Bestandteil des Arbeitszeitrechtsgesetzes
Ziel	Bundeseinheitliche Arbeitsschutzregelung für Frauen und Männer
Arbeitszeit	Beginn bis Ende der Arbeitszeit ohne Pausen und ohne Wegezeiten
Regelung Arbeitszeit	Werktägliche Höchstarbeitszeit 8 Stunden, Wochenarbeitszeit also 48 Stunden. Verlängerung der tägl. Arbeitszeit auf 10 Stunden zulässig, wenn innerhalb von 24 Wochen durchschnittlich 8 Stunden erreicht werden (Aufzeichnungspflicht des AG!)
Aufsicht	Zuständige Aufsichtsbehörde NRW: Staatliche Amt für Arbeitsschutz

Mindestpausen	Pause spätestens nach 6 Stunden. Bei 6-9 Stunden 30 Minuten, bei über 9 Stunden 45 Minuten. Pausenlänge mindestens 15 Minuten
Ruhezeiten	11 Stunden, Ausnahmen Gaststätten- und Verkehrsgewerbe 10 bei Ausgleich
Nachtarbeit	Arbeit, die mehr als zwei Stunden der Nachtzeit umfasst. Nachtzeit 23-6 Uhr.
Sonntags	Sonn- und Feiertagsruhe verpflichtend. Ausnahmen in o. g. Gewerben bei Ausgleich an Werktagen. Mindesten 15 Sonntage/Jahr müssen frei bleiben.

8.8 Lenkzeiten LKW (Übersicht)

Lenkzeit: alle Zeiten, die tatsächlich mit Lenkertätigkeit zugebracht werden, insbesondere auch Wartezeiten im Straßenverkehr oder Verladetätigkeiten, wenn das Fahrzeug immer nur kurz steht.

Pausen: Lenkpausen oder Lenkzeitunterbrechungen müssen innerhalb der vorgesehenen 4,5 Stunden Lenkzeit oder unmittelbar danach erfolgen, es dürfen keine anderen Arbeiten (z.B. Be- oder Entladetätigkeiten, Wartungs- und Instandsetzungsarbeiten) ausgeführt werden. Nach jeder Unterbrechung von insgesamt 45 Minuten (zusammenhängend oder in Teilen) beginnt ein neuer, für die Unterbrechung relevanter Lenkzeitabschnitt von 4,5 Stunden. Dies bedeutet, dass auch nach einer beispielsweise nur 2-stündigen Lenkzeit mit anschließender 45-minütiger Unterbrechung ein neuer Lenkzeitabschnitt von 4,5 Stunden beginnt.

Ruhezeit: ist jeder ununterbrochene Zeitraum von mind. einer Stunde, in der Lenker/innen frei über ihre Zeit verfügen können. Muss täglich 8 Stunden betragen. Die tägliche Ruhezeit muss innerhalb eines 24-Stunden-Zeitraumes liegen. Die tägliche Ruhezeit kann im Fahrzeug verbracht werden, sofern es mit einer Schlafkabine ausgestattet ist und nicht fährt. Dies gilt auch bei der Zwei-Lenker-Besetzung.

Höchste tägliche Fahrzeit: ist 9 Stunden, ausnahmsweise 2 Tage die Woche 10 Stunden bei späterem Ausgleich.

Fahrtenschreiber-/Tachographenpflicht herrscht für KFZ ab 3,5 t Gesamtgewicht (ab großer Sprinter), Höchstgeschwindigkeit für LKW: 80 km/h

8.9 Ausbildung / Berufsbildung

Grundfragen der Berufsbildung: **Allgemeines, Grundlagen**

Was ist Berufsbildung? § 1 BBiG (Berufsbildungsgesetz)	1. Berufsausbildung	- Grundbildung - Fachbildung - Berufserfahrung
	2. Berufliche Fortbildung (Weiterbildung)	- Anpassungsfortbildung (Anpassung) - Aufstiegsfortbildung (Erweiterung)
	3. Berufliche Umschulung	- Gesundheitliche Gründe - Strukturanpassung (Berufsbild entfällt) - Persönliche Gründe

Kriterien für die Berufsausbildung (§1, Abs. 2 BBiG)	- ***Planmäßiger, geordneter*** Ausbildungsgang (sachl. + zeitl. Gliederung) - ***breit angelegt***e berufliche Grundbildung - Vermittlung von ***Fertigkeiten und Kenntnissen*** - Erwerb von ***Berufserfahrung***
Leitziele der Berufsausbildung	- ***Qualifizierte Fachbildung*** - Förderung der ***methodischen Handlungsfähigkeit*** - Förderung der ***sozialen Handlungsfähigkeit (Charakterförderung)***
Schlüsselqualifikationen	- ***Ausdrucksfähigkeit*** - ***Beweglichkeit/Mobilität/Flexibilität*** - ***Selbständigkeit und Selbstverantwortung*** - ***Problemlösungsfähigkeit*** - ***Denken in Zusammenhängen*** - ***Kommunikationsfähigkeit*** - ***Kooperationsbereitschaft***

Ausbildung: Beteiligte	Ausbildender	Betrieb (Geschäftsführer)
(intern)	Ausbilder	Der Ausbildende selbst oder von ihm bestellter Ausbilder (haupt-/nebenberuflich)
	Ausbildungsbeauftragte	Personen, die im Betrieb Ausbildungsaufgaben erfüllen (Sachbearbeiter)
(extern)	Berufsschullehrer	
	Ausbildungsberater	Kammern (Überwachung und Beratung)
	Prüfer	Ausschuss Zwischen- +Abschlussprüfung

		Mind. 3 Pers., Zusammensetzung: paritätisch Sozialpartner (Arbeitnehmer/Arbeitgeber/Lehrer)
	Eltern, Verwandte	

Föderalismus	Bundeszuständigkeit	- Allgemeine Zuständigkeit (lt. GG)
	Landeszuständigkeit	Besondere, laut GG verbriefte Zuständigkeiten - Kulturhoheit (Schulen)

Duales System als gewachsener Teil der wirtschaftlichen und sozialen Infrastruktur
Vorteile: Offenes zw. Bindeglied Schule/Beruf, Soziale Sicherheit, hohe Bildung + Qualifikation, Wettbewerbsfähigkeit

Aspekte	Zwei Lernorte	- Betrieb – Leitfunktion – 60-70% Zeitanteil - Berufsschule – grundlegende Bildungsfkt. – 2. Säule
	Betriebliche Tradition	- Mittelalter: Wurzel der betriebl. Ausbild. (Handwerk) - 19. Jhdt.: Industrialisierung, Gewerbefreiheit; 1897 (Preußen): Kammern als Selbstverwaltungseinr. d. Wirtschaft , Prüfungsordn.
	Schulische Tradition	- 17./18. Jhdt.: Sonntagsschulen - Ende 19. Jhdt.: Fortbildungsschulen - 1938: Berufsschulpflicht
	BBiG (1969)	- Aktive Steuerung der Bildungsziele - Ausbildungsordnungen durch den Bund - Eignungsanforderungen für Betriebe und Ausbilder - Rechte + Pflichten der Beteiligten am Ausbildungsvertrag

Rechtszuständigkeiten	Betrieb:	Berufsschule:
Rechtliche Zuordnung:	Bund	Länder
Geltungsbereich:	Berufsbildungsgesetz, Ausbildungsordnungen, Ausbildungsvertrag (BGB),	Schulgesetze, Lehrpläne,
Status Auszubildender	Arbeitnehmer	Schüler
Zuständig:	Kammern	Schulbehörden
Finanzierung:	Privat	Öffentlich
Das heißt konkret:	Auszubildendenvergütung, Sozialversicherung, Kosten für Personal und Ausbildungsstätte	Schulbetrieb, Lehrpersonal, Lehr- und Lernmittel

eventpruefung.de

Verantwortlich für:	Erreichen des Ausbildungszieles in der vorgegebenen Zeit (spezifische Fertigkeiten, Praxis, Berufserfahrung)	Erweiterte Allgemeinbildung, berufliche Grund- und Fachbildung (betriebsunabh. Fertigkeiten, Kenntnisse und Einsichten)

Kooperation Zwischen Ausbildungspartnern	Ziele: - Abstimmung/Abgrenzung - Inhaltliche Koordination - Gegenseitige Unterstützung	Mittel: - Informations- + Erfahrungsaustausch - Abstimmung von Lehr- + Ausbildungsplänen - Institutionalisierter Austausch (Arbeitskreise)

Bereich	Zuständig für:	Pflichten
Handwerkskammer	- Handwerk	- Betriebs- und Ausbildereignung - Verzeichnis von Ausbildungsverhältnissen
IHK	- Industrie, Dienstleistung und Handel	- Ausbildungsberatung/-überwachung
Sonstige Kammern	- Öffentlicher Dienst - Freie Berufe (Architekt, Rechtsanwalt) - Landwirtschaft, Hauswirtschaft - Seeschiffahrt	- Durchführen von Zwischen- + Abschlussprüfung (Prüfungsordnung) - Berufsbildungsausschuss (paritätisch)

Bewerbungsverfahren	Übliche Unterlagen	- Anschreiben, Foto, Lebenslauf, Zeugnisse - Noten (begrenzter Aussagewert)
	Vorstellungsgespräch	- Persönlichkeitsmerkmale - Neigungen und Interessen
	Eignungstest	Übergreifende Qualifikationen - Ausdauer - Logisches Denkvermögen - Konzentrationsfähigkeit - Leistungsbereitschaft

Planung und Durchführung der Ausbildung: Grundlagen

Ausbildung (Def.)	Planmäßige Vermittlung v. Kenntnissen und Fähigkeiten zum selbständigen Lösen anstehender Aufgaben
Ziel der Ausbildung	Befähigung zur Ausübung einer qualifizierten Berufstätigkeit durch geplante und geordnete Berufsausbildung.
Art der Ausbildg.	Organisatorische, fachliche und pädagogische Maßnahme
Allgemeine Ziele (Schlüsselqualif.)	Kenntnisse und Fähigkeiten vermitteln; zum selbständigen Planen und Handeln befähigen; Zur eigenständigen Kontrolle der Arbeitsergebnisse befähigen

Grundlagen für geordn. u. einheitl. Ausbildg.	Gesetze und Verordnungen
Bundesebene	Bundeseinheitliche Ausbildungsordnungen
Landesebene	Abgestimmte Rahmenlehrpläne der Bundesländer

Mindestinhalt Ausbildungsordnungen (AO)	- Bezeichnung des Ausbildungsberufes (geschlechtsneutral) - Ausbildungsdauer (mind. 2, höchst. 3 J.; Ausn: Metall-/ Elektroberufe 3 1/2) - Ausbildungsberufsbild (verbindliche Aufzählung der Mindestinhalte) - Ausbildungsrahmenplan (Sachliche und zeitliche Gliederung der Ausbildungsinhalte – Umsetzungsanleitung mit betrieblichem Spielraum) - Prüfungsanforderungen (Zwischenprüfung als Ermittlung des Ausbildungsstandes / Vergleichsmöglichkeit; Abschlussprüfung für einheitliches Niveau und Nachweis der Berufsbefähigung: Prüfungsverfahren nach PO der Kammer)
Methoden der zeitlichen Gliederung	Zeitrichtwertmethode: benennt zeitliche Richtwerte in Wochen Zeitrahmenmethode: Positionen des Ausbildungsberufsbild m. Monats-Zeitrahmen Gliederung nach Ausbildungshalbjahren (voll out!)

Berufsformen:	Monoberufe	Gleicher Inhalt, keine Differenzierung, gleicher Berufsabschluss (Versicherungskaufmann)
	Monoberufe m. Spezialisierung	Abschluss mit Fachrichtung
	Monoberufe m. Sockelqualifikation	Stufenausbildung, Überschneidungen m. and. Berufen (Bürokaufmann, Kaufmann f. Bürokommunikation)
	Stufenausbildung	Spezialisierung nach 2 Jahren (Bauwirtschaft)

eventpruefung.de

Pflichten des Betriebes (§ 6 BBiG)	- Fertigkeiten und Kenntnisse vermitteln, betriebsspezifisch auszubilden, zeitlich und sachlich gegliedert auszubilden, selbst auszubilden, erforderliche Mittel bereitstellen, charakterliche Förderung des Azubis
Pflicht-Maßnahmen zur Umsetzung	- Betrieblicher Ausbildungsplan: Regelablauf d. Ausbildung auf Grundlage d. AO unter Berücksichtigung d. branchen- und betriebsspezifischen Besonderheiten - Individueller Ausbildungsplan: Beschreibung des tatsächlichen Ausbildungsverlauf beim individuellen Auszubildenden (aushändigen!) - Ausbildungsnachweis (Berichtsheft) - kontrollieren und unterzeichnen
Berichtsheft (Zweck)	interner / externer Kontrollnachweis zum sachlichen und zeitlichen Ablauf, einfache und klare Form, Zulassungsvoraussetzung zur Abschlussprüfung

Rechtsgrundlagen: Allgemeines, Grundlagen

Rangfolge Rechtsordnung der BRD	Grundgesetz Gesetze Verordnungen Satzungen

Grundgesetz	Verfassungsrechtliche Ordnung der BRD Menschenrechte/Grundrechte, Staatsordnung
Art 2 GG	Recht auf freie Entfaltung der Persönlichkeit
Art 12 GG	Recht, Beruf, Arbeitsplatz und Ausbildungsstätte frei zu wählen - kein Berufszwang möglich - Nur: öffentliche Dienstleistungspflicht, zivile Dienstleistungen Verteidigungsfall

Föderalistische Regelungen	Bundeszuständigkeit für Betriebliche Berufsausbildung (Art. 74) Bundesländer zuständig für: Schulische Berufsausbildung (Art. 30 + 70)

Wichtigste Rechtsquellen:

Gesetze (Auswahl)	Berufsbildungsgesetz (Grundregelung), Jugendarbeitsschutzgesetz, Arbeitszeitgesetz, Arbeitsgerichtsgesetz, Betriebsverfassungsgesetz, Arbeitsförderungsgesetz etc.
Rechtsverordnungen	Ausbildungsordnungen AO, Ausbilder-Eignungs-Verordnung AEVO etc.
Kammerrecht	Prüfungsordnungen, Fortbildungsprüfungen etc.

Berufsbildung nach dem Berufsbildungsgesetz (BBiG):	- Berufsausbildung (Erlernen einer beruflichen Tätigkeit) - berufliche Fortbildung (Erweiterung der Berufsbildung) - Berufliche Umschulung (Umsatteln)
Regelt Mindestangaben §4	- Schutz des Auszubildenden - Grundpflichten der Parteien, Vergütung, Probezeit, Beendigung, Kündigung, Schadensersatz, Weiterarbeit

Ausbildungsvertrag

Parteien	Ausbildender und Auszubildender
Wirksamkeit	Bei gesetzlicher Vertretung Minderjähriger Unterschrift beider Eltern nötig Wirksam nach mündlichem Abschluss. Pflicht zur schriftlichen Niederlegung nach §4 BBiG
Berufsausbildungsvertrag Rechtsnatur	Privatrechtsverhältnis (BGB), das im öffentlichen Interesse durch gesetzliche Vorschriften eingeschränkt wird. Dadurch der freien Gestaltung entzogen. Neben den allgemein gesetzlichen Pflichten gelten die Pflichten aus dem BBiG (v.a. Mindestangaben nach §4)
Weitere arbeitsrechtliche Vorschriften	z.B. Tarifvertragsgesetz, Arbeitsschutzgesetz. Besonderer Charakter des Berufsausbildungsverhältnisses.

Rechtsgrundlagen: Ministerien, Kammern

Geltungsbereich des BBiG: Nur staatlich anerkannte Ausbildungsberufe

Anerkennungsbehörde	Bundeswirtschaftsminister im Einvernehmen mit Bildungsminister
Ausbildung Jugendlicher	Unter 18 Jahren nur in staatlich anerkannten Berufen
Ausbildungsordnungen	Pflicht zur Ausbildung nach der Ausbildungsordnung AO
Beteiligte Erlaß AO (3 Schritte)	- Bundesinstitut für Berufsbildung berät und entwickelt in Abstimmung mit Sozialpartnern - Bundesminister für Wirtschaft od. zust. Fachministerium erläßt AO in Einvernehmen mit Bundesminister für Bildung - Koordinierungsausschuss Bund/Länder stimmt Rahmenlehrpläne mit zust. Bundesminister und Kultusministerien der Länder ab
Weitere Rechtsverordnungen des zuständigen Bundesministers:	- AEVO - Berufsgrundbildungsjahr-Anrechnungs-Verordnung - Berufsfachschul-Anrechnungs-Verordnung - Rechtsverordnung für Fortbildungsprüfungen

Zuständigkeit Bund	Erlass der nach BBiG vorgesehenen Rechtsverordnungen (AO, AEVO, etc.)
Zuständigkeit Länder	Allg. Rechtsaufsicht über Kammern, Schulaufsicht, Gewerbeaufsicht

Bundesinstitut für Berufsbildung BIBB. Sitz Berlin/Bonn

Gesetzliche Grundlage:	Berufsbildungsförderungsgesetz (BerBiFG)
Rechtsstellung	Bundesunmittelbare rechtsfähige Einrichtung im Rahmen der Bildungspolitik der Bundesregierung (Weisungsgebundenheit)
Aufgaben	- Beratung und Mitwirkung an Vorbereitung von AO, Rechtsverordnungen, Berufsbildungsbericht, Berufsbildungsstatistik etc. - Verzeichnis der anerkannten Ausbildungsberufe führen/veröffentlichen

Kammern

Zuständige Stellen lt. BBiG	IHK, Handwerkskammern, Landwirtschaftskammern, Kammern der freien Berufe, Behörde im öffentlichen Dienst
Beschlussorgan der Kammer	Berufsbildungsausschuss
Zusammensetzung	je 6 AG und AN, 6 beratende Lehrer, Stellvertreter
Rechte des Berufsbildungsausschusses	- Unterrichts-/Anhörungsrecht bei allen wichtigen Angelegenheiten, die von Bedeutung für Berufsbildung sind (Prüfungsverfahren z.B.) - Keine Haushaltshoheit (Vollversammlung der Kammer) - Recht zum Erlassen von Rechtsvorschriften (Prüfungsordnung)

Rechtsvorschriften der Kammern	- Prüfungsordnungen für Abschlussprüfungen, Zusatzqualifikationsprüfungen, Fortbildungs- und Umschulungsprüfungen (Verwaltungsakte!) - Besondere Rechtsvorschriften für die Ausbildung Behinderter
Kammerpflichten	- Überwachungs- und Beratungspflicht - Prüfungsausschuss errichten - Termine bestimmen und bekanntgeben - Über die Zulassung entscheiden - Geschäftsführung über die Ausschüsse übernehmen - Prüfungszeugnis ausstellen und zustellen

Zwischenprüfung	Ermittlung des Ausbildungsstandes, nicht rechtsverpflichtend, nicht wiederholbar, Zulassungsvoraussetzung für Abschlussprüfung
Abschlussprüfung	Rechtsanspruch auf Zulassung, Überregional erstellte Prüfungsaufgaben (Bundeseinheitlichkeit),Gegenstand: erforderliche Fertigkeiten, praktische und theoretische Kenntnisse, Berufsschulstoff, zweimal wiederholen mögl.

Zulassungsunterlagen	- Vorgeschriebene Ausbildungszeit oder Ende der Ausbildung bis zwei Monate nach Prüfungstermin - Zwischenprüfungsteilnahme - Ordentliche Berichtsheftführung - Eintragung des Ausbildungsverhältnisses in Kammerverzeichnis
Vorzeitige Zulassung	Bei genügenden Leistungen (mindestens „gut" in der Berufsschule) Bei Berufstätigkeit in dem Beruf in mindestens zweifacher Ausbildungszeit
Prüfungsausschüsse	- Mindestens 3 sachkundige Mitglieder für fünf Jahre - AG und AN Paritätische Besetzung plus mindestens ein Berufschullehrer - Beschlussfähigkeit bei mind. 3 oder Anwesenheit von 2/3 der Mitglieder - Ehrenamtliche Tätigkeit (wie bei Schöffen) mit Aufwandsentschädigung
Widerspruch	Möglich lt. Verwaltungsgerichtsordnung
Beratung + Überwachung durch	Ausbildungsberater Prüfungspflicht der vorgeschriebenen Unterlagen
Freiwillige Leistungen	Lehrgänge, Ausbildungswerkstätten, Umschulungen, Weiterbildungen, Publikationen.

Rechtsgrundlagen: **Vertrag**

Mustervertrag der Kammern enthält:	Vertragliche Mindestangaben nach BBiG und JarbSchG
Mindestangaben:	Art und Ziel der Ausbildung (Berufsbenennung), Beginn und Dauer Ausbildungsmaßnahmen außerhalb, Tägliche Ausbildungszeit Probezeit, Vergütung, Urlaub, Kündigungsvoraussetzung Tarifvertragliche Regelungen, Betriebsvereinbarungen
Ausbildungsstätte, Gerichtsstand	Ausbildungsstätte und Gerichtsstand ist der Betrieb, in dem tatsächlich ausgebildet wird.
Probezeit	Mind. 1, höchst. 4 Monate. Schriftliche Kündigung ohne Gründe möglich
Regelausbildungszeit	Mind. 2, höchstens 3 Jahre. Ausnahmen: Metall und Elektro 3,5 Jahre
Verkürzung	Höchstens 50 %.
Zwingend bei:	Anrechnung Berufsgrundbildungsjahr/ Berufsfachschule.
Möglich auf Antrag bei:	Abitur, Anrechnung Berufsausbildung.
Verlängerungsgründe:	Krankheit, Mängel, bei Nichtbestehen der Prüfung auf Antrag bis zu 1 Jahr
Beendigung:	Bei bestandener Abschlussprüfung
Weiterbeschäftigung	Keine Pflicht. Bei Weiterbeschäftigung Begründung eines Arbeitsverhältnisses auf

	unbestimmte Zeit. Vorzeitige Verpflichtungserklärung nur zulässig innerhalb der letzten 6 Monate vor Beendigung
Befristete Kündigung	Frist 4 Wochen bei Wechsel der oder Ausscheiden aus Berufsausbildung. Kein Schadensersatz. Bei Schwangerschaft darf Azubi kündigen. Gegenseitiges Einvernehmen. Konkurs.
Fristlose Kündigung	Nach Probezeit nur aus wichtigem Grund, evtl. Schadensersatzpflicht
Gründe	wiederholte grobe Disziplinwidrigkeit, mangelnde Lernbereitschaft, ständiges Fehlen in der Berufsschule, mehrfacher Diebstahl / Tätlichkeiten Mangelhafte Ausbildung, Wegfall Ausbilder, st. ausbildungsfr. Tätigkeiten
Form	Schriftlich mit Angabe von Gründen bis zwei Wochen nach der Kündigung
Haftung Azubi	Bei Vorsatz und grober Fahrlässigkeit voll, bei mittlerer Fahrlässigkeit anteilig. Schadensersatzanspruch. Bei geringer Fahrlässigkeit nicht.
Bei Streitigkeiten	Erst Schlichtungsausschuss der Kammer, dann Arbeitsgericht
Vergütung	ortsüblich, branchenüblich, tarifvertraglich. Darf nicht mehr als 20 % unter vergleichbarem Tarifvertrag liegen. Muss ansteigen.
Fortzahlung bei	Berufsschulbesuch, Prüfungsteilnahme, Krankheit. Freizeit-Ausgleich oder -vergütung bei Mehrarbeit
Sachleistungen	Dürfen höchstens 75 % der Bruttovergütung ausmachen

Urlaub nach dem Jugendarbeitsschutzgesetz (Zusammenhängend in den Berufschulferien)

Gültig für	Jugendliche, die zu Beginn des Kalenderjahres noch nicht 18 Jahre alt sind
Unter 16:	30 Werktage (Montag bis Samstag)
Unter 17:	27 Werktage
Unter 18:	25 Werktage
Anspruch entsteht	nach 1 Monat Teilurlaubsanspruch. Nach 6 Mon. voller Urlaubsanspruch
Teilurlaubsregelungen	1/12 pro voller Ausbildungsmonat in den ersten 6 Monate und bei Ausscheiden innerhalb des ersten Jahres
Doppelurlaub	bei Stellenwechsel ist ausgeschlossen. Bescheinigungspflicht des AG.

Rechtsgrundlagen: Rechte und Pflichten

Pflichten des Ausbildenden (lt. BBiG)

Gegenüber Azubi	1. Ärztliche Vor- und Nachuntersuchung Jugendlicher
	2. Niederlegung der außerbetrieblichen Ausbildungsmaßnahmen
	3. Vermittlung der nötigen Fertigkeiten und Kenntnisse f. Ausbildungsziel
	4. Aushändigen der Ausbildungsordnung
	5. Kostenlose Bereitstellung der notwendigen Ausbildungsmittel

	6. Freistellung zur Berufsschule
	7. Überwachung der Berichtsheftführung
	8. Verbot von ausbildungsfremden Tätigkeiten, Angemessenheit der Tätigkeit
	9. Pflicht zur Erziehung und charakterlichen Förderung
	10. Rechtzeitige Anmeldung zur Prüfung
	11. Zeugnis ausstellen
Gegenüber IHK	1. Schriftliche Bestellung eines Ausbilders
	2. Eintragung ins Berufsausbildungsverzeichnis der Kammern
Besondere Pflichten bei Jugendlichen JuArbSchG)	1. Verbot gefährlicher Arbeiten, Akkord
	2. Menschengerechte Gestaltung des Arbeitsplatzes
	3. Gefahrenunterweisung
	4. Züchtigungsverbot
	5. Abgabeverbot für Alkohol und Tabak
	6. Aushang des Gesetzes, der Arbeitszeiten und Pausen für Jugendliche

Pflichten des Azubis

Gegenüber Ausbildenden	1. Lernpflicht
	2. Teilnahmepflicht an Maßnahmen außerhalb, Berufsschule und Prüfungen
	3. Weisungsbefolgung
	4. Beachtung der Betriebsordnung
	5. Pflegliche Behandlung von Material und Einrichtung
	6. Schweigepflicht
	7. Berichtsheftführung
	8. Benachrichtigung bei Arbeitsunfähigkeit
	9. Vorlage der ärztlichen Untersuchung bei Jugendlichen

Tarifvertragsgesetz TVG

Tarifverträge regeln	Urlaub, Arbeitszeit, Vergütung, gestellte Arbeitskleidung usw.
Geltungsbereich	Zwischen Gewerkschaft und Arbeitgeber oder AG-Vereinigung
Findet auf das Ausbildungsverhältnis Anwendung, wenn	- Azubi Mitglied der beteiligten Gewerkschaft ist und:
	- Ausbilder Mitglied einer beteiligten AG-Vereinigung ist
	- Wenn TV für allgemeinverbindlich erklärt wurde (Bundesminister für Arbeit und Sozialordnung, wenn AG 50% der AN im Geltungsbereich beschäftigen oder sozialer Notstand behoben werden muss)

Rechtsgrundlagen: Weitere Gesetze etc.

Betriebsverfassungsgesetz:

Regelt	Mitbestimmung des Betriebsrates und der Jugend- du Auszubildendenvertretung
Betriebsrat	Ab fünf wahlberechtigten Arbeitnehmern
Aufgaben in der Berufsbildung:	- Beratung bei Personalplanung, Vorschlagsrecht des BR, Auskunftspflicht des AG - Gewährleistung der Teilnahme an berufsbildenden Maßnahmen (Fortbildungen) - Beratung bei Einrichtungen und Maßnahmen der Berufsbildung (Ausbildungswerkstätten, Lehrgänge, außerbetriebliche Maßnahmen) - Allgemeines Mitbestimmungsrecht (Ratifizierung) bei der Durchführung von Maßnahmen der betrieblichen Berufsbildung (sachliche und zeitliche Gliederung, Ausbildungs- und Versetzungspläne) - Widerspruchsrecht gegen Bestellung ungeeigneter Ausbilder
Streitigkeiten	Einigungsstelle
Jugend- + Auszubildendenvertretung	Ab mindestens 5 Azubis unter 25 Jahren.
Wahlrecht	Aktives Wahlrecht ab Ausbildungsbeginn, Passives Wahlrecht bis 25 Jahre. 2 Jahre Amtszeit
Aufgaben	- Arbeitet eng mit Betriebsrat zusammen, achtet auf die Belange der Azubis.
Besondere Stellung	Weiterbeschäftigungspflicht. AG muss schriftlich mitteilen, wenn er amtierendes Mitglied des BR oder der Jugendvertretung nicht übernehmen will. Nichtweiterbeschäftigung/Übernahme Nur zulässig bei wichtigen Gründen (Unzumutbarkeit)

Arbeitsförderungsgesetz

Inhalt	Regelt Aufgaben der Bundesanstalt für Arbeit (Arbeitsämter)
Aufgaben Arbeitsamt	- Berufsberatung - Förderung d. berufl. Bildung (individuelle Förderung, institutionelle Förderung, Berufsbildungsbeihilfe, Ausbildungsbegleitende Hilfen, Fortbildung/Umschulung)
Fortbildung	beruflicher Aufstieg, Anpassung der Kenntnisse und Fertigkeiten an neue Anforderungen, Wiedereintritt ins Berufsleben, Nachholen einer Abschlussprüfung
Umschulung	Übergang Arbeitsloser in geeignete berufliche Tätigkeit

	Kostenerstattung: Lehrgangs- + Lehrmittelkosten, Prüfungsgebühren, Fahrtkosten, Arbeitskleidung, Unterkunft und Verpflegungsmehraufwand, Unterhaltszuschuss

Entgeltfortzahlungsgesetz

Feiertage	Fortzahlungspflicht
Krankheit	6 Wochen lang 80%, dann Krankenkasse
Arbeitsunfall	(oder Berufskrankheit) 6 Wochen lang 100%.
Ersatzleistung	Auf Antrag 1 Tag Urlaub für 5 Krankheitstage
Pflichten AN	Anzeigepflicht, Bescheinigungspflicht am 2. Tag bei längerer Arbeitsunfähigkeit

Sozialversicherungsregelungen. Azubis sind pflichtversichert.

Jeder 50 %	Arbeitslosenversicherung, Krankenversicherung (+ 0,9% AN), Pflegeversicherung (+0,25% AN bei Kinderlosigkeit), Rentenvers.
100 % AG	Arbeits-Unfallversicherung über die Berufsgenossenschaften
Berufsgenossenschaft	Regelt und überwacht Unfallverhütungsvorschriften

9   … und nach der Prüfung? Einige Stellenbörsen zur Jobsuche:

Die meisten Azubis bekommen heute ein Übernahmeangebot. Manche wollen aber perspektivisch doch den Job wechseln…

Conference & Incentive Management
Plattform mit Informationen, Links und einem Stellenmarkt zum Bereich Veranstaltungen und Events. Die Angebote sind nach den Sparten Management, Marketing, kaufmännische sowie technische Berufe, Praktika und Sonstiges gegliedert.

crew united
Online-Jobbörse mit maximal 4 Wochen alten Stellenangeboten aus der Film- und Fernsehbranche aus Deutschland, Österreich und der Schweiz. Außerdem findet man einen umfassenden Branchen- und Freelanceguide sowie weitere Informationen in diesem Bereich.

Deutscher Bühnenverein
Auf seiner Website bietet der Deutsche Bühnenverein eine Jobbörse für Theater, Schauspiel, Tanz und Gesang. Auch Stellen für die dazugehörigen technischen, handwerklichen und Verwaltungsberufe werden veröffentlicht.

DTHG Webinfo Stellenmarkt

Fachstellen der Veranstaltungs- und Ausstattungsbranche. Nach Eingangsdatum sortierte Liste von Stellenangeboten. Die Online-Anzeigen enthalten beschreibende Texte zu Stellen und Anbietern sowie Kontaktinformationen.

eventmanager.de
Das Internetportal für die Event- und Veranstaltungsbranche bietet einen Stellenmarkt mit Angeboten z.B. für Veranstaltungskaufleute und Projektmanager.

GWA-Jobbörse
Der Gesamtverband Kommunikationsagenturen veröffentlicht auf seinen Seiten neben umfassenden Informationen zu den Berufsbildern der Werbe- und Kommunikationsbranche einen spezialisierten Stellenmarkt mit zahlreichen Angeboten.

hotel+tourismus revue
Online-Stellenmarkt einer schweizerischen Fachzeitung für Hotellerie, Gastronomie und Tourismus.

Kjobs.de
Jobbörse für die Kommunikationsbranche mit Stellenangeboten aus den Bereichen Event-, Kultur- und Direkt-Marketing, PR, Medien und Veranstaltungstechnik.

Kultur-Stellenmarkt
Stellenmarkt für Berufe im Bereich Musik und Theater und die zugehörigen Verwaltungs- und Handwerksberufe. Auch Praktikantenstellen. Ausführliche Beschreibungen der angebotenen Stellen mit Kontaktinformationen.

Kulturmanagement-Stellenmarkt
Recruitment-Plattform im deutschsprachigen Kulturbetrieb. Zugriff auf die Stellenanzeigen ist nach Registrierung und Entrichtung einer (Abonnement- oder Pay-per-View-) Gebühr möglich.

media-crew4you
Jobbörse und Personalvermittlungsdienst für den Bereich TV, Film und Redaktion. Um in den Genuss der Angebotsinformationen zu kommen, muss man sich zunächst kostenpflichtig registrieren.

mediabiz-jobs.de
Stellenmarkt der Multimedia- und Entertainmentbranche. Die bundesweiten Jobangebote können nach Rubriken wie: technische Berufe, Verwaltung, Unternehmensführung, Marketing, Redaktion, Vertrieb, Gestaltung/Design durchsucht werden.

medienhandbuch.de
Aktuelle Dienstleistungsangebote für die Bereiche Kultur, Medien, Kommunikation und Informationstechnologie und Jobbörse mit rund 1.000 Angeboten.

messe1x1.de
Jobbörse und Informationsportal für Berufe rund um den Messebau. Die Angebote reichen vom Projektleiter über gestalterische Tätigkeiten bis zum Aufbauhelfer für Messestände.

pop:forum online
Das Pop-Forum der Rockstiftung Baden-Württemberg bietet unter der Menüfolge X-Change, Job-Börse eine Austauschplattform für Bands oder Festivalveranstalter, die Musiker suchen, und umgekehrt.

Public RH
Französischsprachige Jobbörse für den öffentlichen Sektor. Angeboten werden - ausschließlich in Frankreich - z.B. Stellen für Stadtplaner, Ärzte im Öffentlichen Dienst oder Wissenschaftler an Ministerien.

runningoffice
Großer Stellenmarkt für kaufmännische Berufe sowie Berufe im Verwaltungs- und Dienstleistungsbereich. Als Links hinterlegte Online-Stellenanzeigen mit Kontaktinformationen.

theaterjobs.de
Gegen Zahlung einer Jahresgebühr hat man bei theaterjobs.de unter anderem Zugang zu einem breitgefächerten Jobangebot im Bereich Theater, Schauspiel, Orchester. Sowohl künstlerische als auch technische und administrative Stellenangebote sind gelistet.

TW-Jobcenter
Stellenbörse der Fachzeitschrift "TagungsWirtschaft", eines internationalen Magazins für Meeting, Incentive, Kongresse und Veranstaltungen.

eventpruefung.de

Lösungsvorschläge zum Übungsteil – Künstlersozialversicherung

Aufgabe	Lösungsvorschlag
1.	• Verlage und Presseagenturen • professionelle Theater (ausgenommen Filmtheater), Orchester und Chöre • Theater-, Konzert- und Gastspieldirektionen • Rundfunk- und Fernsehanbieter • Hersteller von Bild- und Tonträgern • Galerien und Kunsthandel • Werbeagenturen • Varieté- und Zirkusunternehmen • Museen • Ausbildungseinrichtungen für künstlerische und publizistische Tätigkeiten
2.	Ja, das Stahlunternehmen „Eurosteel AG" ist abgabepflichtig. Es ist zwar kein Unternehmen, das typischerweise abgabepflichtig nach dem KSVG ist, hier ist jedoch die Tatsache der regelmäßig jährlich stattfindenden Veranstaltung („so wie jedes Jahr") entscheidend für die Abgabepflicht nach dem KSVG. Dies ist im § 24 des KSVG festgelegt (die sog. Generalklausel).
3.	Die Generalklausel nach §24 KSVG besagt, dass nicht nur Unternehmen, die typischerweise als Verwerter künstlerischer oder publizistischer Werke oder Leistungen tätig werden abgabepflichtig nach dem KSVG sind, sondern auch: Unternehmen, die Werbung für ihr eigenes Unternehmen betreiben wenn sie regelmäßig Aufträge an selbständige Künstler und Publizisten erteilen. Jedermann (auch nichtkommerzielle Veranstalter), wenn er im Jahr mindestens vier mal selbständige künstlerische oder publizistische Leistungen für irgendwelche Zwecke seines Unternehmens in Anspruch nimmt.
4.	Der Tourneeveranstalter Marcel Sieberbeck, weil er in unmittelbaren vertraglichen Beziehungen zum Künstler steht.
5.	Ja, die Agentur ist zur Abgabe verpflichtet. Die Verpflichtung zur Meldung und Abgabe der Künstlersozialabgabe ist unabhängig davon, ob der gebuchte Künstler selbst bei der Künstlersozialversicherung sozialversichert oder Ausländer ist.
6.	Das Unternehmen hat die jährlichen Gesamtbeträge mit einem besonderen Meldebogen bis zum 31. März des Folgejahres bei der KSK selbst und ohne Aufforderung zu melden.
7.	Das Gesetz sieht ein Bußgeld von bis zu 50.000,00 € vor.
8.	45.480,00 € / 100 x 3,9 = 1.773,72 €

9.	1. Netto von Brutto-Honoraren: 15.660,00 € x 100 / 107 = 14.635,51 € 2. KSK auf Nettohonorare: 14.635,51 € / 100 x 3,9 = 570,78 € bzw. 570,79 € 3. Netto von Brutto-Nebenkosten: 881,60 € x 100 / 119 = 740,84 € 4. KSK auf Nebenkosten: 740,84 € / 100 x 3,9 = 28,89 € 5. KSK zusammenrechnen: 570,78 € bzw. 570,79 € + 28,89 € = **599,67 € bzw. 599,68 €**
10.	Achtung! Das ist eine versteckt schwere Frage! Folgender Weg ist *nicht* richtig: 1. Von brutto auf netto, 2. Auf netto 5,5 % KSK (für 2006) Für die Lösung dieser Frage muss auf den Nettobetrag erst noch die Ausländersteuer inkl. Solidaritätszuschlag in Höhe von 18,80 % aufgeschlagen werden. Wir empfehlen zur Lösung dieser Aufgabe das Kapitel „Die Ausländersteuer". Möglicher Lösungsweg: 20.000,00 € + 18,80 % = 23.760,00 €, davon 4,4 % = 1.045,44 €
11.	Gage (brutto) – 7 % Umsatzsteuer = Nettogage; Von Nettogage 3,9% Künstlersozialabgabe = x 950,00 € = 107 %; Nettogage = 100 % = 887,85 €; 3,9 % von 887,85 € = **34,63 €**

12.	1. Bruttogage – 7% UST = Nettogage; Nettogage zzgl. 18 % Vermittlungsprovision = Nettogage Garling
	   2. Von Nettogage Garling 19 % Umsatzsteuer (Agenturen berechnen 19 %) = x
	   3. 3,9 % von Nettogage Pixel = x (KSK zahlt Gastspieldirektion)
	
	   1. 800,00 € = 107 %; Nettogage = 100 % = *747,66 €*; 747,66 + 18 % (134,58 €) = **882,24 €**
	   2. 882,24 € * 0,19 = **167,63 €** (Bruttoverkaufssumme: 1.049,87)
	   3. 3,9 % von *747,66* = **29,16 €**
	
	Auch möglich mit 7%:
	   4. 800,00 € = 107 %; Nettogage = 100 % = *747,66 €*; 747,66 + 18 % (134,58 €) = **882,24 €**
	   5. 882,24 € * 0,07 = **61,76 €** (Bruttoverkaufssumme: 944,00)
	   6. 3,9 % von *747,66* = **29,16 €**

13.	a) Künstlersozialabgabe, Gema, Vergnügungssteuer a. Die GmbH ist die Vertragspartnerin der einzelnen Künstlerinnen. Der Veranstalter muss in diesem Falle keine KSA zahlen, da er einen Vertrag mit einer juristischen Person (der GmbH) hat. Die GmbH wird vermutlich die KSA in die Gagenkalkulation einrechnen.
14.	Die Künstlersozialabgabe fällt auf folgende (künstlerische) Kosten an: Honorar für Design und Entwurf 3.480,00 € Materialien 1.690,00 € Reisekosten für die Präsentation 246,00 € Gesamt 5.416,00 € **Davon 3,9% = 211,22 € Künstlersozialabgabe für 2010** Auf die Montage und die Transporte kommt keine KSA, da es handwerkliche Tätigkeiten sind.
15.	1, 3, 4, 8
16.	Abgabenpflichtig ist derjenige, der den Vertrag mit den Künstlern hält. Hier kann angenommen werden, dass dies der Baumarkt ist, der den direkten (Werk-)Vertrag mit den Künstlern hat. Die Agentur vermittelt auf Grundlage eines (Makler-)Vertrages auf Provisionsbasis. Der Baumarkt ist lt. § 24 KSVG (Generalklausel) dann abgabepflichtig, wenn er mehr als drei mal im Jahr oder regelmäßig Künstler oder Publizisten engagiert. Und wenn, dann nur für die GbR, denn bei einem Stuntman liegt nicht zwingenderweise eine Künstlereigenschaft vor.

Musterlösung Aufgabe Gagen-Break-Even:
1. **Kosten:** 20 x 5.000,00 € Einkaufs-Gage = 100.000,00 € zzgl. 20.000,00 € = 120.000,00 €
2. **Gewinn in €:** 20 x 9.000,00 € Forderungs-Gage = 180.000,00 € - 120.000,00 € Kosten = **60.000,00 €**
3. **Gewinn in %:** Kosten (120.000,00 €) = 100 %; Erlös (60.000,00 €) = x %. x = **50%**

Musterlösungen Ausländersteuer
Lösung IHK-Aufgabe:
15.000,00 € x 17,82 % + 5,5% von 17,82 % = 2.820,02 €
Oder 15.000,00 x 18,80 % = 2.820,00 €

Frage 1 (inkl. Musterrechnung)

	Agentur zahlt an Künstler		Verkürzter Rechenweg	
Netto Gage	1.800,00 €		1.800,00 €	
Ausländersteuer	320,76 €	17,82 %		
Solidaritätszuschlag	17,64 €	5,50%		
Abzüge gesamt	+ 338,40 €		+ 338,40 €	18,80 %
Ausländergage brutto	= 2.138,40 €		= 2.138,40 €	
Umsatzsteuer	**149,69 €**	7 %	**149,69 €**	7 %
Rechnungsbetrag	2.288,09 €	Brutto + USt.	2.288,09 €	Brutto + USt.

Urs Musikli
Hinterwaldgasse 16
CH-1234 Uri

Universal Event GmbH
Bodenseestr. 85
78678 Konstanz

Rechnung Nr. 0815

Sehr geehrte Damen und Herren,

Hiermit berechnen wir Ihnen folgende Leistungen:

Position	Bemerkung	Betrag €
Honorar Auftritt Käsefest 16.01.		1.800,00
Ausländersteuer	17,82 %	320,76
Solidaritätszuschlag	5,5% auf 17,82%	17,64
Honorar gesamt		2.138,40
Umsatzsteuer	7 %	149,69
Rechnungsbetrag		2.288,09
	Einbehaltene Ausländersteuer inkl. Solidaritätszuschlag, die unter der Steuernummer ... an das FA Freiburg ... gezahlt wird	- 338,40
	Einbehaltene Umsatzsteuer	- 149,69
Auszahlungsbetrag		**1.800,00**

Betrag am 16.01.200x dankend erhalten.
Mit freundlichen Grüßen   Urs Musikli

Frage 2

Ausländersteuer fällt hier nicht an, da der Vertrag mit der deutschen Direktion besteht.

Netto Gage	1.800,00 €
Umsatzsteuer 19%	**342,00 €**
Rechnungsbetrag	2.142,00 €
Auszahlungssumme	2.142,00 €

Auch möglich mit 7%, da eine Live-Darbietung weitergereicht wird (als Hauptleistung):

Netto Gage	1.800,00 €
Umsatzsteuer 7%	**126,00 €**
Rechnungsbetrag	1.926,00 €
Auszahlungssumme	1.926,00 €

Frage 3

Welchen Betrag erhält Urs bei 15% Provision?

Verkürzter Weg:

Honorar Agentur			
Showservice:	1.800,00 €		1.800,00 €
15 % Provision:	- 270,00 €		- 270,00 €
Ausländer-Brutto-Gage:	= 1.530,00 €		= 1.530,00 €
15 % Ausländersteuer	- 229,50 €		
5,5 % Solidaritätszuschlag	- 12,62 €	- 15,825%	242,12 €
Ausländer-Netto-Gage	**= 1.287,88 €** = Auszahlungssumme		**= 1.287,88 €**

Umsatzsteuer auf A-Brutto   + 107,10 €   7 % auf 1.530,00 !

eventpruefung.de

Muster-Rechnung:

Urs Musikli
Hinterwaldstr. 16
CH-25438 Uri
Steuernummer CH-214/1564/3365
FA Uri
UST-ID CH 12345678
Uri, 16.01.200x

Showservice
Knebelgasse 76
75438 Freiburg

RECHNUNG Nr. 0816

Sehr geehrte Damen und Herren,

Hiermit berechnen wir für folgende Leistung:

Position	Betrag €
Honorar Aufführung 16.01.200x	1.530,00
MWSt. (7%)	107,10
Rechnungsbetrag	1.637,10

Einbehaltene Ausländersteuer inkl. Solidaritätszuschlag, die von Showservice unter der Steuernummer ... an das FA Freiburg Mitte gezahlt wird

	- 242,12
Einbehaltene Umsatzsteuer	- 107,10
Auszahlungssumme	1.287,88

Betrag am 16.01.200x dankend erhalten

Mit freundlichen Grüßen
Urs Musikli

Aufgabe 4

Möglichkeit 1:
Von A-Netto-Gage 17,82 % AST + 5,5 % SolZ von AST = x
17,82 % von 44.000,00 € = 7.840,80 € + 431,24 € = **8.272,04 € AST inkl SolZ**

Möglichkeit 2 (verkürzter Weg):
Netto-Gage 44.000,00 * 18,80 % (AST inkl. SolZ) = **8.272,00 € AST inkl SolZ**

Aufgabe 5

1. Ausländersteuer berechnen:
   17,82% AST von 20.000,00 € Gage = 3.564,00 €

2. Solidaritätszuschlag berechnen:
   5,5 % von AST = 196,02 €

3. KSK-Bemessungsgrundlage berechnen:
   20.000,00 € Gage + 3.564,00 € AST + 196,02 SolZ = 23.760,02 (Bemessungsgrundlage)

4. Künstlersozialabgabe für 2011 berechnen:
   3,9 % von 23.760,02 (BG) = **926,64 € Künstlersozialabgabe**

Alternativ: Verkürzter Weg

1. Ausländersteuer inkl. SolZ berechnen:
   18,80% AST von 20.000,00 € Gage = 3.760,00 €

3. KSK-Bemessungsgrundlage berechnen:
   20.000,00 € Gage + 3.760,00 = 23.760,00 (Bemessungsgrundlage)

3. Künstlersozialabgabe für 2011 berechnen:
   3,9 % von 23.760,00 (BG) = **926,64 € Künstlersozialabgabe**

Aufgabe 6

1. Ausländersteuer inkl. Solidaritätszuschlag

Von Brutto-Gage 15 % AST + 5,5 % SolZ von AST = x   Verkürzter Weg:

a. 730,00 € / 100 * 15 = 109,50 €
b. 109,50 € / 100 * 5,5 = 6,02 €   730,00 € / 100 * 15,825 =
c. 109,50 € + 6,02 € = **115,52 € AST inkl. SolZ**   **115,52 € AST inkl. SolZ**

---

2. Umsatzsteuer

7% von Brutto-Gage = x
730,00 € / 100* 7 = **51,10 € Umsatzsteuer**

3. Auszahlungssumme

Brutto-Gage – 15 % AST - 5,5 % SolZ von AST = x
730,00 € - 109,50 € - 6,02 € = **614,48 € Auszahlungssumme**

Aufgabe 7

Rechenweg: A-Netto-Gage + Nebenkosten = Bemessungsgrundlage Von Bemessungsgrundlage 17,82 % AST + 5,5 % SolZ von AST = x	Verkürzter Weg:
1.080,00 € / 100 * 17,82 = 192,456 € / 100 * 5,5 = 10,585 €	1.080,00 € * 18,80% =
192,456 € + 10,585 € = **203,04 € AST inkl. SolZ**	**203,04 € AST inkl. SolZ**

and always remember...

Gib dem PRÜFER KEINE Chance

... viel Erfolg bei der Prüfung wünscht das Team von

eventpruefung.de

Das Basiswerk: Fachqualifikation für Veranstaltungskaufleute - Basics Eventmanagement
Lehrbuch für die Berufsschule von den Autoren von eventpruefung.de

Das Standardwerk für Berufsschule und Ausbildung: Fachqualifikation für Veranstaltungskaufleute - Basics Eventmanagement, Winklers Verlag, ISBN 978-3-8045-5626-3, 26,50 €

Umfassende didaktische Darstellung des gesamten Ausbildungsstoffs inkl. Public- und Business-Eventmanagement

Endlich ist es in der zweiten Auflage da: Das Lehrbuch für die Veranstaltungskaufleute für den Einsatz in der Berufsschule und in der Ausbildung.
In dem über 400 Seiten starken Fachbuch der Autoren von eventpruefung.de (Marco Gödde und Jörg Bleibel) wird - strukturiert nach den Lernfeldern aus den Rahmenlehrplänen sowie orientiert am IHK-Stoffkatalog für die Abschlussprüfung - der relevante Fach-Lernstoff für den Ausbildungsberuf Veranstaltungskaufmann strukturiert vermittelt.

Cover

Neben handlungsorientierten und praxisbezogenen Darstellungen finden sich im Werk umfangreiche Übungsaufgaben sowie eine Mini-ZP zum Abschluss eines jeden Lernfeldes.
Gerüstet mit über fünf Jahren Erfahrung in der Lehre und über 20 Jahren Praxis im Berufsbild vermitteln die Autoren Fachwissen zu allen wesentlichen Fragen des Eventmanagements. Mit engem Bezug zur praktischen Umsetzung werden aufbauend auf den Informationen in dem Band Basisqualifikation für die neuen Dienstleistungsberufe (ISBN 978-3-8045-5620-1) zum ersten Mal auf dem deutschen Lehrmittel- und Buchmarkt sowohl der Public-Event- als auch der Business-Event-Bereich umfassend erläutert und in didaktischen Bezug zu den Inhalten des Berufsbildes gesetzt. Ebenfalls zum ersten Mal werden grundlegende kaufmännische Inhalte wie die Deckungsbeitragsrechnung exemplarisch auf die Veranstaltungsbranche angewendet. Das Werk vermittelt sowohl eine Übersicht über das notwendige kaufmännische und betriebswirtschaftliche Wissen als auch einen Einblick in systemische Branchenstrukturen und -hintergründe. Ausführliche Übungslayouts und Übungsaufgaben ermöglichen die erweiterte Anwendung in Unterricht und Selbststudium